KIỀU CHINH
Une Artiste En Exil

KIỀU CHINH
Une Artiste En Exil
Mémoires

Copyright @ 2021 par Kieu Chinh
Tous droits réservés, ce qui inclut le droit
de reproduire ce livre ou une partie de celui-ci
sous quelque forme que ce soit quoi que ce soit
comme prévu par les États-Unis Droit d'auteur.

Édition & Mise en page
Lê Hân

Traduction de l'oeuvre originale en Vietnamien
Kiều Chinh Nghệ Sĩ Lưu Vong
par Phan Lương Quang

Présentation de la couverture: Nina Hoa Binh

Photos de la couverture: Thomas Dang Vu

Nhân Ảnh Press

ISBN : 9781088265208

À la mémoire de mon père, M. Nguyễn Cửu.
Exclusivement pour mes enfants.
Mỹ Vân, Hoàng Hùng, Tuấn Cường
et petits enfants bien aimés.

KIỀU CHINH
Une Artiste en Exil

Memoires

Traduction de l'oeuvre originale en Vietnamien par
PHAN LUONG QUANG

Nhân Ảnh Publisher,
California, 2023

TABLE DES MATIÈRES

PROLOGUE	11
PREMIÈRE PARTIE Hà-Nội, 1937-1954	15
LES PHOTO DE LA PREMIÈRE PARTIE	53
DEUXIÈME PARTIE Sài-Gòn, 1954-1975	75
LES PHOTO DE LA DEUXIÈM PARTIE	133
TROISIÈME PARTIE L'exil	169
LES PHOTO DE LA TROISIÈME PARTIE	291
QUATRIÈME PARTIE Les Pièces de Ma Vie	363
LES PHOTO DE LA QUATRIÈME PARTIE	443
CINQUIÈME PARTIE Kiều Chinh & Ses amis	487
LES PHOTO DE LA CINQUIÈME PARTIE	509
ÉPILOGUE	541

PROLOGUE

*Que soient réunifiées toutes les familles
séparées par les guerres de ce monde.*
Kiều Chinh

(Extrait du discours prononcé lors de la célébration du 50è anniversaire de l'Académie américaine des sciences et de la télévision [1946-1996] à l'occasion de la première du film documentaire *Kiều Chinh: A Journey Home* - Retour au pays natal- réalisé par Patrick Perez, lauréat du Prix Emmy)

Je m'appelle Kiều Chinh, du nom patronymique Nguyễn, une américaine d'origine vietnamienne de la première génération.

Je suis née à Hanoï, la capitale historique du Nord Việt Nam, mais j'ai grandi dans le sud du pays et me réfugiais aux États-Unis lors de la chute de Saigon en avril 1975.

Pendant la guerre du Vietnam, j'étais une actrice de cinéma de la République du Việt Nam et de l'Asie. Devenue réfugiée aux États-Unis, j'ai poursuivi ma carrière au cinéma à Holly-wood, grâce à la recommandation enthousiaste des bons amis tels que les acteurs Tippi Hedren et William Holden et le réalisateur Robert Wise.

Mon enfance de contes de fées passée dans le Nord du Vietnam a été des années idylliques de paix et de tranquillité.

Puis mon pays de merveilles, comme le destin du Vietnam, fut entièrement anéanti par la guerre.

Nombreux sont les livres et films américains qui dépeignent le Vietnam comme un endroit où se déroulait une guerre considérée comme la plus longue dans l'histoire des États-Unis.

Pour moi, le Vietnam n'est pas un champ de bataille mais un lieu où je suis née, ma patrie, mon histoire, ma culture et mon people. Comme mes compatriotes qui restent là-bas, j'ai vécu non pas une mais trois guerres d'affilée.

En 1945, la guerre mondiale se termina, mais au Vietnam, c'était l'année où la guerre commença de plus belle. Au cours de cette guerre, de nombreuses maisons et villages dans le nord ont été incendiés, y compris la maison familiale dans le domaine de mon grand-père. Les désastres de la guerre ont déchiré ma famille.

En 1954, à la fin de la guerre de neuf ans entre le Vietnam et la France, le Vietnam était divisé en deux et ma famille en trois. Mon père et mon frère ainé étaient restés dans le nord, qui est devenu communiste, ma sœur ainée suivit son mari pour aller en France et j'étais seule dans le sud, orpheline et réfugiée dans mon propre pays natal quand j'avais 16 ans.

Dans le Sud, je me suis mariée. Devenue épouse puis mère de famille, j'ai commencé ma carrière d'actrice à l'âge de 19 ans, tout en continuant à vivre au sein de ma belle famille jusqu'à mon évacuation en 1975.

Avant 1975, le cinéma au Vietnam et en Asie m'ont donné l'opportunité de jouer le rôle principal féminin dans 22 films, dont beaucoup ont été réalisés en Asie par Hollywood. Parfois, j'animais également des émissions spéciales de télévision, surtout pour accueillir et présenter des acteurs ou des cinéastes étrangers au public vietnamien. En plus, j'avais mon propre studio de cinéma, Giao Chỉ Films. En tant que présidente de l'Association du Cinéma Vietnamien, j'ai eu l'occasion de voyager dans de nombreux pays d'Europe, d'Asie et d'Amérique, et j'ai assisté à de nombreux festivals de films internationaux.

Et puis, en avril 1975, tout s'était effondré. Et ma vie d'exilée commença.

Comme le destin commun de nombreux sud vietnamiens devenus réfugiés en Amérique, tout était à recommencer à partir de zéro. En tant qu'artiste en exil, venue à Hollywood alors que je n'étais plus jeune, j'ai souvent pensé qu'il m'était échu toutes sortes d'obstacles épineux. Mais après de nombreuses épreuves et tribulations, j'ai finalement trouvé une place dans le monde du cinéma à Hollywood.

En plus de ma carrière d'actrice, j'ai acquis au cours de ces vingt dernières années, une une nouvelle vocation; celle de conférencière professionnelle (c'està dire rénumérée). J''ai été envoyée à des centaines de conférences dans des universités et à de nombreux événements culturels partout aux États-Unis. En conséquence J'avais eu donc l'occasion de rencontrer un certain nombre d'anciens combattants américains qui avaient combattu pendant la guerre du Vietnam et cela a conduit à la création du Fonds pour l'enfance du Vietnam (VCF –Vietnam Children Fund) aux fins de collecter des fonds pour aider à l'éducation des enfants au niveau de l'enseignement primaire dans les régions du Vietnam auparavant déchirées par la guerre.

Pour moi 1995 était une année mémorable. La VCF m'a demandée d'aller au Viet Nam pour inaugurer la première école construite au 17è parallèle, qui divisait le Vietnam pendant la guerre. Mon voyage a été remarqué par la presse américaine dont Fox Television en particulier, qui avait produit une chronique télévisée intitulée *Kiều Chinh, Retour au pays natal* (A Journey Home). Cette chronique a été réalisée par Patrick Perez, qui avait par la suite. reçu deux prix de l'American Academy of Television and Sciences. Et quand j'apparaissai sur la tribune aux Emmy Awards 1996, c'était pour moi l'occasion de laisser échapper ces paroles du fond de mon cœur:

"Prions pour la réunification de toutes les familles séparées par les guerres de ce monde".

C'est dans cet esprit et avec cette prière que j'ai écrit ces Mémoires.

La guerre est l'un des fléaux les plus terribles de l'humanité. Elle détruit tout. Priez pour que le monde travaille ensemble pour empêcher la guerre.

Je répète souvent ces mots vers la fin de toutes les conférences que je donne dans les universités pour m'adresser à la jeune génération, et pendant les rencontres avec des gens dont la plupart n'ont jamais connu la guerre.

Au cours de ces rencontres, beaucoup de gens me demandent pourquoi je n'écris pas un livre sur ma vie. Je n'avais aucune intention de le faire car je suis une actrice de cinéma, pas un écrivain. Mais si j'écris, c'est seulement pour vous faire part de mon long parcours, des existences, où le bonheur côtoie avec la souffrance, que mes proches avaient vécues et finalement écourtées.

C'est comme des histoires que je raconte à mes enfants, à mes petis enfants, à mes amis et À VOUS!

Maintenant que les Mémoires sont à votre portée, je vous invite cher lecteur, d'entreprendre ce périple avec moi.

Kiều Chinh

PREMIÈRE PARTIE
Hà-Nội, 1937-1954

Mon enfance à Hanoï

En 1995, vingt ans après la fin de la guerre, les États-Unis et le Vietnam établissèrent officiellement des relations diplomatiques. À ce moment même, la construction de la première école dans le cadre du projet des 52 écoles primaires prévues par le Fonds Pour l'enfance du Vietnam - Vietnam Children's Fund (VCF) - venait d'être achevée.

En tant que coprésidente fondatrice du VCF, je partageais l'honneur avec l'autre coprésident, le journaliste Terry Anderson, et le parrain du fonds, M. James V. Kimsey, président et fondateur de l'America On Line (AOL), de couper le ruban pour inaugurer l'école le 24 avril à Đông Hà, Quảng Trị, dans la zone qui longeait le 17è parallèle.

C'était la ligne de démarcation qui divisait le Vietnam en deux. C'était aussi l'endroit que les américains avaient vu au moins une fois par jour à la télévision, et où la féroce bataille de Khê Sanh avait eu lieu en 1967.

Le 17 avril, les membres de la délégation du VCF au Vietnam sont partis de divers points des États Unis. Seule américaine d'origine vietnamienne du groupe, j'étais partie de Los Angeles avec M. James V. Kimsey qui s'était envolé au préalble de Washington pour me rejoindre. Terry Anderson était allé directement de New York et on se donnait rendez-vous au Vietnam.

Dans le salon VIP de Cathay Airline, notre ami David Jackson, responsable des nouvelles chez Fox Television, avait commencé l'interview en soulignant, "il semblait que chaque tournant qui détermine la vie de Kiều Chinh se déroule dans un aéroport; il y a plus de 40 ans de l'aéroport de Hanoï, elle a pris un avion pour émigrer vers le Sud. Vingt ans plus tard, depuis l'aéroport de Saigon, elle monta dans un avion pour un vol d'exil vers l'Amérique. Et maintenant pour la première fois, après vingt ans d'éloignement, depuis l'aéroport de Los Angeles, elle va pendre l'avion pour retourner dans son ancien pays, dans sa vieille ville".

"Il est temps d'accorder le repos à l'amertume qui nous a rongés toutes ces années." déclara M. James Kimsey dans un interview devant les caméras de télévision. En tant que vétéran américain qui avait combattu au Vietnam, il résume parfaitement les émotions du retour sur l'ancien champ de bataille.

Quant à moi, contrairement à mon compagon de route, les choses ne pourraient jamais être tranchées aussi nettement. Le Vietnam est l'endroit où mes parents, mon frère, ma sœur et mes enfants sont nés. Les trois guerres qui ont marqué cette misérable patrie laissent en moi, des cicatrices de brûlures inoubliables qui descendent jusqu'à la moelle de mes os. Pour James, "l'amertume qui nous a rongés au fil des ans" peut "reposer en paix", mais pas pour moi.

"Réjouissez-vous! Ce soir même dans l'émission des nouvelles de Fox Televison, tout le monde verra Kiều Chinh retourner à son pays natal alors qu'elle est encore en vol. Bon voyage" disait David en me remettant le numéro de Los Angleles Times du 17 avril, avec des photos et des articles sur moi en première page.

Le journal m'a suivi jusqu'à l'avion dans un vol de nuit. Pendant que tous les autres passagers dormaient et tous les bruits s'étaient éteints à part le vrombissement du moteur de l'avion, je regardais dehors à travers le hublot, l'espace sombre et nébuleux qui envelopait l'avion. J'avais l'impression de rebrousser chemin dans le temps jusqu'à ma vie antérieure. Le passé caché revenait sans cesse pour m'accabler l'esprit.

Il me suffit de fermer les yeux pour tout revoir

Le domaine de Kim Mã Gia Trang (du Cheval d'or)

Je revois le chemin escarpé entre deux rangées de tamari- niers verts, menant à núi Bò (la montagne du Bovin) qui affecte la forme d'une vache géante paissant paisiblement sous le ciel bleu. Sur le flanc de la montagne, la silhouette d'un cheval au gallop mesuré se dessinait derrière les arbres. Le cheval était blanc, blanche aussi était la chemise du cavalier.

Ce cavalier, c'était papa. Blottie dans le creux de ses bras, une petite fille de cinq ans. Cette petite fille là, c'était moi. J'étais extrêmement heureuse quand papa m'emmenait à cheval errer autour de la montagne du Bovin.

Comme moi, notre cheval Phi Mã (Pégase), semblait prendre plaisir à arpenter le chemin de terre qui contourne le flanc de montagne. Du haut on pouvait entrevoir de temps à autres des pâtés de maisons. Une fumée flottait doucement au dessus des toits. En descendant plus bas, on distinguait les rangées de toitures en tuile rouge d'une école primaire et des enfants qui jouaient dans la cour. Lorsque des vergers luxuriants apparurent au bord de la route, le cheval ralentissait son gallop car Il savait qu'il allait rentrer à la maison. C'est la fin du chemin de terre qui contournait le flanc de montagne. Phi Mã tourna vers la cour derrière la maison. Papa passa les rênes au vieux majordome Ba Ký pour qu'il conduise Pégase à l'écurie où un autre cheval nommé Phi Phi, l'attendait. Pendant que mon père s'arrêtait au garage pour regarder le chauffeur chủ Tư Xe nettoyer la Citroën, je passais quelques minutes à bavarder avec M. Ba Ký, et à nourrir les chevaux avec de l'herbe. D'habitude chaque fois que papa et moi traversions la cour de briques jusqu'au porche derrière la maison, Tô Tô le petit chien courait vers nous pour nous accueillir. Je serrai Tô Tô dans mes bras, courus dans la maison pour retrouver ma mère, puis rejoignit Anh Lân et chị Tính, mon frère et ma soeur aînés.

C'était un matin de printemps calme au pays des merveilles de notre enfance.

Kim Mã Gia Trang est une ancienne maison à cinq travées située au milieu d'un vaste jardin, faisant face à la montagne du Bovin. Devant il y a un mur prolongé par des colonnes de briques couvertes de mousse À ce côté se trouve le portail principal avec un toit en tuiles recourbées, qui s'ouvre sur une cour en brique devant la maison. Au fond se trouve une voie d'accès vers l'arrière-cour pour les calèches et les chevaux.

Juste au coin de la cour près du portail, il y a un pilier rond en pierre soutenant un temple en miniature. À l'intérieur, une urne aussi en pierre, est hérissée de souches de bâtons d'encens brûlés en prière aux dieux lors des fêtes de fin d'année et des anniversaires des morts.

Devant la maison une balustrade longe une véranda. Cette longue véranda servait de toile de fond à maintes photos de mon enfance.

Sur une photo du coin gauche de la véranda, se tenait mon père à côté de anh Lân encore enfant, assis sur la balustrade. Mon père lui tenait la main, ses yeux fixés sur lui, son premier fils. Lân, âgé de trois ans, vêtu d'une chemise en velours noir, portait un béret noir, des chaussettes blanches et des sandales. Papa était en costume gris. Sur une autre photo du côté droit de la véranda, ma mère en robe de velours noir et coiffe, était debout avec ma soeur et moi quand nous étions jeunes. Tính, cinq ans, avait un visage joufflu, des cheveux en coupe bombée et sa tête atteignait la hauteur de la main de sa mère. À côté d'elle, la petite Chinh, trois ans, et le chien Tô Tô. qui se débattait dans sa main. Sur une photo de la véranda devant la porte d'entrée principale, grand-père portant un turban, áo dài (tunique) diaphane, étrennant une médaille sur sa poitrine, se tenait debout près d'un pot d'abricotier ornemental. Dans mes souvenirs d'enfance, mon grand-père était grand, mince, avec une belle barbiche de vieux sage.

Les Nguyễn du côté paternel, étaient pendant de nombreuses générations propriétaires terriens à Mọc Cự Lộc, situé dans la province historique de Hà Đông sur la rivière Tô Lịch près de l'entrée de Hà Nội.

Héritier de l'ensemble du domaine et des biens de la famille, mon grand-père paternel, Nguyễn Phan - également connu sous le nom de Phán Phan, était un confucéen qui préconisait le dévelopment et l'ouverture du pays aux idées occidentales.

Dans son village natal de Mọc, de nombreux ouvrages architecturaux typiques tels que le portique à trois arches et le temple hexagonal ont été construits par lui. C'est aussi lui qui avait fait construire Kim Mã Gia Trang, l'hôtel Đồng Xuân ainsi que les autres propriétés principales de la famille dans le centre de Hanoi.

La famille Nguyễn à Mọc Cự Lộc est non seulement connue pour être riche, mais aussi pour être peu prolifique en héritier mâle, et ce remontant jusqu'à mes arrière-grands-parents. La famille n'avait qu'un fils. Des six enfants, mon grand-père est le fils unique. Mes grands-parents avaient trois enfants, mon père était le fils unique, mes deux tantes Nhung and Sâm étaient nées avant lui.

Dans la société vietnamienne les hommes étaient mieux considérés que les femmes. Comme l'indique le maxime "Quand un fils est né, on peut enregistrer une naissance, mais même si 10 filles étaient nées, il n'y aurait pas de naissance". Les filles étaient considérées comme des "étrangères". Seuls les garçons sont respectés en tant qu'héritiers de la lignée familiale. Bien que mon père Cửu, soit le plus jeune de la famille, même lorsqu'il était adolescent, mes parents paternels et maternels le considéraient toujours comme le "grand frère aîné"..

Papa Cửu est né le 1er juillet 1910. À cette époque, le Vietnam avait été déjà colonisé par les Français depuis 36 ans. L'influence chinoise était repoussée, le Quốc Ngữ ou langue nationale remplaçait le chinois et la culture française remplaçait le confucianisme. Contrairement à son père, un lettré confucéen, papa étudiait le français, et était diplômé de l'école Bưởi (École du Protectorat). Il y avait clairement un fossé culturel entre l'Orient et l'Occident. Pourtant le lien familial entre Papa et grand père demeurait intact.

Sur une photo de la famille paternelle Nguyễn prise en 1913, tout le monde était solennellement habillé en costume national, à l'exception du jeune Cửu, qui était le seul en tenue européene, avec un manteau et des bottes en cuir. Agé seulement de trois ans, ce fils aîné, debout au milieu devant son père deviendra mon Papa.

Papa Cửu avait une silhouette svelte et délicate, une voix chaude, des cheveux flottants, de grands yeux tristes, en particulier les mains avec des doigts longs et fins.

Pour moi, mon père est un homme poli et beau. Papa portait généralement une ample chemise blanche et un pantalon noir. C'est simple, mais il avait toujours un air décent et soigné.

En 1932, la famille Nguyễn à Mọc Cự Lộc s'était jointe avec la famille Nguyễn à Gia Lâm. Ma mère, Nguyễn Thị An, était née en 1911, un an après mon père. Je me souviens seulement de "Mère An" comme douce et gentille. Elle avait de très longs cheveux qui lui tombaient jusqu'aux genoux.

À l'encontre de mon grand-père paternel, qui menait une vie de propriétaire terrien attaché à son terroir, mon grand-père maternel, Nguyễn Văn Luận, était un cadre supérieur des chemins de fer de l'Indochine, supervisant pendant de nombreuses années, la construction des chemins de fer à partir du Yunnan jusqu'à Dalat. D'après le registre généalogique, les grands-parents ont eu six enfants, dont quatre garçons et deux filles, nés chacun dans un endroit différent, car la famille se déplaçait en fonction du travail du grand-père. Ma mère est la troisième fille et son frère suivant, tonton Nguyễn Văn Nghị, étaient nés dans le Yunnan, lorsque le chemin de fer avait commencé en territoire chinois.

Les deux enfants à peu près du même âge, ont partagé une enfance proche, mais après le mariage de sa sœur, tonton Nghị était envoyé à l'étranger pour étudier, puis restait en France et était devenu un médecin de renommée mondiale, connu sous le nom de Dr. Nguyễn Văn Nghị. Tous les deux, ma mère et lui ne s'étaient jamais revus.

Ma mère avait encore un frère cadet et une soeur cadette. Tonton Nguyễn Văn Thành qui plus tard devenait médecin, était né à Nha Trang: tandis que tata Cam était née à Blao. Tonton Thành était très proche de papa tandis que tata Cam était toujours plus proche de maman.

Une jeunesse idyllique

L'une des grandes proprietés de mon père était un domaine qui comprend une ferme appelé Kim Mã Gia Trang (du Cheval d'or). C'est là le berceau de la plupart des mes doux souvenirs d'enfance.

Le paysage de Kim Mã Gia Trang à mes yeux et dans ma mémoire d'enfant, est un vaste espace verdoyant. Chaque endroit, chaque recoin du jardin m'offre une sensation, un parfum unique, comme s'il s'agissait d'un espace extrêmement charmant à la fois inconnu et familier,

Devant le portail de Kim Mã Gia Trang , il y a deux flamboyants avec des branches qui s'étalent et se revêtent de merveilleuses couleurs pendant la période de floraison. L'ancienne maison principale est cachée parmi les vieux arbres. Le jardin devant la maison est planté de ylang yanlang, de kaki de Mongolie aux fruits jaunes , de grenadiers, etc., qui embaumaient l'entrée de la maison.

Le jardin de derrière est rempli d'arbres fruitiers tels que les bananiers, les kakis et les pamplemousses; Il y avait une écurie, oui une écurie, une citerne d'eau de pluie et même un étang couvert de liseron d'eau, qui servait aussi de vivier.
C'est la aussi que se trouve le garage pour la Citroën noire de papa, et le pousse- pousse reservé à l'usage exclusif de maman.

La vaste maison est garnie de meubles - un autel des ancêtres sculpté , un divan-salon en bois d'acajou sindora, agrémenté d'un coffre à thé et un ensemble de canapés traditionels – qui côtoyaienr les vases en porcelaine, dont certaines dépassaient la hauteur de la téte, les défenses en ivoire, les statues antiques précieuses, et les peintures, appartenant à grand-père, accrochées sur tous les pans de mur. Jusqu'à ce jour, même avec l'âge, les souvenirs de Kim Mã Gia Trang sont encore gravés dans mon esprit.

Chaque fois que je repense aux vieilles photos de famille en noir et blanc prises à cette époque, mon cœur est encore rempli d'émotions et je me souviens encore de mon enfance idyllique.

Kim Ma Gia Trang était aussi l'endroit où se rassemblaient de nombreux amis proches de mon père. Il avait beucoup d'amis qui lui étaient très chers. Il y avait les camarades de classe de son école, tels que M. Đỗ Trí Lễ, devenu enseignant, Messrs. Nguyễn Mạnh Hà et Hà Văn Vương. Il y avait des poètes et des écrivains comme Vũ Hoàng Chương, Đinh Hùng, Ngọc Giao (Tonton Ngọc Giao est mon parrain), Lê Văn Trương, Hoàng Cầm. Tous étaient des poètes et écrivains célèbres de cette époque.

Dès lors, notre salon s'apparentait à un "salon littéraire" du 19è siècle, début 20ème siècle à Paris. De telless rencontres donnaient souvent l'occasion à papa de discuter avec ses amis à propos de littérature, de poésie, de musique. Papa savait jouer du violon, et écrire la poésie aussi.

Papa avait aussi un automobiliste d'ami en toton Hùng, souvent surnommé "Voiture de course Hùng" parce qu'il avait remporté le championat du rallye sur le parcours Hai Phong-Hanoi. Tonton Hùng avait adopté un style vestimentaire différent de celui des autres amis de papa. Il porte toujours une veste en cuir, de grosses lunettes, un chapeau en feutre, et des bottes,

Papa m'a souvent rappelée un incident où j'avais failli être écrasée par la moto de tonton Hùng. Ce jour-là, tonton Hùng conduisit une motocyclette jusqu'à notre maison. La moto était garée dans la cour, papa et tonton se tenaient à côté de la moto, fumant et bavardant. La vilaine fillette de trois ans que j'étais, était montée sur la moto pour jouer, et ce faisant la renversa. Heureusement, toton Hùng et papa se précipitèrent à temps à la rescousse.

Bien que la famille ait une voiture, papa aimait toujours faire de l'équitation. Les écuries de la maison hébergeaient Phi mã (Pégase) et Phi Phi. Mon père a un ami proche, toton Phúc qui aime l'équitation comme lui. Toton Phúc est propriétaire de l'orangeraie Bố Hạ, célèbre dans tout le Nord. De l'enfance à l'âge adulte, plusieurs fois, j'ai suivi mon père à la plantation de tonton Phúc pour une promenade à cheval et jouer dans l'orangeraie.

Hanoï au fil des quatre saisons

Le printemps à Hanoï se revêt de caractéristiques tout à fait remarquables, comme un crachin connu sous le nom de pluie de printemps. J'aime vraiment les minuscules gouttes qui ressemblent à une poussière fine effleurant le visage et les vêtements sans laisser de sensation de froid ou d'humidité. C'était comme du confetti incolore et transparent.

Mais notre printemps à Hanoï a aussi été marqué par le travail chargé de ma mère, de ses assistants dont mon frère, ma soeur et moi, quelques jours avant le Tết, le premier jour du nouvel an lunaire.

Comme d'habitude au jour de l'an, ma mère faisait une offrande somptueuse pour accueillir les ancêtres au logis afin que leur progéniture puisse témoigner leur gratitude et respect.

Par conséquent, ma mère voulait s'assurer que l'autel des ancêtres de notre famille soit toujours entretenu et nettoyé plusieurs jours à l'avance. Le vieux majordome Ba Ký s' était vu confier la tâche honorifique mais très importante de descendre de l'autel tous les objets de culte en bronze, les brûleurs d'encens et les porte chandelle pour nettoyer et polir.

Il y avait un autre endroit aussi bruyant et animé, c'est l'espace de la cuisine et de l'arrière-cour. Tout le monde s'affairait à saler, mariner, éplucher des oignons, tremper des tubercules, piler de la viande pour en faire des saucisses, essuyer des feuilles de sycomore ou de bananier, emballer du bánh chưng - une sorte de gâteau de riz gluant cuit au bain marie, moudre de la farine pour faire des gâteaux, etc... Il faut dire que tous les trois nous nous rejouissions, tout aussi occupés, lorsque notre mère nous a permis de "joindre chaîne de production" des offrandes du Têt qui n'arrive qu'une fois par an.

Avant l'arrivée du printemps, a part les choses précitées qu'elle avait à préparer pour le réveillon et le premier jour de l'an, ma mère doit également confectionner de nouveaux vêtements pour nous trois à porter le matin du jour de l'An pour venir formuler nos souhaits à grand père et recevoir des cadeaux d'argent en guise de porte-bonheur, .

La nuit du trentième jour du douzième mois ou la veille du Tết est aussi une nuit très heureuse pour nous. En attendant ma mère qui fait des offrandes pour le Nouvel An, papa jouait au jeu de cartes Tam Cúc (Trois marguerites) avec grand-père, le majordome Ba Ký et Lân, mon frère aîné. Ma soeur aînée Tính et moi avons suivi maman dans la cour pour brûler des bâtons d'encens et les piquer dans l'urne de pierre à l'intérieur du petit temple. Nous n'avons pas oublié non plus, de nous arrêter et de brûler de l'encens à chaque arbre dans la cour devant la maison ainsi que dans la cour de derrière, comme si ces arbres anciens avaient aussi une âme, et contribueront à apporter la bonne fortune et la paix à notre famille tout au long de l'année à venir.

Ensuite, la chose la plus importante est de brûler de l'encens sur l'autel pour vénérer les ancêtres, les grands-parents, tous les génies de l'univers , puis sortir dans la cour pour fêter le réveillon, en s'inclinant aux quatre points cardinaux du ciel et aux dix portes de Bouddha.

Enfin, toute la famille s'amenait dans la cour devant la maison pour faire exploser des pétards qui laissent des débris en papier rouge vif porte-bonheur. Selon l'explication de ma mère, au Giao Thừa, ou transition entre la vieille et la nouvelle année. le bruit des pétards a pour effet de dissiper toute malchance et mécontentement de la vieille année, pour accueillir une nouvelle année pleine de chance, de gentillesse et de bonheur. Le jour suivant au petit matin, quand j'ouvris la porte du jardin, je voyais encore des débris de pétard éparpillés partout. La nuit précédente un coup de vent aurait du les balayer généreusement, en même temps que les pétales de pêcher qui jonchaient encore. Ce spectacle évoque en moi une joie et des rêves vagues et indéfinissables.

Je ne me souviens pas combien de temps les débris de pétards étaient restés devant notre porte sans être balayés, car sur l'ordre de ma mère il était strictement interdit de balayer la cour ou vider les poubelles le premier jour de l'an. Selon une coutume vietnamienne qui date depuis de nombreuses générations, vider les poubelles au premier jour du nouvel an signifie priver la famille de la bonne chance pendant toute la nouvelle année.

Si le printemps à Hanoï est marqué par la pluie en poussière comme des confettis transparents et incolores et l'effervescence du Nouvel An, l'été se caractérise par le chant des cigales sur les rangées de flamboyants, chant qui monte comme une musique vers le ciel clair de Hanoï.

Cependant, si je devais choisir parmi les quatre saisons de Hanoï, après le printemps, ma saison préférée est l'automne.

En automne une douce brise caresse Hanoï comme un effleurement d'écharpes aux couleurs pastel et de fines robes de velours que portent le femmes de l'ancienne capitale. La chute des feuilles mortes recouvre la cour de Kim Mã Gia Trang d'un tapis d'or. J'aime fouler ce tapis pour entendre leur bruissement sous mes pieds. Ce spectacle, cette couleur, comme le temps qu'il fait, a donné un manteau à Hanoï, contrastant avec la chemise fraîche que l'été lui a prodiguée.

Mais en plus de sa douce splendeur , l'automne à Hanoï est aussi la saison des "Cốm" ou pépites - flocons de jeune grains (verts) de riz gluant qui regorgent encore d'un suc laiteux.

Maman m'a dit que les preparatifs de production commencent tôt, bien avant l'arrivée officielle de l'automne. Dans les villages ou lieux qui produisent des pépites, on effectue à la hâte toutes les étapes requises pour qu'à la fin, les pépites vertes, pleines de parfum, soient introduites auprès des amateurs, pas seulement sur la rue principale de Hanoï, mais aussi dans les ruelles et recoins de cette ville célèbre et élégante.

Papa m'a dit qu'il y a de nombreux villages producteurs de riz célèbre dans la banlieue de Hanoï comme Mễ Trì Hạ Mễ Trì Thượng, etc. Mais le plus célèbre reste celui du village de Vòng Cette variété est si connue qu'on finit par appeler la friandise "Cốm Vòng".

Je me souviens avoir demandé une fois à mon père pourquoi le Cốm Vòng est le plus célèbre, et mon père a répondu qu'il n'était pas très sûr. C'est peut-être parce que les pépites du village de Vòng ont une histoire plus longue que celles de la plupart des autres, même si toutes les pépites sont confectionées à partir de jeunes grains de riz gluant qui regorgent encore d'un suc laiteux, et passent par les mêmes étapes élaborées.

Les connaisseurs pensent que l'automne est la saison idéale pour savourer pleinement l'arôme des pépites, car c'est le temps où les gouttes de rosée du matin, apportent avec elles le froid de la mousson aux feuilles de lotus qui viennent à maturité sur l'étang, mais sont encore souples pour se prêter à l'emballage.

Avant d'être livrées à la vente les pépites sont enveloppées dans des feuilles de lotus qui les couvrent comme une pièce de soie imbue de parfum.

À la saison des pépites, ce que nous autres, mon frère ma soeur et moi aimons le plus c'est d'entendre la sonnette à la grande porte d'entrée. Cela annonce presque toujours l'arrivée de la marchande preférée de ma mère. Elle garde toujours pour maman la meilleure sélection de ses pépites.

J'aime bien regarder ces marchandes qui marchent en groupe d'un bon pas, très vite, portant des sandales en caoutchouc, des jupes noires, des corsages marron et une coiffe en tissu noir, pliée en bec de corbeau. Ells sont souples, rythmées, et belles comme dans un ancien tableau. À chaque extrémité d'un fléau qu'elles portent sur leur épaule, pend une corbeille contenant des pépites, des feuilles de lotus et des ficelles pour les emballer.

Pendant que Tính et moi étions accroupies à côté de maman, au coup de sonnette, Lân se précipite vers la porte pour l'ouvrir. Je suivais maman jusqu'au portail pour acheter des paquets de pépite parfumée aux feuilles de lotus. Puis après, maman et tata Cam ont départagé le Cốm Vòng et le kaki en lots pour les mettre sur des plateaux en bois à offrir en cadeau. Ensuite, Lân va étrenner de beaux vêtements, monter en pousse-pousse avec maman et apporter des cadeaux à chaque maison pour les tantes et oncles. Des fois, maman fait des pépites avec du sucre candi pour papa. Papa aime manger des pépites jeunes et fraîches. Parfois, il mange aussi des bananes avec les pépites. J'aime aussi les pépites, surtout quand ma mère les prépare avec du riz gluant vert.

Et ma mère n'oublie jamais d'acheter de nombreux paquets de pépites en cadeau aux grands-parents à Gia Lâm. Tous les trois, nous accompagnions souvent maman pour aller chez grand-père. Bien entendu, maman donnait également à chacun de nous un petit paquet de pépites pour nous donner l'impression que le route est plus courte.

Comment puis-je oublier tous les souvenirs doux et heureux de mon enfance? Une photo de ma mère, ses cheveux tombant sur ses talons. Maman se lave les cheveux dans un bassinet en laiton avec de l'eau de caroube séchée au soleil. Après s'être lavée, ma mère s'allongeait sur le hamac en séchant les cheveux.

Parfois, je demande à ma mère de me peigner les cheveux, de les aérer avec un éventail en bambou pour qu'ils sèchent plus rapidement. Le parfum des cheveux de ma mère lavés avec l'eau de caroube flotte jusqu'a mes narines. Comment puis-je oublier tout ça?

Mais soudain cette vie paisible et idyllique fût violemment perturbée par la guerre. L'année 1937 de ma naissance était aussi l'année où l'armée japonaise envahissa la Chine, puis le Vietnam.

À cette époque, je vis un cadavre pour la première fois, C'était le corps d'un homme pendu par les soldats japonais.

Le matin, mon père avait l'habitude de faire de l'équitationu dans la région. Parce que j'étais son enfant préféré, mon père me laissait toujours m'asseoir sur ses genoux pour la plupart de ces randonnées. Je n'oublierai jamais cette fois, lorsque Pégase galopait pour emmener papa et moi sur une colline dans la région montagneuse de Bò, il s'était soudainement arrêté, avait henni et s'était arrêté net d'une manière inhabituelle. À peu près au même moment, papa et moi avons vu le corps d'un homme mort pendu à une branche d'arbre au bord de la route. Sachant que je m'émeus aisément , mon père m'a serré dans ses bras d'une main, et de l'autre tenant les rênes, a tourné la tête du cheval et l'a immédiatement pointé en direction de la maison.

Les cadavres des pendus portent de mauvais présages.

Je me souviens que c'était au début de 1943, lorsque mon père a faisait abattre des arbres dans le jardin derriére la maison pour construire un abri.

C'est alors que j'ai vu passer des bombardiers. Sirène bruyante. Tout le monde se précipita au sous-sol. Je me souviens d'une fois quand tout le monde etait descendu au bunker sauf moi. Quand Il ne m'a pas vue, papa remonta dans la maison en courant en appelant mon nom pendant qu'il courait. Je courais frénétiquement pour retrouver mon chien To To, peut-être avait il entendu la sirène, avait trop peur pour s'enfuir et se cacha dans un coin..

Quand j'étais enfant, j'avais aussi très peur de la sirène, signe annonciateur de la mort.

La Seconde Guerre mondiale avait éclaté. Les troupes japonaises arrivèrent au Vietnam. Les avions alliés ont bombardé l'armée japonaise. Peu importe le jour ou la nuit, les sirènes ne cessent de semer la peur dans les esprits. Chaque fois que j'entends les sirènes retentir dans la ville, je me recule, comme si la catastrophe me visait, et me cherchait.

Vers le milieu de 1943, l'armée japonaise faisait un coup d'état contre la France au Vietnam. Avant cela, les avions alliés bombardaient continuellement Hanoï. Au même moment, ma mère était enceinte de mon jeune frère. Au dernier mois de sa grossesse elle se rendait à l'hôpital pour donner naissance au bébé.

Malheureusement pour ma famille : le coin de l'hôpital, où ma mère accouchait, a été touché par une bombe ! Ma mère et mon jeune frère, Nguyễn Quỳnh qui venait de naître, et avant qu'il ait pu obtenir un acte de naissance, périrent.

Depuis ce moment cruel, je n'ai jamais revu ma mère, ni mon jeune frère frappé d'une mort si prématurée. C'était la première tragédie qui était arrivée à notre famille.

Je me souviens de mon père qui me tenait dans ses bras et marchait derrière deux cercueils: celui de mon petit frère posé sur un corbillard blanc, et celui de ma mère, sur un corbillard noir. J'entendis papa appeler d'une voix tremblante « Mon amour! Mon fils, mon fils!" quand les deux cercueils furent descendus dans la tombe.

Pour éviter les bombes, après les funérailles de ma mère et du bébé, mon père avait décidé de ramener toute la famille dans son village ancestral.

Sur le chemin du retour, j'ai vu de mes propres yeux les cadavres gisant sur les deux côtés de la route ! C'était la famine, la famine de l'année du Coq.

Retour au village Mọc

Après le bombardement de Hanoï et le décès de ma mère et de mon frère, mon père décida de ramener la famille à Mọc.
Ici, nous trois et le vieux majordome Ba Ký vivions des jours paisibles avec notre grand-père dans une ancienne maison de trois travées, dont la cour de devant a un étang semi-circulaire avec des fleurs de lotus; la cour de derrière a un étang à poissons. et une cour très large à côté. C'est là que mon frère, ma soeur et moi jouions et observions les activités quotidiennes lorsque les métayers du village venaient chaque jour procéder au séchage du riz, au pilage du riz, et a l'épandage du foin. Nous jouions autour de la base de chaque petit meule de foin. J'aime escalader le moulin à riz même si mon corps est trop petit pour donner un coup de pied au pilon à riz géant.

Nous jouissions beaucup des déjeuners amusants, pris avec les métayers et leurs enfants. Au menu figuraient des boulettes de riz, du sésame au sel, des crevettes, du poisson séché, des légumes bouillis...

J'aime les routes de village en terre rouge, flanquées de hautes rangées de bambous, la brise qui sentait les rizières, le bruit de la campagne, le bruit du pilonnage du riz, le bruit de la mouture du riz, le grognement des cochons, le chant des des coqs... et les rires d'enfants.

Nous jouions tous les jours à la campagne, avec d'autres enfants du village. Mon père Cửu reste en ville pour travailler, mais le week-end il se rend au village pour rendre visite à son père (notre grand-père) et à ses enfants. Ce sont les jours que j'attendais et je suis si heureuse quand mon père est là . M. Ba Ký préparait souvent les plats préférés de mon père, tels que la soupe de crabe cuite dans l'eau, des épinards au taro et servis avec des aubergines, de la perche frite trempée dans une sauce de poisson au gingembre, du tofu frit avec de la sauce de soja...

La nuit venue, je m'assois à côté de mon père et je l'écoute lire de nouveaux poèmes qu'il venait de composer. Il les montra à grand-père qui disait "oui, ces vers sont bons..." Les jours où papa rentrait de Hanoi, je pouvais le serrer dans mes bras pour dormir.

Dans la maison de trois travées de mon grand-père, je n'aime pas celle du milieu, où l'autel des ancêtres à trois étages est entouré de fanions, des tablettes à cinq couleurs, le meuble de devant a une armoire à thé à trois portes, un divan en acajou noir. Dans l'après-midi, un préparateur officie le rite de l'opium. Surommé "Bồi Píp" ou Garçon de Pipe, il est venu à la maison, vêtu d'une chemise noire et portait des sandales noires brillantes. Le" Bồi píp " ouvrit la porte de l'armoire à thé, sortit une lampe à opium et d'autres objets, et les étala au milieu du divan, puis s'étendit le matelas à droite du lit de grand-père. Il était allongé sur un côté de la lampe, préparait l'opium pour grand-père qui fumait à l'autre côté. J'aime m'allonger aux pieds de mon grand-père et le regarder le "pipe boy" allumer la lampe à huile, mettre de l'opium dans une pipe, puis de le "griller", dégageant une odeur grésillante. Grand-père prit une longue bouffée, but une gorgée de thé chinois condensé, contenu dans un petite théière blottie dans un panier en rotin. Je m'assieds et regarde autour de moi, les piliers en bois sont grands, noir brillant, au plafond avec le dessous du toit en tuiles rouges, parfois je vois des margouillats, je me détourne rapidement, j'ai très peur de ces bêtes. Il y a beaucoup de choses dans la maison qui me font peur, et la plus effrayante est qu'il y a un cercueil vide sur le côté droit de l'autel! Grand-père a dit que le cercueil était pour lui. Auparavant, sur le côté gauche, il y avait aussi un autre cercueil, mais il servait déjà à enterrer ma grande mère. Je me souviens d'un un jour où nous trois jouions à cache-cache, Tính et moi avons cherché Lân partout dans la maison mais n'avions pas pu le trouver nulle part. Quand nous sommes passés devant le cercueil de notre grand-père, notre frère qui s'était caché à l'intérieur, a ouvert le couvercle et s'était redressé tout droit pour effrayer ses deux sœurs. J'éclatai en sanglots et j'étais si en colère que je ne voulais pas jouer avec lui pendant plusieurs jours.

Au fil des jours, grand-père s'est affaibli, puis un jour de la semaine, avant le week-end contrairement à l'habitude, papa rentra à la maison. Il y était resté definitivement et n'irait plus en ville. Il disait qu'il voulait être avec grand-père.

Puis un jour grand-père rendit son dernier souffle dans les bras de mon père.

Je me souviens de cette nuit harcelée de fortes pluies, d'éclairs et des coups de tonnerre, je me suis réveillée en sursaut et ne voyais pas mon père. Suivant la lueur des lampes à pétrole, je me suis glissée au milieu de la maison, et voyai à travers les tentures baissées mon père s'allonger à côté du cadavre de grand-père sur le divan en acajou. J'avais tellement peur car je pensais que mon père, était mort lui aussi. En me voyant pleurer, mon père s'était levé et se glissa à travers la tenture pour m'étreindre et me porter dans la chambre voisine, où nous avons dormi. Moi, pleurant toujours, je demandais pourquoi papa couchait avec grand-père. Papa me prit dans ses bras et me réconforta en disant: « Il pleut et il y a du tonnerre, s'il y a des éclairs et qu'un chat noir passe sur le cadavre, le défunct sursautera ! Papa devait s'allonger à côté de lui pour veiller sur son corps.

L'enterrement de grand-père était extrêmement grandiose, presque tout le village de Mọc s'était rendu à son enterrement. Lorsque le cercueil arriva à la porte du village, il s'arrêta, il y eut de nombreux cris mêlés aux chants et aux coups de tocsin frappé per les bonzes. Le portique du village a été construite par mon grand-père pour le village.

Après avoir enterré mon grand-père, mon père a réarrangé, nettoyé la maison et ramené nous trois et le majordome Ba Ký en ville. Depuis ce moment, mon enfance paisible a également pris une autre direction. Bien que j'aie perdu ma mère très tôt, j'ai été compensée par la plénitude de l' amour de mon père. Le destin et l'éloignement petit à petit, nous rapprochent, mais parce que j'étais si jeune, je ressentais vaguement que quelque chose de terrible nous guettait !

Après de longs séjours dans le village natal, lorsque notre famille est revenue dans la maison de Kim Mã Gia Trang, tout a été incendié. Tout l'espace où enfant, j'avais grandi n'est qu'un tas de gravat brûlé. Les vieux arbres ont été abattus par des bombes du tronc ou jusqu'aux racines, et n'ont pas été complètement brûlés. Je pense aux chères images de mon enfance décimée par la guerre. Ces êtres chers, même s'il n'en restait que quelques cendres, s'accrochaient encore au sol, comme une dernière tentative désespérée pour affirmer leur présence sur les lieux !

Depuis lors, j'ai été hantée jusqu'aux cauchemars par les sirènes et les incendies. Évidemment, Kim Mã Gia Trang n'a gardé aucune trace des jours idylliques de mon enfance. Ma mère et mon petit bébé de frère n'étaient plus présents que dans mon esprit.

La petite maison à Ngọc Hà

Après avoir vendu son hôtel près du marché de Đồng Xuân , mon père s'est arrangé pour acheter une petite maison à Ngọc Hà près du jardin botanique. La maison est très petite, il n'y avait pas de jardin à l'avant ni à l'arrière de la maison, et elle est située juste derrière le jardin de la maison du professeur Đỗ Trí Lễ, qui était un ami de mon père.

Dans le jardin derrière la maison de toton Lễ il y avait un grand abri. Tonton a fait pratiquer une petite ouverture dans la mur mitoyen entre sa maison et la nôtre pour que toute la famille puisse courir et se blottir dans l'abri en cas d'alerte ou d'une attaque aérienne. À cette époque les Việt Minh se battaient avec les Français. La famille vivait dans la pauvreté, luttant contre la disette.

Le matin, quand nous trois, mon frère ma soeur et moi sont allés à l'école, notre cher majordome Ba Ký nous a donné à chacun une patate bouillie. Le déjeuner consistait généralement d'un potage avec du sucre candi, au dîner c'est du riz mélangé avec du maïs et avec d'autres légumes. Certains jours on mangeait du riz avec du poisson séché.

Un matin quand j'allais à l'école, je venais d'arriver au bout de la rue, je tenais une patate dans ma main pour la mettre dans la bouche, quand un garçon de mon âge courut vers moi pour me l'enlever. J'ai regardé fixement le garçon qui s'enfuyat en mangeant la patate qu'il m'a volée.

Un autre matin, également au début de la route, j'ai vu un homme maigre arracher du bánh chưng, une sorte de galette de riz gluant, à une vieille femme qui vendait cettte galette sur un étal. L'homme s'est enfui en hâte et la vieille femme de l'étal lui a crié: "Si propre! Cette brique !

Il s'avère que la galette n'est qu'une brique enveloppée de feuilles de "dong" (sycomore)!

Chaque jour nous allons à l'école, chaque jour nous voyons des cadavres gisant sur le bord de la route, des charrettes tirées par les bœufs venaient ramasser ces corps.

Ce fut l'année de la famine de Ất Dậu de 1945, qui fit plus de deux millions de morts, comme l'ont relaté clairement les livres d'histoire.

Ce dimanche matin M. Ba Ky préparait notre petit déjeuner. Avant d'avoir eu le temps de nous servir, il avait entendu des coups de feu. Toute la famille quitta précipitamment le petit dejeumer et courut vers l'abri à côté de la maison de l'oncle Lễ. Le bruit des coups de feu se rapprochait de plus en plus, puis le bruit des chaussures des soldats fradnçais claquait dans la maison. Tout le monde retenait son souffle et attendait. Voyant que j'avais peur, mon père m'a serrée dans ses bras.

Puis j'ai entendu les Français crier à la porte du tunnel. Papa m'a dit de serrer fermement son cou (et monter à cheval sur son dos), de le laisser lever les mains au-dessus de sa tête (comme pour capituler) et a dit à mon frère Lân de tenir la main de ma soeur Tĩnh pour sortir après lui. Toton Lễ et Ba Ký ont également levé leurs mains en sortant.

Les soldats français voyant un père portant un enfant, suivi d'autres enfants, ne tirèrent pas. Se rendant compte que papa et tonton Lễ parlaient couramment le français, ils disaient que les Việt Minh étaient dans ce domaine et tout le monde devait en sortir Pourtant ils ligotèrent les mains des trois hommes et les ont attachées a l'arrière d'une jeep qui s'avançait lentement vers le jardin botanique. Lân tenait la main de chị Tính et je les suivis. En me retournant, je voyais un incendie. Les soldats français brûlèrent la maison de Ngọc Hà. Courant vers les soldats français stationnés dans le jardin botanique, nous avons vu un parc rempli de chars et de camions.

Ils nous ont laissé nous asseoir sur une souche d'arbre près du parking. Tonton Lễ et mon père ont parlé à l'officier français, qui les avait tous déligotés. À midi, alors que j'avais faim, j'ai vu un soldat français, en torse nu, assis sur un tank en train de casser la croûte, je ne cessais de le quitter des yeux. En me voyant, le soldat s'était penché et m'a lancé un paquet de biscuits. J'ai rampé pour le récupérer et j'ai vu le soldat tomber juste à côté de moi. Il a été abattu par un franc tireur Viet Minh qui se cachait en haut d'une colline. Papa a rapidement rampé et m'a tirée vers l'arbre.

Nous avons attendu jusqu'à l'après-midi lorsque l'officier est revenu et leur a dit qu'ils allaient se retirer du jardin botanique et que nous devions en sortir; cette zone n'est pas du tout sécurisée. Toton Lễ disait qu'il connaissait le père Grass à l'église dominicaine voisine. L'officier nous a conduits à l'église.

Ici se trouvait la famille de toton Nguyễn Mạnh Hà , sa femme française et leur deux enfants. Nous partagions tous une longue pièce. Des gens s'allongeaint pêle mêle sur le plancher.

Au deuxième jour, l'église manqua de vivres. Le père Grass a constaté que les maisons du voisinage, la plupart d'entre elles des grandes villas, étaient devenues vacantes car leurs propriétaires les avaient déja quittées. D'après le père, il n'était pas prudent pour les adultes de sortir, mais pas pour les enfants.

Ensuite, le père a donné un sac à chacun des enfants, nous a dit d'aller de maison en maison, de jeter un coup d'œil aux provisions et de les ramener à l'église. Nous cinq, les deux enfants de toton Nguyễn Mạnh Hà et nous trois, avec des sacs en bandoulière, en route... vers chaque maison à la recherche des vivres pour braconner. Une fois arrivés dans une grande villa vide, les enfants coururent à la cuisine pour chercher des mangeailles. Par curiosité j'étais montée au premier étage. Après avoir raflé des vivres, Lân qui ne me voyat nulle part, s'était précipité en haut pour me chercher. Il m'a trouvée debout devant le cadavre d'une femme toute nue, sans aucun morceau de tissu pour se couvrir, allongée sur le sol. Il me m'entraîna en courant jusqu' à la sortie de la maison. Depuis ce jour là , papa ne nous laissait plus soptir pour chercher de la nourriture.

Cette nuit-là, il pleuvait. Pendant que tout le monde dormait une porte claqua. Le père Grass est apparu, trempé d'eau, il poussa la longue table bloquant la porte et d'une voix tremblante nous disait que le Viet Minh venait de pénétrer par effraction dans la résidence des prêtres en face de l'église et avait tué un jeune prêtre français. Il disait qu'on n'était plus en securité ici.

Nous avons donc dû nous efforcer de trouver un autre refuge.

Grandir au numéro 10, rue Lê Trực

Après des années de panique, de maisons brisées, de femme et d'enfant perdus, de maisons et de propriétés ruinées, mon père s'est fait prêter la maison du numéro 10 rue Lê Trực par toton Cát, un homme riche, qui possédait de nombreuses maisons. Il s'agissait d'une villa à deux étages, un ancien immeuble à architecture européene , clôturé par un mur de briques et un portail en fer forgé . Devant la maison il y a un grand ylang-ylang. À l'entrée il y a une vrille de vigne aux raisins verts. Derrière la maison au milieu de la cour se trouvait un vieux carambolier, À son pied se trouvait un réservoir d'eau de pluie. Dans le jardin, il y a beaucoup de bananiers, de goyaviers et beaucoup de fleurs de toutes sortes plantées contre le mur. On y trouve aussi un étang couvert de lentilles d'eau où l'on élevait des poissons. À l'autre côté de l'étang se trouve un petit temple. Le soir venu, les prières ponctuées par les claquements de tocsin en bois résonnerent dans la solitude, comme un angélus berçant, rappelant chacun de nous au calme, à la méditation sur la brièveté et l'absurdité de l'existence humaine, impermanente et courte.

Au bout de la rue Lê Trực se trouvait le terrain de sport Septo. Chaque jour, de nombreux jeunes gems passaient à vélo devant la maison pour se rendre au terrain d'entraînement . J'ai aussi suivi Lân pour aller là pour m'entrainer, m'exercer, courir autour du terrain et sauter à la corde.

Non loin de cette maison se trouvait le lycée Albert Sarraut, où Lân faisait ses études. Près de là , si je me souviens bien, se trouvaient la Pagode au pilier unique et le jardin botanique Con Cóc (du Crapaud)

Quand on était à la rue Lê Trực, partout où il allait, mon père me laissait le joindre. Je me souviens de cette fois où j'avais rendu visite à toton Phúc au domaine de Bố Hạ, papa et moi avons pu faire du cheval tout autour du domaine avec lui.

Tonton Phúc et papa m'entrainèrent à l'équitation. Je montais à cheval, ou plutôt assis seul sur le dos d'un petit âne, mon père le menait par une corde et le tirait lentement derrière son cheval. Jusqu'à ce jour, je me souviens encore du bonheur que j'éprouvais d'avoir pu monter à cheval dans les bras de mon père, bonheur qui m'a manqué depuis bien longtemps.

Je me souviens aussi de cette fois où j'ai rendu visite à l'écrivain Lê Văn Trương, dans une mansarde. Il y avait très peu de meubles. Il semblait que toute la "fortune familiale" de cet écrivain autrefois célèbre, se réduisit a une table basse au milieu de la pièce. Pas une chaise, et les visiteurs, n'ont d'autre choix que de s'asseoir sur le plancher. La couleur noire terne de la chambre, du mobilier et des quatre murs, et même des rideaux conncourent à accentuer l'espace étroit dans lequel vivait cet écrivain célèbre.

Je me demande, comment vivant dans un tel cadre il pouvait introduire dans ses romans des héros exemplaires qui faisaient l'admiration de ses innombrables lecteurs? Ou peut-être, l'âme de l'écrivain s'envole-t-elle loin, très loin des rideaux noirs, vers un certain monde étrange et chimérique.

Au numéro 10, rue Lê Trực parfois pendant les week-ends, mon père me permettait de le suivre chez tonton Hà Văn Vượng. Il me semble que la maison de tonton Vượng était située près de l'Opéra, sur une longue rue ombragée bordée d'arbres et de nombreuses villas cossues

Contrairement à la demeure de toton Lê Văn Trương, la maison de l'oncle Vượng, est très grande avec un immense jardin. Dans le jardin il y a une grande cage en fer pour les paons. Les paons scintillant de couleurs brillantes, en particulier le vert-bouteille, le bronze rutilant... J'ai bien peur qu'il soit difficile pour un artiste même doué, de créer une palette qui puisse refléter l'éclat des couleurs de l'incroyable miracle du Créateur.

Dans la maison de toton Vượng, il y avait aussi une salle séparée ou l'on trouve un chevalet. Je ne sais pas si c'est depuis le départ de sa femme - qui est britannique - et de ses enfants pour

Londres qu'il avait adopté les couleurs et les lignes de la nature pour atténuer quelque peu la douleur causée par l'absence de sa femme et ses enfants qui lui manquaient.

Parlant de la femme et des enfants de l'oncle Vượng, je ne peux m'empêcher de mentionner tata Vượng car elle était mon premier professeur d'anglais. Tata qui était douce, patiente et dévouée m'a appris la différence de chaque mot, et la prononciation (avec l'accent britannique, bien sûr) dans un livre avec un titre en français: "Anglais sans Peine".

Je suis fière de me sentir bien accueillie et reçue avec un amour en particulier par tata Vượng Orpheline de mère, je me sentais encore plus émue lorsque je reçois la sollicitude et la tendresse d'une femme si noble et si douée.

Depuis lors, je n'étais pas trop surprise quand l'oncle Vượng disait un jour à mon père : « Garde Chinh pour mon fils Anh". À cette époque, son fils Van Anh étudiait à Londres. Apparemment, mon père ne disait rien. Il se contentait de sourire.

En parlant de toton Lê Văn Trương ,de toton Hà Văn Vượng, il faut aussi mentioner toton Lê Dương - également connu sous le nom de Dương Đồ Cổ Hàng Trống (Dương Antiques de la rue des Tambours). Papa et toton Dương ont un passe-temps commun: la photographie.

Afin de "chasser" des photos spéciales, ils faisaient souvent de très longues excursons dans des endroits qui m'étaient complètement inconnus Il convient de mentionner que lors de tels parcours de chasse aux images à longue distance , parfois toton Dương et papa permettaient à nous trois, Lân Tính et moi de les joindre, probablement pour nous faire voir du pays.

Parmi les photos en noir et blanc que je garde encore de cette époque, figuraient les belles photos de moi et de Tính au zoo, au jardin de fleurs de Nghi Tàm , ou du jardin de fleurs de Con Cóc , de la pagode Thầy (du maitre) et de la pagode des Trăm Giang (Cent salles).

Mais de toutes les excursions, la plus mémorable reste celle où mon père m'a laissée aller à la plage de Đồ sơn. C'était au petit matin, la mer est encore vide, et la plage encore vierge de toute présence humaine, mon ombre se reflète sur le sable humide tel qu'un miroir brumeux et scintillant. Ces matins-là, je mettais un maillot de bain pour faire de l'exercice, et mon père prenait de nombreuses photos, ce qui n'est généralement qu'une fois dans une vie. Les mêmes jours à Đồ sơn, en fin d'après-midi, mon père a également pris des photos de moi portant un áo dài et un chapeau conique, debout sur la plage face à la mer.

Sur l'une des photos de moi, vêtue d'une longue tunique, regardant la mer, mon père a écrit derrière deux vers du poète Nguyễn Du:

Regard triste du soir sur l'embouchure de la mer,
Un bateau vogue dans le lointain.

Les souvenirs que j'ai avec mon père ne se limitent pas aux journées d'été. L'hiver venu, d'autres souvenirs reviennent. Je me rappelle ces après-midi d'hiver frileux quand mon père m'emmenait au cinéma avec lui, quand je lui tenais les bras ou me blotissais en lui, ou emmitouflée dans un même manteau, nous marchions dans les rues vers des cinémas comme le Majestic, le Philamonique ou le théâtre Cầu Gỗ pour visionner des films. Le propriétaire français du Philharmonique était un ami de mon père, et il nous réservait deux places dans la loge, ce qui fait que chaque fois que nous y allions, mon père et moi nous nous asseyions toujours à la même place.

Pour moi, c'étaient des jours où je vivais comme au "paradis" avec le merveilleux père que j'ai eu la chance d'avoir Grâce à mon père, je me suis passionnée pour le cinéma dès mon plus jeune âge. Chaque fois qu'il m'emmenait voir un film, il m'en expliquait soigneusement la signification. Mes films préférés étaient *Le Cid et Limelight* (Les lumières de la ville) de Charlie Chaplin.

Je me souviens aussi de beaucoup d'autres films, comme *Les Plus Belles Annèes de Notre Vie,* qui m'ont fait pleurer quand j'ai vu les ravages de la guerre et la séparation des familles. Une autre chose intéressante pour moi est que sur le chemin du retour, en hiver quand il faisait plus froid, mon père m'a serré dans ses bras. En marchant, il m'a expliqué d'advantage sur ce qui est bien ou plus profond dans chaque film.

À bien y penser plus tard, j'avais l'impression que mon père se servait des films pour m'éduquer, ainsi que pour élargir mon horizon de la vie et de l'art.

Cependant, à cette époque, le plus intéressant était qu'à la fin de chaqque séance de cinéma, mon père ne manquait jamais de passer au Grand Magasin de la rue Tràng Tiền pour acheter des châtaignes pour moi et des cigarettes Cotab pour lui.. Mon père "ramenait" même une bouteille de vin rouge et du chocolat noir (mon type de chocolat préféré) à la maison.

À cette époque, parce qu'il était un lecteur avide, sûrement mon père n'oubliait pas d'acheter plus de livres et aussi quelques revues comme Ciné Revue, Ciné Monde... pour lui- mais moi-même aussi si je voulais les lire.

Après avoir accompli son "devoir" envers sa fille et lui- même, il appela un cyclo pour nous ramener à la maison. Sur le che-emin du retour, mon père me laissait m'asseoir sur ses genoux et me blottir dans ses bras pour me réchauffer. Pendant ces moments là, tout ce que je voulais c'était juste de rallonger le chemin du retour.

Maintenant, quand je pense à mon père, j'éprouve beaucoup de peine pour lui, car il était veuf quand il était jeune - il n'y avait pas de télévision à cette époque - la nuit, il jouait du violon, puis emporta un livre au lit.

C'était à cette époque que mon père essayait de remettre sa vie en ordre. Il a accepté de travailler comme assistant de toton Hà Văn Vượng qui était alors ministre des finances.

Lân fréquentait le lycée Albert Sarraut et étudiait l'accordéon avec le musicien Nguyễn Hiền. Il pratique également le sport, l'haltérophilie, le saut à la corde, le canotage, était très bon au ping-pong, ayant une fois même remporté le championnat dans ce sport. La maison avait non pas une table de ping-pong, mais deux, car les amis de Lân viennent souvent s'entraîner, c'étaient de bons joueurs de ping-pong de l'école. Les deux meilleurs joueurs étaient Hiệp "Cao" (le grand) et Trương "Đen" (le noir), en plus de Khuê "Gầy" (le maigre) et Năng Tế.

À part les études scolaires Tinh était également inscrite à l'école de Mme Trùng, où elle apprenait aussi les arts culinaires. Veuf, père voulait s'assurer que ses deux filles étudient les arts ménagers. J'ai aussi étudié la broderie. Je fréquentais l'école catholique Saint Paul et où j'étudiais le piano avec Maitre Duyệt. En classe de piano, je connaissais 'une très belle jeune fille du nom de Bích Vân. Nous nous sommes liées d'une vraie amitié, pensant que rien ne pourrait plus nous séparer.

Pendant mon séjour à Saint Paul chez les Sœurs, j'ai acquis une réputation de pieuse. Chaque jour je lis la Bible, le soir je prie encore, chaque dimanche matin je vais à l'église. Une fois, j'ai demandé à mon père la permission de me faire baptiser. Papa me disait:

«Je ne t'interdis pas d'avoir la foi en Dieu. Toutes les religions enseignent aux gens à faire du bien. Mais je te déconseille de te convertir, car notre famille est bouddhiste, vénérant les aïeux. Une jeune fille est destinée à être mariée éventuellement, et avec le marriage, doit suivre la religion de sa belle famille. On ne sait pas si ton futur mari serait bouddhiste ou catholique.

C'étaient les jours où nous vivions tous les quatre heureux et tranquilles l'un près de l'autre

Pour moi, ce sont les jours du "paradis de l'enfance" dans l'amour de mon père. Peut-être que moi seul savait à quel point j'aimais mon père. Ma mère fut décédée alors que mon père avait un peu plus de 30 ans. Il est beau, poli, calme et avait beaucoup de talent.

Depuis le jour où l'on est revenu à la maison de la rue Le Truc, les amis de mon père deviennent moins nombreux. Les seules personnes fidèles qui fréquentaient encore sont tonton Ngọc Giao , toton Dương, toton An Hàng Đào (de la rue des Pêches) et tonton Phúc Cam (de l'orangeraie) Bố Hạ.

Mon père restait à la maison la nuit en lisant un livre. Parfois je lis le dictionnaire et mes amis disent souvent que je suis un dictionnaire vivant. Essayez de vous demander, comment ne pourrais-je pas aimer mon père!

Je ne sais pas si c'est à cause de la solitude que je voyais mon père commencer à fumer davantage que d'habitude. Chaque soir à l'heure du repas il prenait au moins un ou deux verres de vin rouge, et il s'asseyait souvent devant un verre de vin, Parfois *Tàng Châu Thi Tập* (Poèmes des joyaux cachés).

À un moment donné, une jolie femme commençait de temps en temps. à rendre visite à mon père. Chaque fois qu'elle venait, elle nous achetait des cadeaux. Papa a dit qu'elle est une poétesse célèbre dans le milieu littéraire et artistique. Je ne sais pas ce que Lân et Tính pensaient de la nouvelle amie de notre père. Quant à moi, je pensais tout simplement que ce serait bien pour mon père d'avoir quelqu'un de plus dans le monde de l'art, car tous ses copains appartenaient à ce monde là.

Un après-midi, j'ai vu mon père faire les cent pas dans le salon, une cigarette à la main, l'air pensif, comme aux prises avec un problème insoluble. Je n'osais pas lui demander, mais le regardais tranquillement avec une certaine inquiétude et nervosité.

Finalement, mon père me disait d'appeler Lân et Tính au salon pour qu'il parle. Quand nous avons fini de nous installer, papa disait lentement qu'il allait se marier avec une jeune femme du monde des arts et des lettres que nous semblons tous apprécier.

L'annonce de papa me frappa fort dans la tête. Papa parlait lentement mot à mot. C'était un peu difficile de dire aux enfants qu'il voulait se remarrrier. Le premier sentiment qui m'est immédiatement venu comme un choc électrique a été que l'amour de mon père pour moi serait sûrement partagé avec la femme qu'il allait épouser.

Bien que j'aie beaucoup de sympathie pour elle, mais peut-être parce que j'étais trop jeune pour comprendre la vie solitaire d'un jeune homme qui avait perdu sa femme depuis longtemps, j'ai réagi violemment. Je courus hors de la maison, me suis pré- cipitée vers le temple à l'autre côté de l'étang, derrière la maison. Je me cachais là, allongée sous un arbre, m'absentant au repas, je pleurais et sanglotais. Quand je ne rentrais pas le soir, mon père paniquait et me cherchait partout. Finalement, il m'a trouvée recroquevillée sous un arbre les mains et les pieds frileux, dans la cour derrière le temple à l'autre côté de l'étang,. Il me souleva, m'embrassa, me réconforta en promettant de ne plus jamais épouser personne.

"Notre famille restera la même; un père et trois enfants !" m'avai- il dit et il avait tenu sa promesse pour la vie. Il est resté veuf jusqu'à sa mort!

Maintenant que j'y pense, je le regrette vraiment. De toute évidence, j'ai agi de manière impulsive et folle! Je me comportais comme une enfant avec un amour égoïste. Je souhaite que dans les dernières années de sa vie, lorsque ses trois enfants vivaient loin de lui, mon père eût une âme sœur à côté de lui du matin au soir, afin qu'à sa mort, il ait quelqu'un pour lui tenir la main et lui caresser les yeux!

Papa! Je suis désolée papa ! Je suis désolée papa !

Hanoi n'est plus paisible ni tranquille

Mon père avait l'air préoccupé comme par beaucoup de pensées et de soucis. Ses amis aussi jouaient peu et, se rassemblaient rarement. Seuls quelques proches se rencontraient encore, mais chaque fois qu'ils se rencontrent, il n'y avait plus la même ambiance qu'auparavant.Tout le monde chuchotait et parlait comme s'il y avait quelque chose de très important. Même les jeunes amis de Lân, eux aussi, ne venaient plus pour jouer au ping-pong, mais aussi pour discuter quelque chose de sérieux.

Un soir Tế vint chez nous pendant que Lân n'était pas là. Il m'a priée de venir sous le treillis de vigne pour un brin de causette. Il m'a dit qu'il s'était décidé de s'engager dans l'armée. Il entrera à l'école des officiers de Thủ Đức pour y étudier. Il sera absent pendant un certan temps. Je le regardais en silence. Il m'a pris la main et se pencha pour m'embrasser. C'était mon tout premier baiser de jeune fille.

Quelques jours plus tard, Lân était allé au camp de Ngọc Hà avec moi et quelques amis faire nos adieux aux jeunes hommes qui avaient rejoint l'armée. Le camp était très bondé, En partance aussi pour Thủ Đức avec Tế se trouvaient Nguyễn Trọng Bảo et Trần Đức Sơn.

Dans les jours qui suivaient son départ, Tế m'envoya de l'école militaire de Thủ Đức de nombreuses lettres d'amour imbues de nostalgie. L'amour à un jeune âge, à mon âge d'étudiant, s'était épanoui au milieu de la tourmente et Hanoï n'était plus paisible ni tranquille.

La situation était devenue stressante, et changeait de jour en jour.

Immédiatement après son marriage, ma soeur ainée Tính émigra en France avec sa belle famille. J'étais très triste. Ainsi, vivant ensemble pendant de nombreuses années, dormant dans la même chambre, partageant parfois le même lit, échangeant des confidences en chuchotant, Tính est maintenant partie pour un pays étranger. Je ne sais pas quand nous nous reverrons.

Lors du dîner d'adieu à quatre au complet avec notre père et nous trois, avant de s'embarquer pour le départ, ma soeur ainée avait pleuré jusqu'à ce que ses yeux soient enflés. Papa buvait d'avantage que d'habitude. J'avais aussi bu avec lui, et c'était la première fois de ma vie que je m'étais saoûlée!

La signature des Accords de Genève divisait le pays en deux parties Nord et Sud au niveau du 17è parallèle: Le Nord communiste, le Sud libre.

Quand j'étais jeune, je ne comprenais pas très bien à la politique. Je sais seulement qu'après le jour de la réunion avec toton Hà Văn Vượng, mon père a appelé Lân et moi dans une pièce et disait que nous devions émigrer vers le Sud. Tout doit être arrangé, et il est impératif de le faire à temps.

Le Départ

Ce jour-là, au petit matin mon père et anh -(mon) frère aîné - Lân, ont déménagé tous les meubles de la maison jusque dans la cour pour les vendre. Cette cour, où les jeunes amis de Lân venaient s'entraîner tous les jours au ping-pong, est désormais remplie de tables et de chaises, voire d'un autel. De précieuses antiquités sont exposées sur la table de ping-pong. Tout, tout y est à vendre, jusqu'à épuisement complet. De la maison il ne reste plus rien.

Dès que les deux battants du portail en fer forgé s'ouvrirent, une foule nombreuse se ruait dans la cour pour faire des achats, comme dans un petit marché aux puces. Perplexe, je regardais les gens choisir tel ou tel article, commenter, marchander et payer, puis emporter des objets qui nous ont été chers et proches ayant appartenu à la famille depuis de nombreuses années, sauf le vélo de anh Lân, qui était catégorique dans son refus de le vendre.

Tính, ma soeur aînée était déjà partie, et toutes les affaires de la maison allaient la suivre. Il ne restait plus rien de la maison devenue vide. Seuls restaient mon père, anh Lân et moi ainsi que quelques effets personels de première necessité. Mon père avait prévu pour chacun de nous, un sac au dos en tissu contenant quelques médicaments pour cas d'urgence, des vivres secs et de l'argent. Cette nuit-là, mon père et moi avons tendu une moustiquaire et dormi sur le plancher.

Au milieu de la nuit, anh Lân me réveilla. Il fit signe de me taire et me conduisit jusqu'au portail en fer forgé. Dehors, Hiệp "Le grand" (le meilleur ami de Lân au ping-pong) était assis sur un vélo en attente, tenant un autre vélo, celui de Lân, dans une main.

Anh Lân me prit dans ses bras en disant : "Chinh, Hiệp et moi nous devons maintenant partir pour le maquis. Non, je ne vais pas m'évacuer. Tu vas t'en aller avec papa et prends bien soin de lui pour moi".

Prise de panique, je criais : "Non ! Tu ne peux pas t'en aller! Tu dois demander la permission à papa".
"Papa ne me permettrait pas, nous autres devons y aller."
Hiệp me regardait en balbutiant: "Chinh, je vais partir... prends bien soin de toi ". Puis très vite,"Je t'aime, Chinh."

Il ne m'a pas semblé avoir entendu ce que Hiệp venait de me dire.

Lân me lâcha et monta en selle. Je m'aggrippais fermement au guidon de son vélo :
"Non, tu ne peux pas t'en aller."
Il enleva ma main du guidon et la serra.
"Chinh, je......"
Je lui ai arraché ma main et courus vers la maison en criant:
"Papa! Père ! Anh Lân ..."
Quand papa est sorti, la rue Lê Trực était déjà vide. Il se précipita dans la rue et cria : "Oh Lân ! Oh Lân! Mon fils......"

Mais l'appel de mon père s'estompa dans l'air, la silhouette des deux vélos comme celle des deux jeunes hommes n'étaient plus visibles; tous les deux, avaient disparu dans les ténèbres de la nuit.

Dans l'obscurité de la maison vide, mon père était assis en s'adossant contre un mur. La lueur de sa cigarette vacilla. Mon père fumait cigarette sur cigarette. J'étais allée m'allonger sur le plancher à côté de lui. En silence. papa me prit la main pour remettre un bracelet en or qu'il sortit de sa poche en me disant :

"Tiens, garde le, juste en cas de besoin"

J'étais ému, tenant la main de mon père.

" Essaie de dormir un peu, on partira tôt demain."

Mais je ne pouvais pas dormir et papa, non plus.

Le lendemain matin, mon père et moi étions entrés dans l'aéroport Bạch Mai (ou Gia Lâm je ne me rappelle plus lequel) de Hanoï. Je ne savais pas comment décrire le chaos qui régnait à l'aéroport à ce moment là.

Mon père me tenait par la main et essaya de trouver un endroit vacant où nous pourrions nous tenir debout et attendre.

Sous le soleil de midi, les avions DC3 de transport militaire ont commencé à décoller et à atterrrir. Chaque fois qu'un avion atterrissait, les gens se précipitèrent en succession de vagues humaines vers l'avion. Dans l'après-midi l'ardeur du soleil devenait plus accablante et mon père posa sa main sur ma tête comme pour essayer de la protéger contre la chaleur et le soleil.

Mêlé à la foule, mon père a soudainement répéré l'un de ses amis, Bác (Tonton) Nguyễn Đại Độ qui est le père de Tế. À l'encontre de notre famille, qui ne comptait que père et fille, la famille de Bác Độ comptait un grand nombre de dizaines de personnes, dont des petits-enfants, des arrière-petits-enfants et des employés qui attendaient également le départ de l'avion. Les deux familles se tenaient ensemble. En attendant, mon père parlait à Bác Độ. Ce n'est qu'au coucher de soleil, que le dernier vol de la journée atterrissa et que la "bouche de chargement" à l'arrière de l'avion s'ouvrit.

Les gens se bousculaient pour grimper dans l'avion en poussant des cris. Mon père suivit Bác Độ de près. Sa famille avait déjà réussi à monter dans l'avion. Soudain, papa m'attrapa, me souleva du sol pour me balancer dans l'avion. Dans le vacarme du bruit du moteur mêlé aux voix des gens qui s'interpelaient, j'entendis la voix hurlante de mon père: "Chinh, tu pars en première, je reste ici pour chercher anh Lân . Je viendrai dans le Sud plus tard". "Non papa! Non !..." je protestai.

Je me débattais en criant, m'efforçant de bondir vers mon père, mais ne pouvais que distinguer sur la piste, mon père immobile comme un corps sans âme. Je levais la main très haut, pour que mon père me voie et criai à nouveau : "Papa... !'

J'ai essayé de toutes mes forces de me relever et bondir dehors, mais la foule m'a poussé contre le plancher en métal. Je m'étais levée, et mise sur la pointe des pieds pour regarder à l'arrière de l'avion. C'était juste à ce moment là que la porte de l'avion se refermat.

C'était aussi la dernière fois que je voyais mon père et entendais sa voix.

Accroupie sur le plancher de l'avion, la tête baissée, j'ai pleuré et pleuré pendant toute la durée du vol.

LES PHOTOS
DE LA PREMIÈRE PARTIE
Hà Nội, 1937-1954

Mon grand-père paternel devant le domaine de Kim-Mã

Une photo rare de la famille de mon père. Mon grand-père se tient au milieu avec ses mains sur les épaules de mon père, qui porte une tenue de style occidental avec des bottes en cuir.

Mon grand-père maternel, Nguyễn Văn Luận.

*Une vieille photo, prise en 1918, de la famille de ma mère.
Ma mère est à l'extrême gauche.*

Papa Cửu à un jeune âge.

Ma mère Nguyễn Thị An à un jeune âge.

Un grand et maigre papa Cửu (à gauche) et mère Nguyễn Thị An (à droite), en velours noir « áo dài » et collier en or.

Mon père (tout à droite) avec ses copins à Hà-Nội.

Mon père à cheval sur le chemin de Bovine Mountain.

Ma mère (à gauche) et sa sœur, Cam, sont dans le pousse-pousse familial.

Mon père et mon frère Lân au domaine de Kim-Mã

Ma mère, ma sœur Tĩnh et moi tenant notre chien, Toto. C'est la seule photo que j'ai de ma mère.

Hà Nội, 1937-1954 | 63

Mon père, mon grand-père, mon frère Lân et ma mère.

La dernière photo de ma mère; elle était enceinte de mon plus jeune frère à l'époque.

Kiều Chinh (à gauche), ma sœur Tĩnh et mon frère Lân dans la cour de la maison sur la rue Lê Trực, Hà-Nội.

Kiều Chinh (à gauche) et Tĩnh, faisant du vélo au Jardin des crapauds à Hà-Nội.

Ma sœur Tĩnh et moi au jardin de fleurs Nghi-Tàm, Hà-Nội.

Frère Lân et moi em périssoire sur le Grand lac (Hồ Tây), Hà-Nội.

Le Grand Lac (Hồ Tây), Hà-Nội.

Devant la botte de foin

Avec deux chiots au Jardin Botanique, Hà-Nội.

Hà Nội, 1937-1954 | 69

Au jardin de fleurs de Nghi-Tàm, Hà-Nội.

Avec Bích Vân (à gauche) ma meilleure amie à un jeune âge.

Avec les élèves et religieuses de l'école Saint Paul, Hanoï (1948). Au deuxième rang, Kiều Chinh est la septième personne en tunique noire à partir de la gauche, après sœur Suzanne

Sur la plage de Đồ-Sơn à l'aube. Photo prise par mon père.

Ma réflexion sur la plage de Đồ-Sơn. Photo prise par mon père.

*En áo dài et chapeau conique sur la plage de Đồ-Sơn.
Photo prise par mon père.*

Dernière photo avec mon père, notre dernier Tết (Nouvel An lunaire) ensemble.

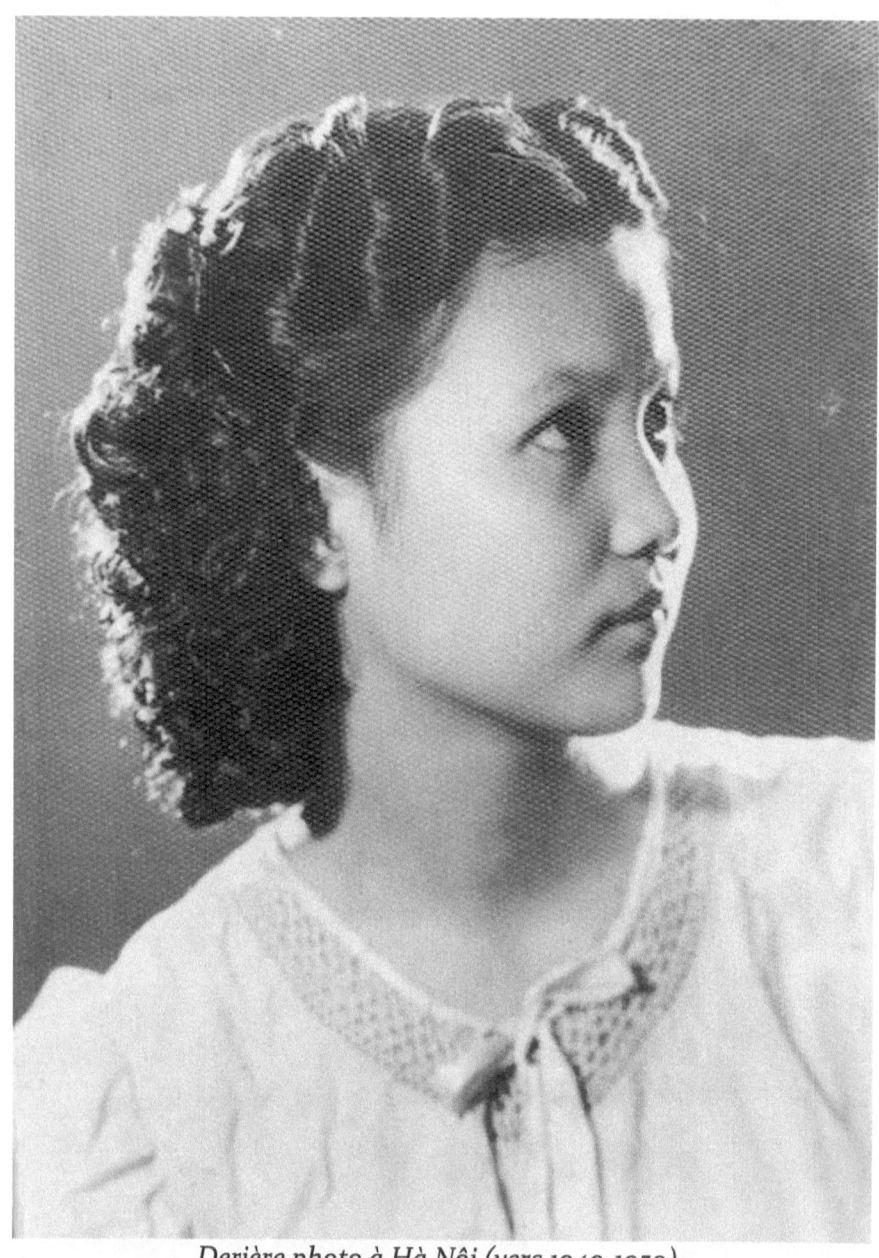
Derière photo à Hà Nội (vers 1949-1950).

DEUXIÈME PARTIE
Saïgon, 1954-1975

Soudain seule

La première nuit d'août 1954, le DC-3 trembla violemment en atterrissant à l'aéroport de Tân Sơn Nhất. C'était aussi la nuit de Saigon avec ses fortes pluies. Saigon a-t-il accueilli une fille de 16 ans, soudainement transformée en "orpheline", avec une pluie aveuglante?

La pluie m'a suivie jusqu'à la portière de l'autocar qui m'emmenait avec beaucoup d'autres refugiés à un hébergement improvisé dont j'ignorais le nom, que je surnommais "Camp de Refugiées Temporaire". En arrivant, nous avons été déposés au boulevard Pétrus Ký, à Saigon en face du lycée du même nom.

En pleine désorientation, parmi les étrangers, j'ai soudainement entendu et réalisa que la personne qui appelait mon nom était Bích Vân, ma meilleure amie d'enfance à Hanoi. Quand je tombais sur Bích Vân dans cette situation désemparée, j'étais comme une noyée à qui l'on jette une bouée de sauvetage !

Nous nous sommes embrassées, heureuse et tristes.

Dans la nuit noire, à même le sol de l'abri, nous étions allongées côte à côte pour parler sans fin. Bích Vân parlait beaucoup de sa famille, posait beaucoup de questions sur Lân, mon frère aîné et sur l'endroit où lui et moi nous venions de nous quitter. Les propos de Bích Vân me rendirent à la fois heureuse et triste. Il semble que l'apitoiement sur soi est une ombre trop grande, qui ne me quittait jamais d'une seconde. Il enveloppe mon corps et mon esprit. Il m'accompagne depuis le moment où j'ai dû me séparer de Lân et de mon père. Dans l'obscurité du lieu, à l'insu de ma chère amie, les larmes inconlables qui me restaient encore dans les yeux, comencèrent à couler tranquilement sur mes joues.

Vers le matin, ayant passé une longue journée, trop fatiguée, je m'étais endormie, hantée par de nombreux cauchemars. Dans mon rêve, je m'entendais crier, "Non Papa !... non! " alors qu'il me poussait dans la cabine de l'avion, me lançant de brèves instructions, presque criardes, "Chinh ! Tu vas partir d'abord. Papa va rester ici pour trouver Lân. J'irai dans le Sud plus tard."

Il faisait si froid, mais quand je me réveillai mon front transpirait encore. J'étais sur le point de vous raconter mon cauchemar, quand je faisais une découverte choquante: Bích Vân avait disparu pendant que je dormais. Là où elle s'était allongée, elle laissa un bout de papier avec quelques mots griffonnés à la hâte, "Chinh, reste ici. ne cherche pas Vân. Vân a décidé de retourner à Hanoï. Bon courage. et bonne chance, Chinh!"

Assise comme une folle. insouciante des gens et du cadre de mon refuge temporaire, je n'avais à l'esprit que l'image de Bích Vân et les questions qui ne cessaient de me hanter. Quelle était la raison pour laquelle Bích Vân, après m'avoir vue seule, s'était décidée de retourner immédiatement à Hanoï, alors que quelques jours auparavant, elle s'était imprudemment échappée à sa famille et s'était rendue seule à Saigon.

Une autre question, qui est aussi vacillante, triste et brûlante dans mon esprit, est pourquoi Vân ne me l'a pas dit, afin que je puisse la suivre pour retourner à Hanoï.

Il y avait un détail que j'ai appris bien plus tard: Bích Vân était également devenue une actrice de cinéma dans le Nord, comme je l'étais dans le Sud.

Le soleil s'était levé, j'ai rejoint la file d'attente pour recevoir le petit déjeuner et inscrire mon nom sur la liste de famille. Tonton Độ était venu me voir, pour me dire qu'il avait inscrit mon nom au registre de sa famille. Pendant qu'on faisait la queue, il m'a dit que lors de sa rencontre avec mon père à l'aéroport de Hanoï, celui ci lui avait demandé de s'occuper de mon hébergement jusqu'au jour où lui et Lân déménagent vers le sud.

À Saigon, tous les mebres de la famille de l'oncle Độ y compris moi-même, au total jusqu'à 17 personnes, ont été recueillis du camp temporaire par un cousin de toton Độ et déposés dans une maison sise au boulevard Hồng Thập Tự (De la Croix Rouge).

Quelques jours plus tard, toton Độ, sa famillle et moi s'installèrent dans une petite maison dans la Cité Nguyễn Tri Phương, offerte par son neveu. À vrai dire, la maison était très petite, ne comportant qu'une seule pièce aussi longue qu'un tube, et une toute petite mansarde.

La maison semblait pleine à craquer avec les enfants et grands enfants de tonton Độ. Son fils aîné Nguyễn Giáp Tý un officier de la Commission Internationale de Conttrôle, dont le siège est à Đà-Lạt, a laissé ses deux fils Nhật et Nam avec la grande famille à Saigon. La femme de Tý avait donc embauché la gouvernante Sâm pour s'occuper d'eux. De plus, les deux filles de tonton Độ, Mùi, et Dậu avaient aussi des enfants à elles.

À cette époque, Nguyễn Năng Tế qui m'avait donné le premier baiser de jeune fille, s'entraînait encore à L'école des officiers de réserve à Thủ Đức. Il faisait partie de la 4ème promotion. Par conséquent Il ne reste à la maison que Nguyễn Chí Hiếu, le plus jeune garçon de la famille qui était aussi mon camarade de classe pendant une courte période à l'école Nguyễn Huệ. (Plus tard, Nguyễn Chí Hiếu s'est porté volontaire pour joindre l'Académie militaire nationale de Đà-Lạt. et est devenu parachutiste de l'ARVN, l'Armée de la République du Vietnam) 1.

Je partageais la mansarde avec Sâm, la gouvernante. Pour y accéder on emprunte une petite échelle en bois, qui doit être replié sur le mur et raccrochée là après chaque usage, pour dégager la voie. Cette mansarde était juste assez grande pour étendre deux petites nattes, l'une pour Sâm et l'autre pour moi. Elle a une petite fenêtre qui s'ouvre sur la ruelle derrière la maison où je passais tous les jours pour sortir la poubelle.

1, *L'écrivain Phan Nhật Nam dans un article intitulé "Hommage au colonel Beret rouge Nguyễn Chí Hiếu " l'a loué comme un héros de l'ARVN/ARVN. Il était présent dans la plupart des batailles les plus sanglantes des 20 années sur les champs de bataille du Sud. Le leadership et les qualités de chef du Colonel Nguyễn Chí Hiếu ont été reconnues et loués par les Américains. Il est décédé le 5 décembre 2007 en Californie du sud.*

C'est à travers cette petite fenêtre que je lève les yeux vers le ciel la nuit et envoie des messages secrets, confiant mes sentiments aux étoiles; ou d'autres nuits encore quand tout le ciel bougea, les sombres nuages grondèrent, le ciel et la terre s'assobrirent, présageant de fortes pluies dans la nuit a venir.

Aussi depuis cette petite fenêtre, la nuit, j'avais l'impression de vivre mes moments les plus authentiques. Et la nuit, je recevais aussi des étoiles qui scintillaient là haut dans le firmament, un certain réconfort, et partageais avec elles un vague espoir de retrouver mon père un jour!

Avec seulement une petite natte, avec seulement un petit cadre de fenêtre, qui serait peut être pour les autres un simple dspositif de ventilation, mais pour moi, c'était mon univers en miniature. Le moment le plus heureux de ma longue journée, quand j'avais accompli toutes mes tâches domestiques, et puisse m'allonger sur cette natte. Combien de fois a-t-elle dû écouter ma confession, partager mes petits rêves, sur le jour où je reverrai Papa.

Toujours sur cette petite natte de la mansarde, j'ai pu vivre mes moments d'intimité avec les cartes postales que mon père m'a envoyées de Hanoï. Ce sont des cartes postales pré-imprimées avec les formules pour donner et demander des nouvelles habituelles, rien de personnel, il vous suffit d'encercler ce que vous voulez dire et les mettre à la poste. C'est tout. Cependant, papa n'a pas manqué de m'encourager à travers ces cartes, et il n'a jamais oublié d'ajouter des mots avant de signer comme "Ton papa" ou "Je t'aime" ou "Bon courage, ma fille". etc...

C'est toujours cette même petite natte, ma seule "invitée" qui m'a vu allumer une petite bougie pour moi-même, marquant mon 17ème anniversaire, pour la première fois sans père et sans frère.

Mon ombre et moi avons regardé les larmes de la bougie couler tranquillement dans la nuit. Puis la nuit de mon 17ème anniversaire au début septembre 1954, s'écoula également, comme d'autres peines et d'autres chagrins.

J'ai compté un a un les 300 jours de la période moratoire de passation de Hanoï et de Hải Phòng au régime du nord.

attendant chaque instant avec l'espoir que mon père trouverait Lân, mon père et moi irions vers le Sud. Nous sommes réunis, vivons ensemble, même si nous vivons dans la pauvreté, la faim, même si nous mangeons que des légumes et du potage, nous serions heureux parce que nous nous rerouvons ensemble.

Chaque jour, à six heures précises du soir, j'attendais l'émission de Radio France-Asie, avec des reportages annonçant l'émigration vers le Sud. Mais avec chaque jour qui passe, mon espoir est écourté.

Puis la période moratoire de 300 jours pour la passation de Hải Phòng au régime communiste du nord comme stipulée dans l'Accord de Genève, a finalement pris fin.

Mon cœur me faisait mal... L'espoir qui s'estompait peu a peu était finalement anéanti..

Mes espoirs, comme la dernière feuille sèche et frêle laissée sur un arbre, ont tranquillement quitté sa branche. Lorsque la dernière émission de Radio France-Asie, avec la chanson "Hirondelle", retentit, annonçant la fin de la programmation radio de la station. Pour moi, c'est aussi le glas. Je comprends que tout est fini. Tous les chemins mènent à des impasses.

Toutes les lueurs au bout des tunnels de l'espoir s'étaient éteintes.

Depuis le jour où le rideau de bambou est érigé pour séparer les deux régions, je n'attendais plus le jour où je reverrai mon père, il n'y avait plus d'espoir. J'étais tombée dans la peur et la dépression. Jour après jour, J'étais comme une personne vivante sans âme, une automate qui s'occupe de remplir ses devoirs, de nettoyer la maison et de faire la cuisine pour toton et tata Độ.

Dans la maison, il ne reste que le seul fils cadet, Nguyễn Chí Hiếu, qui a le même âge que moi, et qui manifeste une sympathie subtile et discrète à mes égards. De temps en temps, je reçois une lettre de Tế envoyée de l'école militaire de Thủ Đức. Il y avait aussi Lịch, la sœur de Nguyễn Trọng Bảo, entretenant des relations étroites avec la famille, qui effectuait parfois des vas et viens pour me réconforter et me soutenir pendant les jours où mon moral était à son nadir.

Le marriage

Un après-midi au début de l'année 1955 à Saigon, pendant que je balayais la cour devant la maison, une jeep découverte seétait arrêtée et garée devant la maison. Un homme en tenue de camouflage, un sac à dos en main, sauta de la jeep et venait devant moi:
"Chinh !"
"OH! Anh *("frère aîné")* Tế !
Comme Tế était heureux de me revoir, j'étais également contente de le revoir aussi, Tế est l'ami de Lân, mon frère aîné. Il a a beaucoup changé. De jeune étudiant qu'il était, c'est maintenant un beau jeune homme, plutôt un soldat dans un pays en guerre. une figure héroïque en uniforme de parachutiste coiffé d'un béret rouge, porté en biais.

D'une voix chaleureuse, "Comment vas tu Chinh ?" Puis il posa sa main sur mon épaule et m'amena dans la maison.

Tế avait complété sa formation et est maintenant diplômé de l' École des Officiers de Réserve de Thủ Đức.

Avec un tempérament jovial et dynamique Tế a rendu l'atmosphère dans la maison beaucoup plus heureuse, et j'étais moi-même plus heureuse aussi avec l'attention qu'il avait pour moi.

Quelques mois plus tard, Tế informa qu'il avait été sélectionné pour suivre une formation à Fort Benning, dans l'état de Georgie aux États-Unis, pour une durée d'un an.

Les formalités administratives ayant été dûment remplies, il ne restait qu' à attendre la date du départ.

Cette nouvelle a inquiété à la fois tonton et tata Độ; une longue année à vivre loin de la famille en Amérique, si loin!

Un après-midi, pendant que j'étais dans la cuisine, faisant la lessive dans une cuvette, Sâm, la servante y faisait irruption pour announcer ce que elle considérait comme une bonne nouvelle, "Mademoiselle Chinh, j'ai entendu dire que la vieille dame craigna que M. Tế épouserait une américaine pendant son séjour aux Etats unis, Mademoiselle. Chinh..."

Comme je ne disais rien, Sâm semblait avoir perdu l'intérêt car j'étais indifférente à cette nouvelle "scoop". Pour avaliser la source d'information dont elle disposait, elle soulignait; "C'est vrai, Mademoiselle Chinh. J'ai entendu dire que dans quelques semaines, M. Tế ira en Amérique. Il va y rester la pendant un an, Il va rester là... rester là, pendant toute une année avant de renter. C'est pourquoi Monsieur et Madane Độ ont pensé faire un mariage rapide pour M. Tế. Sinon, ce ne sera plus possible".

Elle s'arrêta pour me regarder, faisant semblant de tester ma réaction, avant de lâcher une autre phrase qui était à peine assez révélatrice pour que je comprenne: "J'ai aussi entendu les deux les deux vieux respectables complimenter Melle Chinh tout le long du chemin, Mlle Chinh."

Quelques jours plus tard, la même Sâm, alla me chercher à nouveau dans la cuisine en chuchotant: "Mlle Chinh, le vieux monsieur et la vieille dame m'ont dit de vous inviter à monter en haut..."

À ce moment, il n'y avait personne a la maison. Monsieur et Madame Nguyễn Đại Độ étaient assis sur le lit, devant la théière. La vieille dame a dit d'une voix grave, contrairement aux autres fois où elle me faisait la liste des emplettes pour le marché, et où j'étais toujours assise par terre, par habitude. Cette fois, Mme Độ, m'a demandé de m'asseoir sur le bord du lit, juste à côté d'elle. M. Độ regarda sa femme puis se tourna vers moi, prononçant lentement chaque mot: "Nous avons quelque chose d'important à te dire. La raison pour laquelle nous avions pris du temps pour le faire. c'est parce que nous avons délibérément attendu l'avis de notre ami M. Nguyễn Cứu, ton père. J'ai essayé par tous les moyens de le contacter, mais ce n'est qu' aujourd'hui que j'ai reçu une réponse de sa part. C'est une lettre de ton père que je viens de recevoir, une lettre expressément écrite pour toi. Tu vas le lire ici, et ensuite tu nous dira ce que tu en penses."

Mes mains tremblaient. Oh mon Dieu! Il y a des nouvelles de papa ! J'ai prié Dieu que ce soit une lettre que mon père écrivait à propos du jour où nous nous retrouverons, Le cœur battant, je lis nerveusement la lettre de papa.:

Chinh, ma fille,

M. et Mme Độ ont la gentillesse de te demader en marriage pour leur fils Tế. Papa leur a donné son consenement. Je sais que tu es encore jeune, que tu n'as pas pu mener tes études jusqu'au bout et que tu n'es pas même en âge de te marier. Mais la situa- tion ne pourrait pas être plus différente. Je ne peux pas te voir, je ne peux pas m'occuper de toi, dans cette situation de père au nord et de fille au sud! Aussi dois-je compter sur Tonton Độ pour des centaines de choses. À partir de maintenant, M. et Mme Độ sont devenus tes parents. Tu dois les obéir, remplir ton devoir d'épouse servir et respecter la famille de ton mari, tout comme si c' était la nôtre. .

Je sais combien tu m'aimes et t'inquiètes pour moi. Souviens-toi des paroles de ton père, Chinh. Je ne peux pas écrire plus longue- ment. Papa t'aime beaucoup.

Ton Père, Cửu

La brève lettre de mon père, en quelques lignes, n'a pas seulement complètement éteint tout vague espoir de le revoir un jour. c'était comme une décision finale de mon père, me jetant à la croisée des nouveaux chemins, une autre épisode de ma vie, alors que je n'avais que 17 ans.

Je sais avec certitude que pendant ma lecture nerveuse et tremblante de la lettre, M. et Mme Độ n'ont cessé d'observer chaque changement d'expression sur mon visage. J'essaie de ne pas montrer trop d'émotions. Parce qu'ils voulaient tous les deux que j'aie une opinion tout de suite, j'ai replié la petite lettre qui ne faisait qu'une demi-page de papier d'un cahier d'écolier et j'ai murmré: "Oui, j'obéis et j'accepte".

J'ai mis fin à ma vie de jeune fille pour devenir épouse et mère comme ça. C'était aussi inattendu, aussi incertain et aussi déconcertant, que le soir où j'avais dit adieu à mon père sur la piste de l'aéroport à Hà Nội.

Ce soir-là, après avoir rempli toutes mes tâches quotidiennes, je m'étais retrouvée sur ma propre natte dans la mansarde. Je lisais et relisais la lettre de mon père... J'essaie d'imaginer l'ambiance, l'endroit où mon père m'écrivit cette lettre importante. Mais je ne pouvais discerner autre chose que l'écriture qui semblait plus inclinée que d'habitude comme si elle avait été écrite à la hâte dans un temps limité, et le morceau de papier paraissant jaune et médiocre.

(Ce n'est que 30 ans plus tard que je me suis rendue compte que c'était la dernière brève lettre que mon père m'avait écrite, non pas de la maison au No. 10 rue Lê Trực, mais dans un camp de prisonniers.)

Quant à moi, je me souviens encore clairement, cette nuit-là, à maintes reprises j'ai étreint la lettre de papa contre ma poitrine, en murmurant sur mes lèvres, "Papa!"

Comme toutes les fois auparavant, seules les étoiles lointaines clignaient silencieusement en me regardant. Et mes larmes ont coulé en silence sur mes joues. Tout doucement je répétais, "Papa!"

Épouse et mère

Après que M. et Mme Độ, que je commence à appeler Ba, Mẹ (Papa, Maman), aient consulté le calendrier pour choisir une date propice, le mariage n'aurait pas pu être plus simple, car la mariée était déjà accueillie dans la maison du marié. il n'y avait donc pas de procession traditionnelle pour l'acceuillir, seulemt une simple cérémonie Tơ Hồng ("Fil de soie rose" pour unir oficiellement le nouveau couple et le présenter aux ancêtres) devant l'autel temporaire des ancêtres. Désormais tous les soirs, Sâm devait déplier son lit de camp en toile dans la cuisine pour y dormir, cédant la mansarde au nouveau couple. Les deux petites nattes "de couchage" qui appartenaient respectivement à Kiều Chinh et à Sâm ont été remplacées par une seule natte plus grande, sur laquelle deux personnes peuvent s'allonger côte à côte.

La date du mariage était fixée au 3 juillet, tandis que le jour départ de Tế pour les États-Unis était prévu pour septembre. En un sens, la célébration de mon mariage était aussi un banquet d'adieu pour mon mari partant pour un pays qui n'existe que dans mon imagination!

Quant aux invités, mon beau père et moi avons réservé exactement deux carrés, soit deux tables, dans un restaurant de la région de Chợ Lớn. En plus de la famille, les invités étaient limités à quelques personnes proches qui se connaissaient depuis leurs jours à Hanoï, comme Kỳ Quang Liêm, un officier parachutiste, ami de Tý, le frère aîné de Tế. Liêm était également un officier instructeur à l'école d'officiers de Thủ Đức. Il y avait aussi M. Nguyễn Trọng Bảo et sa soeur Mme Lịch. Lịch était depuis devenue mon soutien moral pendant mes périodes d'extrême solitude. M. Bảo, plus tard devenu général de brigade, trouva la mort dans une bataille sanglante dans les hauts plateaux en 1972.

À penser que le mariage était quelque chose de terrible, pourtant à la fin tout s'était tranquillement passé. Comme mon père a dit dans une de ses lettres "la situation ne peut pas être changée" ou une fois, il y a longtemps, il me disait: " ... De tous mes enfants, tu es la plus rêveuse, la plus intelligente, mais aussi la plus idéaliste. Tu seras donc aussi celle qui sera la plus facilement déçue. Je te conseille de fermer un œil quand tu regarde la vie. Dans la vie, les gens ne sont jamais comme nous. Si tu comprends cela, ta déception sera moins douloureuse".

Pendant les weekends où il était encore à Saigon, Tế m'emmenait souvent au cinéma. C'était un grand plaisir pour moi. Un film dont je me souviens toujours c'est *From Here to Eternity* (Tant qu'il y aura des hommes) projeté au Cinéma Eden. Ce film était interpreté par des acteurs chevronnés tels que Montgomrery Clift, Burt Lancaster et Frank Sinatra. Après, Tế a pris ma main et on s'était promené dans le centre commercial de la ville.

Tous ceux qui nous voyaient ont dit que nous formons un beau couple, un officier parachutiste grand et beau à côté d'une jeune

'Tonkinoise'. Ces sorties là me rappellent beaucoup les jours où j'allais au cinéma avec mon père à Hanoï.

Un changement important et inattendu s'était produit en moi. Trois mois après le départ de Tế pour l' Amérique, j'ai découvert que j'étais enceinte. La grossesse grandit a vue d'oeil, mais je n'ai pas d'argent pour acheter des vêtements convena- bles! Prise de pitié, Sâm, la servante, m'a donné son vieux pantalon, découpa un bout de tissu d'un autre vêtement pour rapiécer au vieux pantalon afin de l'accommoder à mon ventre de femme enceinte. À ce stade, je me rendais soudainement compte que je n'avais pas mes propres ressources, non seulement pour les dépenses personnelles, mais aussi pour me préparer à avoir des enfants.. À cette époque, je ne voulais pas compter sur le salaire de sous-lieutenant de Tế. Je pense qu'il devait faire des économies pour aider ses parents afin de pourvoir à la grande famille.

Je suis juste désolée pour Tế, qui venait de se marier et a dû quitter sa famille pour se rendre dans un lieu lointain.

Bien que je ne m'étais jamais confiée à Mme Lịch, elle savait grâce à son sens d'observation, que j'avais des difficultés financières dans ma vie personnelle. Alors un jour, comme une sœur aînée de la famille, elle me disat:

"Tu ne peux pas vivre comme ça pour toujours. Il faut être forte. Il faut se lever, aller travailler, prendre soin de toi, et puis de ton enfant. Prends bien soin de toi..."

Après une pause, elle ajouta:

"Chère Chinh Je connais MAC-V, une agence américaine, qui recrute. Je sais aussi que tu parles anglais, et je suis sûre qu'ils vont t'embaucher tout de suite. Tu dois aller travailler immé-diatement, avant que ta grossesse ne devienne trop développée. N'aie pas peur!"

MACV est l'acronyme de Military Assistance Command, Vietnam, une mission conseil militaire américaine à Saigon, sise au boulevard Trần Hưng Đạo.

C'est vrai, Mme Lich avait raison. J'allais là juste pour faire une demande et on m'embaucha sur le coup. Mais la difficulté est de savoir comment convaincre les parents de mon mari.

Dès que j'entretiens de ce propos avec ma belle-mère, elle prit un air sérieux et disait: "Réfléchis un peu, cette famille n'est pas si dépourvue pour que la belle-fille doive aller travailler !"

Après quelques seconds de pause, elle poursuivit:
« D'ailleurs, qui s'occupera de la cuisine et de la maison, si tu travailles à plein temps ?
Je lui disais timidement:
"Chère mère, quand je travaille, j'aurai de l'argent pour payer une aide même plus accomplie que moi, qui ferait toutes les tâches quotidienness pour vous, parfois mieux que moi."

Je ne sais pas ce qu'elle pensait, mais elle ne disait rien.

Sachant que Lịch et son frère Bảo sont des jeunes qui mènent une vie très ordonnée, sont bienveillants et aimés de toute la famille, je pense qu'il vaut mieux leur demander de m'aider.

Quand je demandais à Lịch de m'aider, elle a immédiatement accepté. Elle rencontra ma belle-mère et lui a présenté son point de vue pratique. En plus des conditions sociales actuelles, disat elle, une famille qui veut s'occuper pleinement de ses enfants et de son avenir a besoin de deux salaires. Une seule personne qui travaille ne suffit plus.

Heureusement, mon beau-père accepta le raisonement de Lịch et disait: "Alors laissez Chinh travailler pendant une période d'essai de quelques mois. Si ça ne marche pas elle peut toujours démissionner. Personne ne la forcera à rester au travail. Pourquoi donc avez vous peur?"

Alors je me suis hardiment levée pour me rendre au travail sur les conseils de Lịch. J'ai compris que mon besoin dans les jours à venir n'était pas seulement limité à un pantalon suffisamment large pour accomoder une grossesse grandissante, mais aussi de nombreuses exigences qui se présentaient et m'attendaient devant moi.

Avec le premier mois de salaire, même si personne ne me l'a dit, j'ai d'autres idées en plus de celles déjà prévues: contribuer aux charges du ménage, payer le salaire de Mme Chẳm, qui me remplace aux travaux de ménage et a faire la cuisine. De mon gré j'ai aussi acheté une boîte de thé de Chine, deux porte-bougies cérémoniales et une statue de Bouddha en bronze pour offrir en cadeau à ma belle-mère. Avec juste cette statue de Bouddha, ma belle-mère m'a regardé avec des yeux aimants, comme si j'étais le seul enfant qui la comprenait le mieux, parce qu'il manquait une statue de Bouddha au petit autel que la vieille dame utilisait pour allumer temporairement les bâtons d'encens et vénérer.

Bien que mon mari et moi nous vivions loin l'un de l'autre, mais tout ce qui m'arrive, petit et grand, dans ma famille, j'écris à Tế pour le mettre au courant. Au début, Tế m'écrivait des lettres et m'envoyait aussi avec empressement des cadeaux, tels que des chemises de nuit, des pyjamas…. C'étaient des lettres pleines de tendresse et de nostalgie. Quand je l'ai informé que j'étais enceinte et que j'avais du travail, Tế était également très heureux. Mais ensuite à mon courrier qui s'en allait régulièrement, les réponses se faisaient, de moins en moins fréquentes. Je n'ose pas deviner ce qui s'était passé, j'espère juste que Tế ne tomberait pas malade ou aux prises avec d'autres difficultés.

Aux environs du septième mois de ma grossesse, période à laquelle mon premier bébé devint fortement actif, j'ai reçu une convocation de me présenter au Ministère de la Défense Nationale. Ici, un officier âgé m'a montré une lettre du sous-lieutenant Nguyễn Năng Tế, demandant officiellement au Ministère une prolongation de son séjour aux États-Unis pour une autre année et l'autorisation d'épouser une Américaine!

En regardant la lettre de mon mari demandant de rester aux États-Unis pour épouser une autre femme, tout mon corps s'était soudainement pétrifié. Je ne pouvais plus discerner aucune personne ou aucun objet devant moi. Je ne pouvais pas non plus entendre un son clair, autre que les coups de Marteau cognant contre les rochers, ou le fracas des vagues clapotantes de l'océan qui se poursuivent jusqu'au sable de la plage .

À la fin de l'entrevue, ayant remarqué ma grossesse avancée, l'officier âgé me demanda d'une voix hésitante pleine de compassion, "Vous avez un acte de mariage officiel avec le sous-lieutenant, n'est-ce pas?"

Je le regardai et hochai légèrement la tête. "Oui."

"Ainsi, vous pouvez rentrer chez vous en toute tranquilité d'esprit pour prendre soin du bébé qui est sur le point de naître. L'armée n'autorise pas la bigamie dsns ses rangs".

Deux mois après ma visite au Ministère de la Défense Nationale, Mme Sâm m'amena en cyclo motorisé à l'hôpital pour accoucher. C'était le 19 avril 1956. Il pleuvait à verse. Ma fille naquit après plus de trois heures de douleur d'accouchement atroce. Les premiers cris de mon bébé se mêlaient au bruit de la pluie tombant en cascade sur le toit de tuiles, et les larmes de la mère aussi coulèrent sans cesse. Bích Vân était le prénom que j'allais donner à ma fille, en souvenir de ma meilleure amie d'enfance, qui s'était discrètement évadée du camp provisoire pour retourner à Hanoï. Mais mon beau-père disait puisqu'elle est née pendant le séjour de son père en Amérique, appelons-la Mỹ Vân.

Six mois après avoir commencé à travailler, j'ai obtenu une augmentation de solde. Grâce à cette augmentation, j'ai pu embaucher plus de personnel domestique, afin que Mme Chẩm puisse s'occuper uniquement de la petite Mỹ Vân.

La période d'entraînement d'un an de Tế toucha à sa fin lorsque la petite Mỹ Vân commença à se retourner sur elle même.

Le jour où les officiers formés aux États-Unis reviennent, je prenais un jour de congé emmenant mon enfant à l'aéroport pour chercher son père. Les cris, les rires et les larmes de joie des retrouvailles avec maris et femmes, avec pères et enfants résonnèrent dans un coin de l'aéroport. J'embrassai mon enfant mais mon coeur palpitait de souffrance.

Je ne voyais toujours pas la silhouette de Tế nulle part quand Nguyễn Trọng Bảo sortait en dernier de l'avion. J'ai commencé à paniquer et je n'en croyais pas mes yeux. Me voyant tenir mon enfant, perplexe et perdue au milieu du bonheur des autres familles, Bảo hésita et demanda:

"Tế a obtenu une prolongation d'un an de séjour aux États-Unis. Il ne te l'a pas dit, Chinh?"

J'ai secoué la tête en serrant fort contre moi ma petite fille de quatre vingt dix jours. Pauvre bébé, même si elle avait trois ans, elle ne pourrait pas comprendre pourquoi je la serrais tout d'un coup comme ça. Mỹ Vân ne pourrait sûrement pas comprendre que le geste de sa mère était une tentative désespérée pour trouver en son enfant un support fragile, lui permettant de continuer à vivre dans les jours à venir.

Je me souviens d'une occasion, quelques mois plus tard chez Lich, lorsque Bảo célébrait un anniversaire de la mort des ancêtres, j'ai reconnu l'écriture familière de Tế à travers la lettre que Tế avait envoyée à Bảo, qui spécifiait qu'elle était expressément écrite pour lui seul. Pourtant Lịch avait insisté que Bảo devrait "la montrer à Chinh". Il y avait aussi des photos. Au sujet de son séjour en Amérique. Il a écrit " ... Pauvre Chinh. Mais je ne peux pas quitter Majorie." Sur une photo en couleurs Tế embrasse un bébé américain.

C'est ça! Les choses ne pouvaient pas être plus claires pour moi. Mon mariage s'est également terminé d'une manière inattendue, rapide et soudaine.

De retour à la maison, j'ai informé mes beaux parents de tous les développements et leur ai demandé de me permettre d'emmener mon enfant ailleurs. Je ne sais pas si mes beaux-parents ont été surpris par les faits. Mais chose innimaginable, la grand-mère de Mỹ Vân déclara:

"Y a-t-il une famille comme la notre, chère fille, qui accepte une pareille décision? Mon mari et moi nous sommes toujours là. Seules toi et la petite Mỹ Vân restent toujours l'épouse et l'enfant légitimes de l'aîné de cette famille. Comment Tế ne pourrait-il pas revenir? Ses parents n'accepteront personne d'autre comme belle-fille de cette famille. N'y pense plus trop."

Tard dans la nuit, après avoir mis ma fille au lit, je suis revenue à mon petit journal, notant brièvement ce que je voulais dire à mon père. Cette fois, ce n'est qu'un bref appel à l'aide, adressé à mon père, au Ciel et à la Terre: "Papa, peux-tu me dire comment faire maintenant ?"

Je ne sais pas si mon appel à l'aide avait finalement atteint un Haut Lieu sacré, mais une amie de Mme Mùi (Sœur de Tế) apprenant ma situation, me disait: " Oh! Il n'y a rien de plus facile. Je connais un réseau qui amène les gens du sud vers le nord. Une voiture les emmenerait à Pnom Penh et de là, ils retourneraient directement à Hanoï. Il suffit de leur payer trois taels d'or.

"Retour à Hanoï." Pour moi, ces trois mots sont comme une puissante potion magique. Je vais retourner dans la vieille maison avec mon père. La petite fille Mỹ Vân aura un grand-père maternel. C'est une chose si simple, pourquoi n'y ai-je pas pensé?

Je m'accrochais à l'amie de Mùi comme je m'accrochais à la dernière perche que Dieu avait tendue du ciel pour moi et mon enfant.

"Oui, merci Madame, pourriez vous arranger ça pour moi?

En calculant très vite dans ma tête, j'ai vu que mon chemin vers la résurrection n'était en aucun cas une illusion, hors de portée. Avec le bracelet en or que mon père m'avait donné "en cas de besoin" que je gardais précieusement dans ma valise après le mariage, plus un mois de salaire à venir, ça suffirait au... "franchissement" et retourner à Hanoï. Je me prépare silencieusement dans l'ambiance trépidante d'un enfant sur le point de revivre l'enfance rayonnante de sa vie.

Au début du mois, mon salaire fermement en main, je rentrais avec empressement pour grimper dans ma mansarde. Avant que je ne comprenne ce qui s'était passé, une scène désolante et vide est appaue sous mes yeux: les barreaux de la fenêtre s'ouvrant sur l'allée derrière la maison étaientt cassés, la valise qui contenait le bracelet en or, le journal intime, les lettres de mon père, les pyjamas, les cadeaux que Tê m'a envoyés lors de son arrivée aux États-Unis, le paquet d'argent que j'ai économisé... Tout avait disparu!

La disparition de la valise, pour moi, n'est pas seulement la perte de tous mes petits "biens", elle tua aussi l'envie de revenir, le rêve de sortir du mariage que je n'avais pas encore vécu.

Le désespoir me rendait folle. J'étais tombée, pleurant, déplorant le ciel, faisant paniquer toute la famille. La première personne à courir monter dans la mansarde, puis à se précipiter dans la ruelle arrière était mon beau frère Nguyễn Chí Hiếu. Mais c'était trop tard. Il ne restait plus rien, pas une seule trace du cambriolage.

Deux ans ont passé depuis le départ de Tế pour les États unis et l'extension de son séjour là bas avait expiré, Tế revint.

Grâce à l'échec du "franchissement" vers le nord, mon mariage d'adolescent continue, et va durer encore 25 ans, Mỹ Vân avait encore deux jeunes frères, Hoàng Hùng et Tuấn Cường.

Je vivais encore avec la famille de mon mari jusqu'au décès de ma belle-mère en 1972 après de nombreuses années de maladie. Dans les années qui suivent, elle est devenue de plus en plus sympathique et aimante envers moi. Chaque fois qu'elle allait au temple ou aux séances de mediumité, je l'acccompagnais, emportant une valise contenant une panoplie de médium. Beaucoup de ses amies pensaient que j'étais sa propere fille et non pas sa belle-fille. Je me sentais secrètement heureuse aussi d'avoir une "mère" et pas seulement une belle-mère.

Début de ma carrière au cinema

Peu de gens savent que le premier film de mon parcours cinématographique n'est pas *Hồi Chuông Thiên Mụ*, (Le son de cloche du Temple Thiên Mụ) produit par Tân Việt Film Studio du futur ambassadeur Bùi Diễm, et réalisé par M. Lê Dân. La véritable exclamation "Action !", les ordres du réalisateur sur le plateau pour que les acteurs commencent à jouer, je l'ai reçu très tôt, avant même le film *Hồi Chuông Thiên Mụ* ".

C'était un après-midi de week-end, quand Tế était encore en Amérique, après la messe de l'après-midi à l'église de Notre-Dame à Saigon (bien que ma belle famille soit bouddhiste, je vais souvent à l'église pour prier comme au temps où je fréquentais l'école catholique Saint Paul à Hanoi), je marchais le long de la rue Tự Do, alors que j'étais sur le point d'atteindre la librairie Xuân Thu et le restaurant Givral, quand soudain un Américain traversa la rue en courant, s'arrêta, me tapota l'épaule et me demandais si je parle anglais. Je n'ai pas répondu mais le regardais en silence et continuais à marcher.

Apparemment, se rendant compte qu'une tape sur l'épaule n'était pas de mise, il s'était excusé, et expliqua que le réalisateur Joseph Mankiewics et son équipe de tournage qui étaient assis sur la terrasse de l'hôtel Continental à l'autre côté de la rue, me regardant de loin, ont trouvé que ma silhouette conviendrait très bien à un rôle principal féminin qu'ils recherchaient pour le film qu'ils comptaient tourner au Vietnam. Il m'a demandé à nouveau si je parlais anglais et a ajouté, si possible, qu'il aimerait m'inviter à venir à l'autre côté de la rue pour rencontrer l'équipe de tournage.

Je recevais le scénario de *The Quiet American* (L'américain tranquille) du réalisateur Joseph Mankiewics, et je l'ai ramené à la maison. Après l'avoir lu, j'avais aussi envie d'essayer d'entrer dans l'industrie cinématographique. Bien que je ne le réalise pas clairement, j'ai l'impression d'avoir besoin d'un travail qui me passionne pour combler en partie le vide dans mon âme. J'ai pensé avec nostalgie au tournage, une rare occcasion qui s'est presentée par hazard comme un moyen de m'aider à trouver une lumière au bout du tunnel.

Mais quand j'ai demandé la permission à mes beaux-parents, ils ont été très surpris, surtout ma belle mère qui ne comprenait pas pourquoi je voulais jouer dans les films. Après s'être renseignés sur le rôle de Phương, la femme vietnamienne dans le film, qui vit avec un Anglais, puis avec un Américain, . M. et Mme Độ ont exprimé leur désapprobation. En fait, le cinéma était encore à ses débuts, donc méconnu dans la société vietnamienne de cette époque, en particulier pour l'ancienne génération qui vivait encore avec des préjugés sur l'idée d'une profession "inclassable" qui "tombe en dehors" de toute hierarchie sociale: belles lettres. agriculture, artisanat, commerce .

J'ai donc rendu le scénario au réalisateur Joseph Mankiewics, à la surprise de tous les membres de l'équipe, avec des excuses et en déclarant que les parents de mon mari ne me permettraient pas de jouer. Ils ont été surpris, car cela ne pourrait jamais arriver à Hollywood. Cependant, un peu plus tard, l'équipe du film The Quiet American (basé sur le roman de l'écrivain britannique Graham Greene) m'a tout de même invitée à assister à la réception organisée par la suite. Ce fut pour moi l'occasion de rencontrer le monde du cinéma mondial et quelques personnalités de Saigon à cette époque, dont M. Bùi Diễm. M. Lê Quỳnh. C'était la première fois que nous nous sommes rencontrés.

Bien que j'aie refusé, le réalisateur Joseph Mankiewics m'a offert une très brève apparition, juste une brève apparition, sans dire un mot. Je jouais le rôle d'une jeune fille vietnamienne passant dans la rue près d'une pagode chimoise à Cho Lon, le rôle principal masculin (joué par l'acteur britannique) Michael Redgrave, courut vers moi pour me tapoter l'épaule. Je me suis retournée, il s'est excusé de m'avoir prise pour la personne qu'il cherchait.. C'est ça! Tout. C'est dans ce célèbre film que j'ai entendu l'"exclamation "Action!" pour la première fois de ma carrière cinématographique, crié par le réalisateur de talent Joseph Mankiewics.

Peu de temps après, après avoir manqué de jouer dans le film The Quiet American du réalisateur Joseph Mankiewics, le producteur Bùi Diễm m'a invitée à jouer dans le film *Hồi Chuông Thiên Mụ* (Le son de cloche de la pagode Thiên Mụ). Cette fois, j'ai immédiatement répondu que mes beaux-parents ne me laisseraient pas jouer dans des films. Mais M. Bùi Diễm comprenait les coutumes vietnamiennes. Juste après, lui et l'acteur Lê Quỳnh (également un ami de mon mari, Tế et sa mère connaîsait aussi ma belle-mère; les deux vieilles dames se donnent souvent rendez-vous pour aller aux pagodes) venaient à ma maison, demandant la permission pour moi de jouer le rôle d'une "nonne" dans le film. Il a ajouté que le film sera tourné à la pagode Thiên Mụ dans les environs de Huế. Ayant entendu dire que j'allais jouer un rôle de "nonne", ma belle-mère, une Boudhiste pieuse, accepta avec joie le soutien préalable de mon beau-père.

À la fin, le destin a de nouveau pris la main de la fille qui avaitt dû très tôt se séparer de son père de Hanoï pour aller vers le Sud à la rencontre d'un une autre tournant dans sa vie.

Ma carrière cinématographique débutait avec le rôle d'une "nonne" dans le film *Un son de cloche* et une scène de la pagode *Thiên Mụ* en 1957. Je suis née dans le nord, a grandi dans le sud et est entrée au cinéma au Centre Viet Nam.

Une fois le film terminé, je reprenais une vie de famille normale, en tant que mariée, en tant que mère. Comme si rien n'avait changé, les parents et la famille de mon mari m'ont montré leur sympathie et leur réconfort. Pour moi, les jours loin de chez moi passés sur le plateau étaient comme de courts rêves de passage, et la réalité me guette toujours au réveil.

C'est aussi le moment où Tế était revenu d'Amérique. Les premiers jours ont été gênants, mais ensuite tout a été emporté par l'eau qui coule sous le pont, l'eau de la vie, l'eau du destin. La vie d'un soldat comme celle de Tế se caractérise par des déplacments fréquents. Tế a été muté à Châu Đốc pendant un certain temps, puis à Qui Nhơn. Je vis toujours à la maison avec ses parents, lui rendant parfois visite dans les bases militaires.

Chaque fois que l'un de ses enfants allait au front (à cette époque Nguyễn Chí Hiếu était déjà officier parachutiste), ma belle mére brûlait des bâtons d'encens et priait.

Comme elle, je pense toujours à ce que demain va apporter et j'essaie juste de vivre pleinement chaque jour pour ne pas le regretter plus tard.

Deux ans après le film Hồi Chuông Thiên Mụ, en 1959, le réalisateur, Thái Thúc Nha m'a invitée à jouer dans le film *Mưa Rừng* (Pluie de forêt) avec l'actrice Kim Cương et l'acteur Hoàng Vĩnh Lộc.

En évoquant le réalisateur Thái Thúc Nha et Alpha Films à Saigon, je ne peux m'empêcher d'ouvrir une grande parenthèse pour parler de lui, une figure particulière pendant les 20 ans de cinéma au sud Vietnam.

Alpha Films était le seul et le plus grand studio de cinéma privé du Sud Vietnam de cette époque. L'entreprise dispose d'une gamme complète d'équipment, d'un studio d'enregistrement et d'un équipe de professionnels bien formés. Le propriétaire Thái Thúc Nha a une faculté de compréhension du cinéma au dessus de la moyenne et parle couramment l'anglais et le français. C'est peut-être pour cette raison qu'Alpha Films est également un lieu fréquenté par les journalistes et cinéastes étrangers lorsqu'ils viennent au Vietnam.

Après le film *Mưa Rừng* (Pluie de forêt), j'ai été invitée à continuer à jouer dans des films comme *Thousand Years of Clouds, Falling* in Love, etc. Puisque, les films d'Alpha Films sont notamment des coproductions avec des sociétés cinématographiques étrangères, j'ai été invitée à jouer le rôle principal féminin dans le film *A Yank in Vietnam* (Un Américain au Vietnam) avec l'acteur et réalisateur Marshall Thompson. Le titre original de ce film était *L'histoire de l'Année du tigre*.

Je me rappelle la première fois, lorsque M. Thái Thúc Nha organisa sur la terrasse d'Alpha Films un banquet pour recevoir l'équipe de tournage. Présents étaient: l'ambassade américaine avec tous les invités et beautés de Saigon à cette époque. Là j'ai rencontré l'écrivain Mai Thảo. Peu de temps après, Mai Thảo écrit dans un journal spécial du cinéma.

Un soir, lors d'une de réception pour les équipes de tournage étrangères venant à Saigon, directement sur la terrasse du studio Alpha Flms. Parmi les invités vietnamiens et américains animés et jubilants, j'ai soudain répéré une jeune fille à l'allure très belle, debout seule, appuyée contre une balustrade. Je fis sa connaissance, C'était Kiều Chinh, l'héroïne du film Histoire de l'Année du Tigre. Une Hanoïenne, très Hanoïenne, douce et pleine de dignité.

À la fin de la fête, j'ai dit à Thái Thúc Nha, " laisse-moi la ramener à la maison. Et sachant qu'elle était mariée...."

C'était la première fois que je rencontrais l'écrivain Mai Thảo à Saigon. Quelques années plus tard, Mai Thảo écrivait un article racontant comment moi et le réalisateur Hoàng Vĩnh Lộc sommes allés à une réunion à la société Liên Ảnh Công Ty de Quốc Phong, Lưu Trạch Hưng, pour discuter du film *Chân Trời Tím* (L'horizon violet) basé sur un roman de l'auteur Văn Quang. Dans l'article, Mai Thao décrit l'histoire "Kiều Chinh a été invitée à jouer un modèle nu pour un peintre. Le réalisateur Hoàng Vĩnh

Lộc a également refusé de réaliser le film, si l'actrice principale n'était pas Kiều Chinh."

Après 1975, devenus réfugiés aux États-Unis, l'écrivain Mai Thảo et moi nous sommes souvent rencontrés, dans le cadre d'un groupe d'artistes en exil, qui comptait le chanteur Hoài Bắc/ Phạm Đình Chương, l'écrivain Vũ Khắc Khoan, le musicien Lê Trọng Nguyễn, etc
Mai Thảo et moi sommes devenus proches dans la fraternité jusqu'au jour de sa mort en 1998.

Quelques années avant sa mort, il avait publié le seul recueil de poèmes, intitulé *Je vois mon image, Autels et Temples*, dans lequel il y avait un a poème qu'il avait écrit pour moi, intituleé *Ton Mythe remonte à l'antiquité*, avec les vers suivants

Je m'étais dispersé dans dix directions depuis ma jeunesse
C'est le chemin de la vieillesse
Âge? L'âme est encore pleine de lune et de vent
Soufflez nuit et jour dans notre monde bleu.

Je suis un mythe depuis les temps anciens
C'est aussi un ange qui est mort tout seul
Nous sommes un couple d'artistes,
sur leurs Trônes chaque ange dans le sien.
...
Ne pleure pas même si la pluie n'est que larmes
Ne souffres pas même si la pierre est souffrante.
Le Bouddha est dans ton coeur, comme il est dans le mien
Et dans le coeur de chacun brûle un bâton d'encens.
....

Pour en revenir à ma carrière cinématographique, après avoir joué le rôle principal dans *A Yank in Vietnam*, j'ai travaillé avec de nombreux studios étrangers.

En 1964, j'ai été invitée à jouer dans le film *Operations CIA* avec le célèbre acteur américain Burt Reynolds.

Après *Operations CIA*, j'ai été invitée par le réalisateur Rolf Bayer à jouer le rôle principal féminin avec le meilleur acteur des Philippines, Leopoldo Salsedo, que les habitants appellent Leopoldo "King" (Roi) Salsedo.

Pendant la journée, le film a été tourné dans la ville de Tây Ninh, à la frontière du Cambodge. Au couvre-feu, nous avons dû dormir dans le bunker pour éviter les bombardements des Việt Cộng. L'acteur Nguyễn Long a fait un long reportage sur ce tournage.

Lorsque le film est présenté à Manille, la capitale des Philippines, j'ai été accueillie comme une invitée d'honneur sur le tapis rouge dès l'aéroport, entrant dans la ville dans un convoi escorté par le ministère philippin de la Défense. L'acteur Leopoldo Salsedo et moi, avons défilé à travers la ville dans une jeep découverte équipée d'un canon. Les gens saluèrent tout au long de la route et des avions survolèrent en dispersant des tracts de bienvenue. Le studio Paramount avait organisé un cocktail de réception et des conférences de presse au Manila Hôtel.

À cette occasion, j'avais également eu l'honneur de couper le ruban pour inaugurer le New Frontier Cinema qui était plus grand théâtre de Quezon City à l'époque.

(Pendant mon séjour aux Philippines, j'étais très heureuse de revoir M. Hà Văn Anh, qui est le fils M. Hà Văn Vượng, mon parrain, et a vécu aux Philippines depuis de nombreuses années. Au bon vieux temps à Hanoi, M. Vượng disait à mon père de garder "Chinh" pour son fils, qui étudiait à Londres à cette époque.)

Les Voyages

En 1963, je voyageais pour la première fois à l'étranger pour assister au Festival du film de l'Asie au Japon. J'étais accompagnée de M. et Mme Thái Thúc Nha et de Mme Kim Huê, propriétaires d'Alpha Films, avec qui nous entretenons une relation étroite presque fraternelle dans la famille. Nous avons été invités à visiter un certain nombre de studios de cinéma à Tokyo, tels que le studio de cinéma Toho, où les acteurs Akira Takarada et Masumi Okada, nous accueillaient. Plus tard Masumi était devenu un un ami proche et une fois était passé à Saigon pour me rendre visite..

Lorsque le festival organisait un banquet pour les artistes dans la ville de Kyoto, l'ancienne capitale du Japon, j'ai rencontré l'acteur japonais numéro un à l'époque, Toshiro Mifune. Avec la délégation, nous avons visité de nombreux sites magnifiques et sites historiques de cette ville antique.

Dans les années qui suivent, je suis revenu plusieurs fois à Tokyo, lorsque le studio Giao Chi, dont j'assume la direction et l'exploitation, produisit le film *Người Tình Không Chơn Dung* (L'amant sans visage), réalisé par Hoàng Vĩnh Lộc

Le négatif du film a été traité au studio Toho car il s'agissait d'un film en couleur en 35 mm, que le Vietnam à l'époque n'était pas équipé pour développer. C'est aussi une grande bénédiction déguisée pour le sort du film car l'original a été conservé au studio Toho. Après 1975, j'ai pris l'avion pour le Japon afin de le récupérer l'amener aux États-Unis.

L'année suivante, 1964, j'ai été invitée au Festival du film de l'Asie, qui s'était tenu à Taïwan, où j'ai rencontré le célèbre acteur Williams Holden. C'est un souvenir qui durera toute une vie. C'est lui qui m'avait sauvée la vie ! Incroyable est l'histoire que je vais vous raconter:

Le dernier jour au programme du festival, les organisateurs ont prévu deux visites pour tous les acteurs et cinéastes participants. L'une est la visite au musée de la ville de Taichung (à l'ouest de Taïwan, célèbre pour les antiquités et le jade) L'autre, l'île de Quimoy, proche du continent chinois. Il y a ici un village très étrange, un village souterrain, c'est-à-dire que les habitants du village vivent toute l'année sous terre.

Les Thái thúc Nha et moi nous étions inscrits pour visiter un musée à Taichung, car Mme Nha aime voir du jade.

La veille de mon départ, l'acteur William Holden m'a appelé pour me demander où je vais aller? J'ai dit que nous trois, Les Thái thúc Nha et moi, avions choisi de visiter le musée de Taichung. William disait que l'on peut visiter le musée à tout moment et m'a suggéré d'aller à Quimoy avec lui, car c'était une occasion rare, très rare. J'ai dit que nous pourrions décommander l'autre visite si Bill pouvait arranger notre voyage à Quimoy avec lui. Bill l'a fait, et tôt le lendemain matin, il était venu nous chercher pour nous emmenr à Quimoy.

Quimoy comme il a été mentionné plus haut est une ville sans maisons hors du sol. Toutes les activités se déroulent en dessous du sol, depuis les écoles, les hôpitaux, jusqu'aux bureaux, etc. pour éviter les bombardements chinois inattendus.

C'est un voyage avec une expérience vraiment...hors du commun

Dans l'après-midi, avant de repartir, les organisateurs ont donné à chacun de nous un gros ballon, où l'on peut écrire un message que nous voulions envoyer aux gens vivant sous le régime communiste de l'autre côté, et les lâcher en l'air.

J'ai écrit: « Papa ! Que tu sois en paix. Je t'aime et tu me manques papa!"

Bill a écrit: "Liberté pour tous !"

Au retour à la capitale ce soir-là il y avait eu la soirée de clôture du congrès qui s'était tenue au palais du président Chiang Kai-shek.

Dans le vaste hall, tables et chaises sont disposées en U autour de la grande piste de danse. Sur chaque table figurent les noms des pays participants classés dans l'ordre de A à Z. La table d'honneur sur le podium élevé était réservé pour le Président et Mme Chiang Kai-shek.

Le président Chiang Kai-shek ouvrit le programme avec les salutations aux représentants des pays participant au congrès. Lorsque la musique commença à jouer, le président disa:
"Mme Chiang Kai-shek et moi sommes vieux, nous ne dansons pas la valse. Je propose à l'invité d'honneur de ce festival du film de l'Asie, M. William Holden d'Hollywood, à inviter une beauté d'un pays de son choix pour ouvrir le bal de nuit de ma part. À ce moment, tous les regards se tournèrent vers William Holden.

Bill s'est levé de la première table "America" sur la gauche, des centaines de paires d'yeux sur la table des pays participants étaint fixés sur Bill, qui traversa la piste de danse jusqu'à la table devant, à droite, la dernière table portant une pancarte "Vietnam". Bill se pencha poliment et me tendit la main, me conduisant au centre de la piste de danse.

Une valse romantique avait commencé et nous ouvrîmes le bal.

La musique résonnait dans toute la grande salle. William porte un smoking noir. Je porte une robe blanche. Juste nous deux sur la grande piste de danse. Tous les yeux nous regardaient attentivement tourner avec la musique.

Soudain, la musique s'arrêta. Le président Chiang Kai-shek s'avançait vers le micro et s'est excusé en déclarant qu'il avait des nouvelles importantes à annoncer. Il lui a été rapporté que le vol

transportant 69 invités participant au festival du film pour visiter Taichung avait explosé.
Personne n'a survécu !

Parmi les morts se trouvaient de nombreux cinéastes, acteurs de Hong Kong, de Taiwan et d'autres pays participants.

C'était une nouvelle choquante. Juste après son annonce, de nombreux cris, et pleurs avaient retenti. On a dit aux gens qu'ils devaient attendre le lendemain matin pour retrouver le corps.

Le lendemain, les chaînes de télévision et les journaux ont annoncé que sur la liste des morts figuraient M. et Mme Thai Thuc Nha, propriétaire d'Alpha Films et l'acrice Kieu Chinh de la délégation vietnamienne avaient péri, car nos noms figuraient sur le manifeste des passagers de ce vol.

En effet, William Holden était l'homme qui nous a sauvés la vie. Bien qu'il ne soit plus avec nous (il est décédé le 12 novembre 1981), je n'oublierai jamais l'amabilité et la courtoisie que ce grand talent du cinéma international qui était Bill Holden avait reservées pour moi personnellement.

Peu de temps après que Bill ait pu échapper à la mort à Taïwan, je l'ai également rencontré à plusieurs reprises à Hong Kong. Une fois, il m'a emmené sur la colline où il avait joué dans *Love is Many Splendored Things* (La colline de l'adieu) avec Jennifer Jones.

Génial! Bill envisage de visiter Saigon sur l'invitation de M. Thái thúc Nha, mais n'avait pas pu le faire car il était pris à filmer ailleurs.

 Nous nous sommes liés d'amitié. Bill me donna une carte de visite et si jamais j'avais l'occasion d'aller en Amérique, je serais invitée chez lui à Palm Springs, en Californie.

De retour à Hong Kong, en 1965, j'ai été accueilli par M. Run Run Shaw, propriétaire du studio Shaw Brothers, et invitée à visiter le studio, ou il me présentait les réalisateurs et acteurs du studio. Run Run Shaw Brothers Studio à Hong Kong est un grand studio qui occupe une grande et haute colline avec de nombreux studios travaillant continuellement en même temps à l'époque. Ici, j'ai aussi rencontré des personnages de films célèbres a cette époque à Hong Kong comme Lý Lệ Hoa, Lâm Đại, Lăng Ba, Lí Chín, etc. Quant aux réalisateurs, on m'a présenté à des noms comme Griffin Yueh, King Chuan, Raymond Chow...

Apparemment Raymond collaborait avec Shaw Brothers, à cette époque car la deuxième fois quand j'étais repassée par Hong Kong, c'était Raymond qui était venu me chercher à l'aéroport dans une Rolls Royce. Il est devenu plus tard une figure importante, ayant son propre studio appelé Golden Harvest. Il est également le producteur du célèbre box-office Bruce Lee.

J'ai également eu l'occasion de rencontrer Raymond Chow aux États-Unis après 1975, lorsqu'il y était venu là pour collaborer avec un studio de cinéma américain pour tourner le film *The Company C*. Il m'appelait et m'invita au studio pour déjeuner.

Une fois, lorsque le célèbre réalisateur Robert Wise (The Sound of Music) et le réalisateur français Jules Dassin étaient allés à Saigon pour prospecter les possibilités de faire un nouveau film au Vietnam, M. Thái thúc Nha m'a invitée à assister à une soirée d'acceuil et à rencontrer ces deux personnalités du cinéma. Au départ, les deux réalisateurs Robert Wise et Jules Dassin ont dit qu'ils voulaient m'inviter à jouer le rôle principal féminin dans le film qu'ils comptaient tourner à Saigon. Mais après un moment d'attente, le tournage a été différé.

Les autorités du Sud n'acceptaient pas la teneur du script qu'elles trouvent non approprié car elle contient des "contradictions politiques ! En échange, Robert Wise m'a de nouveau invitée à participer à un film en développement, *The Sand Pebbles (Les galets de sable)*, qui sera tourné à Taipei. Il m'a également dit à l'avance que je jouerais avec l'acteur Steve McQueen.

Après des mois sans nouvelles, j'ai finalement reçu un télégramme de Robert Wise m'invitant à Hong Kong pour parler. Ici, une grande fête a eu lieu à l'hôtel Peninsula, où j'ai non seulement rencontré Robert Wise mais aussi Steve McQueen, avec un grand nombre d'invités importants de Hong Kong et de l'équipe de tournage. Une fois la fête terminée, Robert Wise a dit qu'il voulait m'accompagner à mon hôtel, le President Hotel, à proximité de Kowloon.

Sur le chemin du retour à l'hôtel, il manifestait une manière et une apparence mal à l'aise comme s'il y avait quelque chose de difficile à dire, bien que je ne puisse pas deviner ce que c'était, j'ai eu le sentiment que cela devait être une affaire malencontreuse. Et c'était une bonne intuition.. Robert Wise a dit que la raison pour laquelle il m'a invitée à Hong Kong c'est pour me dire des choses qu'il ne pouvait pas dire par lettre ou par téléphone. C'était à propos des énormes changements dans la réalisation de *The Sand Pebbles*.

Il a dit, en gros que l'intrigue du film se déroule à Taïwan, alors il a décidé de tourner là bas. Mais après plusieurs mois d'attente, le scénario n'a pas été approuvé par Taïwan. Par conséquent, après de nombreux changements et ajustements complets, le film sera tourné à Hong Kong avec de nouveaux financements. Et l'héroïne sera jouée par quelqu'un d'autre, à la demande du baiileur de fonds.

Expliquer la source, comme si un fardeau avait été levé, pourtant la dernière phrase de Robert Wise pour moi, est encore lourde de quelque chose, comme le regret, la culpabilité. Il disait, "Je suis très triste et je veux envoyer à Chinh quelque chose de plus grand que des excuses..."

Après 1975, quand j'étais devenue une artiste vietnamienne en exil aux États-Unis, lors d'un passage à Hollywood, j'ai appelé Robert Wise. Il m'a invitée sur le plateau de tournage à Burbank, pour déjeuner avec lui. En ce moment, il était très occupé avec le film The Hindenburg. Lors d'un déjeuner au Burbank Studios

Club, Robert Wise m'a fait une surprise au-delà de mes espérances. Il a appelé son manager, me l'a présentée, puis lui a demandé d'écrire immédiatement une lettre qu'il va signer, me présentant au réalisateur Francis Ford Coppola, un collègue proche, car il savait que Coppola était sur le point de faire un long métrage ayant trait au Viêt Nam.

Pour moi, une autre surprise, lorsque le réalisateur Coppola m'a invitée à le rencontrer. Il a dit qu'il était sur le point de tourner un film intitulé *Apocalypse Now*. Le film sera tourné aux Philippines, les rôles principaux étant tous masculins, seulement un ou deux rôles féminins, très secondaires, et de courte durée. Il m'a proposé le rôle de la femme de l'acteur principal du film, Marlon Brando. et voulait aussi que je sois présente pendant le tournage en qualité de conseillère technique quant aux détails concernant le Vietnam, tels que dialoques, costumes et scenes.

J'étais si heureuse d'avoir entrevu une possibilité d'entrer dans le monde de Hollywood pour travailler avec un réalisateur de renom comme Francis Ford Coppola, dans le rôle de la femme de Marlon Brando ! Mais alors que le jour du départ s'approchait, le studio de cinéma qui avait demandé un visa d'entrée aux Philippines pour moi se voyait refuser la demande.

Parce que je n'ai pas de passeport, seulement, une carte de résidence que je venais de recevoir. Je ne suis pas encore une citoyenne américaine, si je quitte les États-Unis maintenant, à mon retour, je perdrai probablement tout le temps où j'ai vécu aux États-Unis. Même si je dois recommencer, et j'obtiendrais l'autorisation des autorités de l'immigration pour rentrer aux États-Unis je ne pourrais pas y aller non plus, par manque de permis pour travailler aux Philippines.

C'est très triste, car pour moi, c'est vraiment le destin qui m'a secoué la tête, ne me donnant pas l'opportunité de travailler avec l'acteur et réalisateur le plus chevroné de Hollywood. Je pense que ça va être dur pour moi d'avoir une seconde chance!

Cela ne veut pas dire que j'ai été niée la bonne fortune que j'ai eue depuis le jour où je suis accidentellement entrée dans le domaine du septième art. Je veux dire, ce sont les films qui m'ont tenu la main, me laissant aller presque partout en Asie et même en Europe. Ils m'ont tenu la main, me laissant faire des voyages consécutifs à l'étranger depuis 1963.

Avant 1975, presque chaque année, j'étais invitée à assister au Festival du film asiatique, ainsi qu'au Festival du film de Berlin, en Allemagne. C'était mon premier voyage en Europe depuis le jour où j'ai quitté Hanoï.

Les jours où j'ai assisté au Festival du film de Berlin ont été mémorables pour moi. L'acteur Lê Quỳnh m'accompagnait. Je prenais des tours guidés pour visiter de nombreux endroits à Francfort, assister à la Fête du Vin à Bonn, faire une croisière sur le Rhin... J'ai notamment été interviewé par une chaîne de télévision allemande. Dans cet interview avec moi, il y avait aussi l'acteur Jimmy Stewart, un acteur célèbre que j'admire beaucoup. Je me souviens que dans l'interview, Jimmy a révélé qu'il avait un fils qui avait combattu pendant la guerre du Vietnam.

Autre occasion spéciale, j'ai rencontré l'acteur français Jean Marrais, qui m'a invitée à franchir le "Mur de Berlin" pour aller en Allemagne de l'Est dans une voiture de l'Ambassade de France. Ce mur divise Berlin en deux parties: Berlin Est et Berlin Ouest. Elle sépare, divise tant de familles allemandes pendant plusieurs décennies. Tout comme "le dix-septième parallèle" au Vietnam a divisée mon pays en deux: le nord et le sud.

Jean Marrais et moi étions assis à l'arrière d'une voiture de l'Ambassade de France arborant le drapeau français et conduite par le personnel de l'Ambassade. Le voyage d'ouest en est m'a rendu émue quand je traversais le "mur de l'infamie". Nous ne sommes pas autorisés à sortir de la voiture. Rester dans la voiture en regardant dehors, à travers la vitre de la portière j'ai l'impression que la ville est-allemande est différente de l'Allemagne de l'Ouest, des routes, des magasins aux piétons, la façon dont ils s'habillent est différente des gens de l'autre côté. Bref, c'est l'image d'une ville sombre, d'une ville triste.

Ces jours-ci, je pense toujours à mon père et à mon frère. Hanoï surgit dans ma mémoire.

Les films américains tournés en Asie

Comme mentionné dans le paragraphe précédent, j'ai non seulement reçu l'amour ou l'attention particulière de l'acteur William Holden, du réalisateur Robert Wise, de Francis Ford Coppola ou de l'acteur français Jean Marrais, mais aussi d'un autre réalisateur et producteur: Rolf Bayer.

Rolf est le représentant asiatique de nombreux grands studios hollywoodiens que j'ai rencontrés chez Alpha Films. Lorsque Rolf est revenu à Saigon pour la deuxième fois, il est rapidement devenu un ami proche, non seulement pour moi mais aussi pour la famille de mon mari. Le retour de Rolf au Vietnam cette fois est pour m'inviter à jouer le rôle principal dans le deuxième film, également réalisé par Rolf avec 20th Century Fox & Arbee Productions. C'est le film Devil Within (Le démon intérieur).

Dans ce film, j'ai été invitée à jouer le rôle d'une princesse indienne aux côtés de l'acteur indien Dev Avnand le plus célèbre de l'époque.

Le succès de ce film m'a valu l'honneur inattendu lorsque j'ai été invitée à revenir en Inde pour assister au Festival du film de New Delhi. La presse locale m'a donné le titre d' " Ambassadrice de bonne volonté" qui finit par m' être officiellement decerné par le gouvernement du Sud-Vietnam, et c'est grâce à cela que, j'ai pu obtenir un passeport diplomatique avec le titre officiel d' "Ambassadrice des arts et de bonne volonté de la République du Vietnam".

L'amant sans visage

À cette époque également, j'ai été élue au poste de présidente du Vietnam Film Council. En 1970, j'ai fondé Giao Chi Films, avec la précieuse collaboration de nombreux amis, notamment le célèbre réalisateur du Sud de l'époque, Hoàng Vĩnh Lộc. C'est lui qui a réalisé le premier film du studio Giao Chi intitulé: *Người Tình Không Chơn Dung* (L'amant sans visage). Le film a été salué par la presse de Saigon comme le film le plus réussi du cinéma du Sud Vietnam de cette époque.

L'amant sans visage est un film qui m'a laissé beaucoup d'impressions et de souvenirs spéciaux dans ma vie. "Spécial". non pas seulement parce que le film parle de la guerre à cette époque, mais me donne aussi l'occasion de me lier d'amitié avec des personnes que je tiendrai a coeur pendant toute ma vie.

Après avoir connu un grand succès à Saigon, le film était envoyé au Festival du film de l'Asie de 1973 et avait remporté pour le Vietnam deux prix prestigieux: celui du meilleur film de guerre, et celui de la meilleure actrice.

En 1975, après le changement de situation dans le pays, Saigon a changé de mains, j'étais partie pour l'étranger, Hoàng Vĩnh Lộc restait à Saigon et mourut dans des circonstances très difficiles. Vũ Xuân Thông (lieutenant-colonel des Forces spéciales et acteur masculin principal) était également resté et envoyé dans un camp de rééducation. Pendant qu'il était en prison, Thông correspondait toujours avec moi. Dix ans plus tard, lorsqu'il était libéré puis se rendit en Amérique grâce aux interventions par les forces spéciales américaines auprès du gouvernmment américain., j'ai dû attendre pendant des heures à l'aéroport de Los Angeles pour pouvoir tenir la main de mon viel ami.

Minh Trường Sơn (acteur principal) était également coincé, mais avait réussi à s'évader par la voie maritime. En 1981, quand j'ai appris que Minh, sa femme et ses enfants étaient venus à San José, j'ai pris l'avion pour y aller et retrouver sa famille. C'était émouvant de revoir Minh, Ngọc et leurs quatre jeunes enfants:

Khánh, Chinh, Cường et Giao. Tous leurs enfants m'appellent mère Chinh.

Merci de votre amitié pour toute la vie

Merci Amant sans visage,

Merci: Ô soldat qui a laissé son casque parmi les roseaux au bord de la route.

Le réalisateur Hoàng Vĩnh Lộc et moi avions également prévu de faire deux autres films, dont j'ai choisi et aimé beaucoup les intrigues, basés sur deux romans célèbres: *Trống Mái* (Mâle Femelle) de Khái Hưng-Nhất Linh et *Vòng Tay Học Trò* (La ronde des écoliers qui se tiennent les bras) de l'écrivain Nguyễn Thị Hoàng. Cependant ce projet ne pouvait pas être mené à bout car la situation au Việt Nam avait beaucoup changé.

Les retrouvailles avec ma soeur ainée de jadis

En 1968 lors de mon premier voyage en Europe pour partiper au Festival du film de Berlin, j'ai décidé qu'après Berlin j'irai directement en France pour rencontrer Tính ma soeur ainée et mon oncle Nghị. (En ces temps là au Sud-Vietnam, il était très difficile de se rendre à l'étranger)

Pour moi, c'était un grand événement, car depuis qu'on s'était séparé en 1954 à Hanoï jusqu' à maintenant, nous ne nous sommes jamais retrouvées, d'autant plus que je n'ai jamais rencontré l'oncle Nguyễn Văn Nghị, le frère aîné de ma mère.

Tính, qui avait été prévenue de ma visite, et moi nous attendions ce jour avec impatience. Le jour de mon arrivée à Paris, Tính et l'oncle Nghị qui vivent à Marseille, étaient allés à l'aéroport Charles de Gaulle à Paris pour me chercher.

C'était très émouvant, après 14 ans de séparation, depuis la nuit où Tinh avait quitté Hanoï pour aller en France avec son mari, c'était la première fois que les deux sœurs non seulement se revoyaient en chair et en os mais aussi s'embrassaient, entendaient leur voix réciproques et versaient ensemble des larmes de joie et de nostalgie.

Les deux sœurs, se tenaient la main et ne se lâchaient pas, comme si en ce faisant elles devraientt attendre 14 ans ou plus encore avant qu'elles puissent se revoir a nouveau. Tính était accompagnée de ses trois enfants, trois beaux enfants nommés: Pascal, David et Lysa.

Quant à l'oncle Nghi, le frère aîné de ma mère, que je rencontrais pour la première fois, je ne sais pas s'il comprend que cette rencontre, pour moi, c'est comme revoir ma mère après tant d'années errant à la dérive des méandres de l'histoire . Quand l'oncle Nghi me menait par la main, j'ai l'impression que ça fait longtemps que je n'ai pas reçu cette chaleur de la main de ma mère. Oh, les vieux jours d'enfance...L'oncle est le seul parent maternel vivant à l'étranger.

De Paris, assise à côté de Tinh avec ses enfants et l'oncle Nghi dans le train à destination de Marseille, je traversais de nombreuses villes, des champs de fleurs qui s'étendaient à perte de vue. Le grincement en sourdine des roues du train sur le rail, évoque en moi, quelque chose aussi doux qu'une longue chanson ou la scène paisible d'un monde enchanté. Pendant ce temps, il y avait aussi des moments où j'avais le cœur gros, en pensant à mon père et à mon frère, j'essayais de retenir un soupir, essayant de m'abstenir de poser une seule question, aussi petite soit-elle, sur la vie et la mort.

L'ombre des deux personnes très chères à Hanoï pesait sur moi...

Bien que le train ait pris beaucoup de temps pour arriver, j'ai finalement pu me tenir devant la jolie maison de ma sœur sur le boulevard Didier. Je sais qu'elle même avec son mari et leurs trois enfants menaient une vie simple.

Le premier dîner avec la famille dans un pays étranger après quatorze ans de séparation a été une rencontre que je pensais on ne peut plus belle, on ne peut plus chaleureuse que celle d'un profond amour visceral venu du coeur. Le jour avant mon arrivée, peut-être en attendant avec impatience sa jeune sœur, dont elle a dû se séparer, Tính a préparé des plats qu'elle croyait, dans sa mémoire estompée, être mes plats préférés de tous les temps. Les repas familiaux comprennent des plats tels que des rouleaux de printemps au crabe, des vermicelles et même des plats de crevettes salées. Elle voulait les préparer elle-même pour que nous puissions nous souvenir des journées chaleureuses ensemble. Et il n'y a rien de plus important que nous deux sœurs puissions nous voir, "boire" du vin, verre après verre. Je ne sais pas non plus si l'alcool nous rendaient ivres ou si les retrouvailles nous rendent incapables d'arrêter de nous verser du vin, avec la nostalgie de papa, de Lân ... Hanoï disparu, il y a 14 ans, un soir, les deux sœurs ivres aussi ivres (même si elles ne savaient jamais boire), comme pour oublier le moment de la séparation, guettait déjà à la porte. C'était le jour du marriage de Tính.

La nuit, je dormais dans le même lit avec Tinh. Đăng, son mari ainsi que les enfants dormaient dans une autre pièce. Il n'y avait que deux sœurs qui peuvent se parler, se parler et s'ouvrir l'une à l'autre après 14 longues années. de séparation.

Le lendemain matin, je me suis réveillée quand on frappait à la porte de ma chambre.. Il s' avérait que Tinh s'est levée bien avant moi. Elle est venue avec le petit-déjeuner, sur un plateau avec du café, du jus d'orange frais, du pain... En l'apportant dans mon lit, elle a dit, "Chinh a dormi profondément. Je t'ai laissée dormir, Đăng et les enfants sont allés au travail et à l'école. Aujourd'hui, il n'y a que ma sœur et moi, j'emmènerai Chinh rendre visite à l'oncle Nghi, visiter Marseille... Quels vêtements Chinh va t-elle porter? donne-le moi je vais le repasser.j'ai laissé une serviette en coton propre dans la salle de bain pour toi."

Tinh prend soin de moi comme une mère prend soin de son enfant, ne manque aucun détail, aussi petit soit-il, et ça m'a beucoup touchée parfois jusqu'aux larmes..

Contrairement à la jolie maison de Tinh, celle de l'oncle Nghị sise à la rue du Coq, a deux étages. Elle est grande et massive. Sa femme est française. Ils ont quatre enfants: Patrick, Christine, Johan et Luc, eurasiens et beaux.

Pendant que Tinh et tante (la femme de l'oncle) Nghị s'affairaient dans la cuisine pour préparer le déjeuner, l'oncle Nghị m'a emmené à l'étage pour voir la maison. Enfin, nous allions à son bureau pour un bout de causette. Maintenant, je peux clairement voir l'opulence de l'oncle Nghi. En plus de sa maison, du mobilier coûteux et luxueux, il y a aussi dans son bureau une bibliothèque exposant de nombreux livres rédigés par lui-même, le "Docteur Van Nghi", des ouvrages spécialisés sur l'acupuncture. Tonton Nghị est médecin et se spécialise également dans l'acupuncture orientale. Il y avait aussi dans la salle, des photos de lui assistant à des conférences internationales car il était le président de l'Association d'Accupuncture d'Europe, et il y avait aussi des pages de la revue Paris Match sur son succès, avec une photo prise avec le président de la République française.

Je me souviens qu'il y avait dans son bureau une très longue table en bois antique. Il n'y avait que deux fauteuils à haut dossier. L'oncle était assis à une extrémité de la longue table et moi, à l'autre.

Assis dans son siège, il parlait à sa petite nièce qui a perdu sa trop jeune mère. Il m'a parlé de lui, de sa sœur, ma mère, qui est morte! Maintenant que tout à coup, l'histoire l'a laissé me rencontrer; "le sang de sa sœur qu'il a retrouvé en moi" l'émeut.

L'oncle a dit que que ma présence dans la salle de bureau avec des décennies de silence, a soudainement suscité de nombreux regrets. De nombreuses images du passé sont apparues. Mon oncle a dit qu'il se souvient encore de l'image innocente et pure de ma mère, que la famille de ma grand-mère lui manque encore, quand ses frères et sœurs étaient encore très jeunes.

Après avoir posé des questions sur ma vie actuelle, finalement, il a dit:

"Le Vietnam me manque..."

Lorsqu'il mentionne les deux mots "Viet Nam", sa voix est si basse ! Et, je comprends, par les deux mots "Vietnam" qu'il a prononcés, il veut dire Hanoï. C'est l'enfance de nombreuses générations des côtés paternel et maternel de notre famille. Et de ma génération.

Quoi qu'il en soit, que ce soit pour l'oncle Nghị ou pour moi, Hanoi désormais n'exite plus que dans la mémoire !

Sur le chemin du retour, Sœur Tinh m'a emmenée à Notre Dame de La Garde en haut de la montagne pour visiter la statue de Jésus. Ici, vu d'en haut, tout Marseille apparaît comme une parfaite image en couleurs. Trouver un banc de pierre pour s'asseoir pour profiter pleinement du paysage naturel on ne peut plus calme et paisible, c'est alors que ma sœur et moi avons entendu les cloches de l'église, venues, comme d'une contrée lointaine. ...

J'ai serré la main de Tinh comme pour lui rappeler de prêter attention au son de la cloche comme si elle transportait un parfum qui fondait dans l'air, et c'est aussi le moment que j'ai choisi pour demander des nouvelles de mon père et de Lân, dont je sais qu'elle reçoit encore de temps en temps, car la correspondance entre le Vietnam du nord et la France, n'était pas entravée.

A ce moment, ce n'est plus moi qui lui tiens la main, mais c'est elle qui serre très fortement la mienne. Elle a répondu à mes questions sur notre père, en disant "désolée". Elle m'a dit qu'elle devait "s'excuser" auprès de moi parce qu'elle m'avait délibérément caché les lettres qu'elle recevait, les tristes nouvelles concernant notre père et notre frère. Elle a dit qu'à cause de son amour pour moi, elle a décidé de ne pas me dire la vérité sur les années où notre père et notre frère ont été envoyés en enfer, de prison en prison...

Dans le silence, mon cœur se serre. Sous mes yeux, il n'y a plus de sœur Tinh, plus de Marseille, pas même moi, mais seule l'image du père et du frère se tortillant comme des tiques moribondes dans les rues que je ne pouvais pas imaginer, ne pouvais pas nommer. Je restai ainsi assise jusqu'à la tombée du soir. Les cloches de l'église sonnèrent à nouveau. Cette fois, il semblait qu'il n'y avait pas d'autre parfum que la longue brume qui venait se briser sur les rochers, la forêt...

Sœur Tinh me serra dans ses bras et dit d'une voix pitoyable: "Allons, on va renter!"

Je me levai docilement pour la suivre.

Le lendemain, Tinh m'a montré son album et m'a demandé des photos de famille qu'elle ne pouvait pas apporter. Elle m'a aussi laissé lire les brèves lettres de notre père et de anh Lân qui lui ont été envoyées Dans chaque lettre, tous les deux lui demandaient "Comment va Chinh maintenant ?"

Elle m'a précisé un détail sur Lân. Après sa sortie de prison il s'était marié. Son épouse est Lan, qui est la propre sœur de Bích Vân, ma meilleure amie d'enfance. Ils ont deux enfants, donc mes nièces Loan et Liên.

Avant de me séparer de Tinh pour retourner à Saigon, nous étions allées acheter des vélos et des montres Rolex pour envoyer à notre père et à anh Lân. Selon lui, dans le Nord, ces deux articles sont les plus faciles à revendre, dont les recettes pourraient nourrir toute une famille pendant plusieurs mois. Sans oublier, que toujours selon lui le vélo n'est pas seulement fait pour des sorties d'agrément, mais sert aussi de moyen de transport pour soi même ou pour louer aux autres !

À cette époque Il n'y avait pas de voitures à Hanoï, et il n'y avait pas d'essence non plus.

Afin d'attiser des souvenirs communs avant mon départ pour Saigon, Chị Tính et moi, nous avons flâné sur le Vieux Port de Marseille, regardant les bateaux de pêche revenir au quai et les pêcheurs transporter frénétiquement des caisses de crevettes et de poisson, regardant les vieux Français par groupes de quatre ou cinq, buvant et fumant des cigarettes... Nous avons aussi choisi une table sur le trottoir, pour prendre le déjeuner en regardant les passants. De l'autre côté de la rue se trouve le port. Le soleil de l'après-midi s'est couché, teignant d'une couleur dorée comme de la soie dans le vent sur la scène scintillante. J'ai soudainement esquissé dans mon esprit le rêve où mon père et moi prenions aussi quelques verres de vin rouge avec cette fameuse bouillabaisse de Marseille dans la paix et la tranquillité.

Le jour de mon départ, Chị Tính et moi, nous étions bouleversées, ne sachant pas quand nous pourrions nous revoir à nouveau. Chị Tính pleura.

De retour à Saigon, j'écris parfois à papa et à anh Lân pour demander de leurs nouvelles, ce qui donne un sens à ma vie. Ces lettres sont envoyées à Hanoï par le biais de ma soeurTinh en France,

De manière inattendue, juste à cause de ces lettres, j'ai été convoquée pour un interrogatoire par l'agence de sécurité sud vietnamienne. Mes contacts avec la famille à Hanoï étaient donc surveillés du fait que ma belle famille comporte trois fils (mon mari Tế et ses deux frères) qui sont tous officiers dans l'ARVN (Armée de la République du Vietnam); le lieutenant-colonel Nguyễn Giáp Tý, mon beau frère aîné, et Tế, mon mari, travaillent au Comité international pour le contrôle l' armistice. Personnellement, j'ai aussi souvent accompagné mon mari à des réceptions organisées par des ambassades. L'agence de sécurité de Saigon me conseilla mettre fin à la communication "avec Hanoï", sinon elle serait obligée de faire des enquêtes non seulement sur moi, mais aussi sur mon mari.

Une famille dans un pays en guerre

Après deux ans d'études aux États-Unis, Nguyễn Năng Tế est rentré chez nous. Avant Noël 1958, le jeune couple a eu son premier fils: Hoàng Hùng.

La grande famille du Patriarche Độ, mon beau père, compte trois fils et trois filles: Mme Mão, la sœur de Tế, dont le mari est un scientifique, le Dr. Dương Như Hòa, qui vivait en France, était ensuite rentré au Vietnam pour occuper le premier poste de directeur du centre atomique de DaLat. Le fils aîné de cụ Độ est Nguyễn Giáp Tý, lieutenant-colonel, officier de l'armée royale de Bảo Đại à DaLat. Plus tard, il est muté à la Commission internationale de contrôle de l'armistice ; Nguyễn Năng Tế, le deuxième fils est un officier parachutiste du 1er bataillon aéroporté, le plus jeune fils de cụ Độ est Nguyễn Chí Hiếu. Après s'être porté volontaire à l'Académie Militaire Nationale de DaLat, Hiếu a lui aussi choisi les Troupes Aéroportées, et est devenu un jeune Colonel parachutiste, commandant du 5ème Bataillon Aéroporté. Nguyễn Chí Hiếu avait participé à de nombreux fronts majeurs dans le Sud, tels que An lộc, Mậu Thân ...

Après son retour des États-Unis, Tế est muté à Qui Nhơn pour travailler comme membre de la Commission Internationale de contrôle de l'armistice et je luis rendais visite de temps en temps. Autrement, je restais à la maison avec ses parents.

En juillet 1961, alors que j'étais enceinte de mon troisième enfant, j'allais à Qui Nhơn pour rendre visite à Tế. Au retour par le train de nuit Qui Nhơn-Nha Trang-Saigon, ma grossesse commença à accuser de fortes contractions, j'accouchai prématurément de mon plus jeune fils, Tuấn Cường, le 20 juillet.

Ayant grandi dans un pays constamment en guerre, je vois clairement que rien n'est prévisible. Que se passera-t-il demain. Jour après jour, tenant le journal à la main, au lieu de lire nouvelles à la une, je tourne toujours à la dernière page, celle des avis de décès et de nécrologies. Combien y a-t-il de nécrologies aujourd'hui, y a-t-il des connaissances parmi ceux qui sont décédés? Et puis cette "nécrologie", elle est survenue directement dans la famille: le sous-lieutenant Nguyễn Khắc Nhật est mort sur le champ de bataille!

Nhật est le fils aîné du frère aîné, le lieutenant-colonel Nguyễn Giáp Tý, et le vrai petit-fils de la famille Nguyễn des parents de mon mari. Le sous-lieutenant Nhật était grand et beau, aimé de ses grands-parents et de sa famille. Nhật vivait avec moi depuis l'enfance pour aller à l'école à Saigon tandis que Tý travaillait à Da Lat. Lorsqu'il a atteint l'âge du service militaire, Il rejoignit l'armée. Aussitôt diplômé de l'école des officiers, il a été envoyé au front et morut au combat le premier jour ! La nouvelle de la mort du petit-fils Nhật au combat a non seulement déprimé gravement l'esprit des frères et sœurs de Tý, mais bouleversé presque tous les membres de la famille.

C'était aussi à cette époque que l'offensive du Tết de 1968 se déferla simultanément dans de nombreuses provinces du sud, plus violemment à Huế et à Saigon, mais surtout à Huế, où les féroces batailles sanglantes entre les deux factions ont eu lieu, et le massacre brutal de milliers d'innocents qui ont été exécutés et enterrés par les communistes.

L'hippodrome de Phú Thọ qui est juste en face de chez nous, était le point de départ de l'attaque à Saigon. Cette nuit-là, des coups de feu ont retenti. Je craignais l'éventualité d'une tragédie. Lân a-t-il dû aller à l'armée de l'autre côté? Faisait-il partie des communistes qui combattaient juste devant de chez vous? Si les communistes faisaient irruption dans ma maison, Lân et Tế entreraient ils en confrontation? Fermant les yeux, j'ai prié: "Oh! Dieu de miséricorde. Je te prie que cela n'arrive à aucune famille, que ce soit dans le sud ou dans le nord, où il y a eu tant de deuil, tant de souffrances!

Le lendemain quand les coups de feu ont cessé, nous nous précipitâmes jusqu'à la maison de Minh, mon camarade de classe. Elle et Đạt, son mari, ont quatre enfants, les deux aînés fréquentent la même école que mon fils, l'école Fraternité (ou Bác Ái en vietnamien). Tous les jours. Đạt s'arrête à la maison pour emmener mes enfants à l'école en voiture. La maison de Minh est juste en face de l'hippodrome de Phú Thọ.

En arrivant sur les lieux, une scène tragique et terrifiante est apparue devant nos yeux. Dans la maison détruite par des coups de feu la nuit dernière, Minh était assise, perplexe, tenant un petit enfant à côté du cadavre de son mari et de ses deux enfants ensanglantés. Minh dit en sanglotant: "Hier soir, en entendant les coups de feu, puis le bruit des pas qui courent derrière la maison, chacun de nous a traîné ses deux enfants sous deux lits l'un à côté de l'autre dans la chambre... Des coups de feu ont foncé la porte... Un coup de pistolet est tiré dans le maison... et avait abattu mon mari et ses deux enfants sous le lit du côté gauche... »

Nous avons récupéré Minh et les deux autres enfants pour qu'ils restent temporairement avec nous. Même s'il n'y avait pas eu de coups de feu la nuit, mon cœur me faisait mal à cause des cris de Minh dans son cauchemar.

Il y a quelques années, lorsque j'ai eu l'occasion d'aller en Australie, j'ai retrovué à nouveau Minh, qui y vit maintenant avec son plus jeune enfant. Sa fille aînée, Minh Phương, une camarade de classe de ma fille Mỹ Vân, est mariée et vit maintenant au Texas.

Ma belle-mère est décédée

En 1973, ma belle-mère, Mme Nguyễn Đại Độ, ayant perdu la vue, est décédée après de nombreuses années de maladie. Tous les descendants, proches et lointains, y compris Mão au Canada, se sont réunis avant qu'elle ne ferme les yeux. Alors qu'elle était sur le point de mourir, elle appela:

"Où est Chinh ? Où est Chinh ?"

Je lui ai rapidement attrapé la main.

"Mère, me voici."

Avec le faible murmure de quelqu'un qui va être voué a l'éternité, elle réussit à prononcer ses derniers mots:

" J'ai six enfants, ça ferai douze si on compte les belles filles, beaux fils et beaux-parents, mais vous seule vivez avec mon mari et moi depuis le jour où l'on a immigré dans le Sud. Vous avez consacré votre vie à notre famille... Je veux que vous compreniez tous que..."

Sa voix s'affaiblit et je ne peux retenir mes larmes.

Ses funérailles étaient grandioses, comportant toutes les rites bouddhistes de rigueur. Adieu à la belle-mère avec qui j'ai vécu pendant 19 longues années dans le respect, qu'elle soit ma belle-mère ou vraie mère

Depuis ce jour jusqu'aujourd'hui, aux États-Unis, dans ma maison, je garde toujours un autel des ancêtres, brûlant toujours de l'encens devant les photos de mes propres parents et ceux de mon mari pour les vénérer

C'est déchirant que M. Nguyễn Đại Độ était resté à Saigon quand ses enfants ont été évacués en 1975. Et puis quand il est décédé, certains d'entre eux étaient en prison de rééducation et les autres dispersés par le destin du pays, aux quatre coins du monde.

Je tiens à vous remercier. Ba Mẹ (Papa Maman) du fond de mon Coeur.

Les enfants partent en étude à l'étranger

Toujours en 1973, après les funérailles de ma belle-mère, survient la mort douloureuse du sous-lieutenant Nguyễn Khác Nhật, le fils du frère aîné Nguyễn Giáp Tý, c'est-à-dire le véritable petit-fils de la famille Nguyễn du côté de mon mari. Puis le petit-fils Lương Đình Chiểu, le fils de Mme Dậu et du capitaine Lương Văn Niên, a atteint l'âge de la mobilisation et a dû rejoindre l'armée. Presque tous les hommes et les garçons de la famille étaient dans l'armée, comme dans chaque famille, chaque garçon du pays en temps de guerre.

Lorsque Mme Mão et son mari, le Docteur Dương Như Hòa du Canada, sont rentrés à la maison pour assister aux obsèques de sa mère, elle m'a dit: « Au nom de mes frères et sœurs Je remercie Chinh d'avoir pris soin de ma mère pendant sa maladie". Elle m'a suggéré d'envoyer mes enfants au Canada pour étudier afin d'avoir la tranquillité d'esprit car ils ont de la famille là-bas. Vân, Hùng et Cường auront des cousins Duyên, Mai et Thể ... Ne t'inquiétes pas."

Grand-père avait également consenti a cette idée, me conseillant: "Ils [Vân, Hùng et Cường] sont encore jeunes, vous devriez les envoyer étudier à l'étranger, afin que leurs études ne soient pas interrompues, et à ce moment là, vous pourriez vous sentir en sécurité. À bien y penser, je pourrais parfois aller filmer à l'étranger et donc, leur rendre visite.

Oui, j'ai écouté les conseils de grand-père, de Mme Mão et du Dr. Hòa, et j'ai accepté de laisser les enfants étudier à l'étranger. À cette époque, je tournais aussi beaucoup à l'étranger, donc j'avais des moyens pour envoyer mes enfants dans des écoles privées à Toronto, au Canada.

Mais c'est aussi difficile pour moi, en tant que mère, de laisser mes trois enfants vivre loin de moi. Le jour où j'ai vu mes enfants partir a été le jour où je me suis inquiétée et j'ai beaucoup pleuré, même avec le réconfort de mon bon ami, M. Nguyễn Xuân Thu, directeur adjoint d'Air Vietnam: "Chinh rassure-toi, je vais les accompagner de Saigon à Hong Kong par Air Vietnam, une fois arrive là, je continuerai à m'occuper d'eux jusqu'à leur transfert sur un avion de Cathay Pacific en vol direct à Toronto.

À cette époque, Mỹ Vân avait 16 ans, Hùng, 14 ans et Cường 12 ans. Les enfants étaient partis. Cette nuit-là quand j'étais rentrée à la maison, je me demandais pourquoi elle est si déserte. Mes enfants me manquent, j'ai continué à serrer leur vêtements contre moi et en humer les "senteurs".

Tế m'a réconfortée: "Tu vas leur rendre visite cet été. Rassure-toi, mon beau frère Hỏa et ma sœur Mão Hoa vont les accueillir et prendre soin d'eux, et ensuite ils ont Duyên, Mai et Thế comme copains"

L'année suivante, je faisais mon propre voyage pour rendre visite à mes enfants à Toronto. Une agréable surprise m'attendait, lorsque le vol qui m'emmenait de Toronto à Singapour pour filmer *Full House*, faisait escale à Londres. Le studio avait improvisé un interview-éclair à l'aéroport. Cet interview précède une autre conférence de presse pour m'accueillir à Singapour avant le commencement du tournage de *Full House*.

Le film Full House et la guerre du Vietnam

Full House est un film sur le mode de vie des jeunes de Singapour qui adoptent la nouvelle vague. Le tournage a commencé fin février, mais en moins de deux semaines plus tard, le 10 mars pour être exact, les chars communistes ont soudainement envahi la ville de Ban Me Thuot, déclenchant une attaque générale contre toutes les villes du Sud.

Ensuite, l'ARVN a reçu l'ordre de se retirer de Pleiku, de Kontum, puis du du Centre Việt Nam.

Jour après jour, je fais toujours ce qu'il faut et j'essaie de bien jouer mon rôle dans le film *Full House*, mais à la tombée de la nuit mon cœur est en feu. Je suis constamment l'actualité et les commentaires des médias internationaux sur la situation au Sud Vietnam. C'est triste d'entendre les mêmes nouvelles des ces organisations qui disaient que l'effondrement du Sud n'est qu'une question de temps. En d'autres termes, aucun miracle ne pourrait sauver le Sud.

Chaque nuit, toujours les yeux rivés sur la télé, témoin du chaos et de la mort au centre Vietnam! Des cadavres sur la rivière Ba. Quand la population et les soldats reçurent l'ordre de se retirer de Pleiku, de fuir vers Tuy Hoà en franchissant la rivière Ba, ils furent pilonnés par des tirs d'artillerie communiste.. Je recevais des télégrammes de la famille à Saigon ou de mes enfans à Toronto, tous avec un seul message pressant m'exhortant à revenir à Toronto auprès des enfants. Surtout, ne reviens pas à Saigon."

Même mon mari, et mon beau-père m'encourageaient à partir pendant que mon passeport diplomatique est encore valide.

Le dernier jour du tournage, j'ai coupé le ruban pour inaugurer le tout nouveau Cinéma de Singapour et j'ai assisté à un banquet d'adieu organisé par le studio. Puis je m'embarquai précipitamment sur le vol Singapour-Saigon, le 17 avril 1975. Le vol était vide. J'étais le seul passager à revenir à Saigon alors que des millions de personnes se bousculaient pour trouver leur chemin hors du pays. Un member de l'équipage a déclaré qu'il s'agissait d'un vol d'urgence pour récupérer le personnel diplomatique et les expatriés quittant Saigon. De retour à Tân Sơn Nhất, j'ai été obligée de convertir en monnaie vietnamienne toute les recettes en dollars que j'ai reçues pour le tournage de trois films, deux en Thaïlande et un à Singapour, J'ai donc ramené à la maison un sac de piastres vietnamiennes. Voyant cela, Tế et mon beau-père ont crié jusqu'au ciel parce qu'ils m'avaient dit de ne pas retourner au pays, et de garder les dollars...

En revenant à Saigon, chaque heure, et non pas chaque jour, je voyais Huế, Đà Nẵng Qui Nhơn, Nha Trang, Cam Ranh, Phan Thiết, Bình Tuy et Long Khánh tomber successivement. Saigon devient de plus en plus paniqué, fou dans le désespoir. Des foules ont déversé, des gens de toutes tailles et formes venus de toutes les régions ont afflué vers la ville, tandis que les habitants de Saigon et des dizaines de milliers d'autres personnes se sont précipités pour se frayer un chemin d'évasion. Les rues étaientt bondées de monde, tout le monde était pressé, soucieux de se retrouver, de trouver une issue. Des motos de toutes sortes, des cyclos, camions, des convois militaires. pris de panique... couraient de long en large.

Les rumeurs ont de nouveau prévalu. Il va y avoir des négociations entre le Nord et le Sud pour mettre fin à la guerre. Il y aura un gouvernement de réconciliation, mutuellement et internationalement reconnu. La région centrale sera la zone tampon. Le gouvernement français ramènera l'empereur Báo Đại, etc.

C'est aussi le moment où je pense à mon père et mon frère Lân. Si les rumeurs s'avèrent vraies, j'espère bien les revoir. En même temps, c'était aussi l'époque où les appels téléphoniques de mes enfants au Canada ne cessaient de me presser de quitter le Vietnam, de quitter Saigon, au plus vite. Je sais que parce qu'ils vivent au Canada avec la famille de Hòa et Mão que mes enfants sont plus au courant des nouvelles les plus récentes et précises.

Même mon beau-père et mon mari m'ont exhorté à quitter le pays immédiatement par tous les moyens alors que mon passeport diplomatique reste encore valide pour me permettre de partir à tout moment ! J'étais déchirée, tourmentée, confuse entre rester et partir !

Tant que mon mari, mon beau-père et la belle famille sont toujours restés à Saigon. comment puis-je m'envoler tranquillement vers Toronto? Quoi qu'il en soit, mes enfants sont dans un endroit plus sûr. L'histoire de la vie et de la mort se cachent dans chaque minute, pas sur les têtes de mes enfants mais sur mon mari, mon beau-père, la servante Sâm et les autres membres de ma belle famille.

Dans mon esprit, l'image d'une fille de 16 ans qui a soudainement perdu son père, impuissante et effrayée dans la situation où le pays était divisé en 1954, m'est revenue comme un éclair pour m'aider à me réveiller. Je veux dire que c'est mon image il y a 21 ans, une nuit à l'aéroport de Hanoï, qui m'a montré le chemin que je devais parcourir, le devoir que j'avais à accomplir, même si j'ai dû payer un prix très lourd pour cette décision, souffrant tant mentalement que physiquement, avoir à rompre avec la belle famille pour partir à cause des trois jeunes enfants. Je ne peux pas les laisser orphelins dans des pays étrangers, paniquer à l'idée de perdre leurs parents comme j'ai perdu mon père, dès que Saigon tombe, et change de propriétaire, une nouvelle page va être tournée.

Grâce à l'insistance de ma famille et surtout à l'aide dévouée de mon ami proche, M. Nguyễn Xuân Thu, directeur adjoint d'Air Vietnam. En plein couvre-feu de nuit, le chauffeur d'Air Vietnam avec une voiture battant un pavillon VIP m'a amenée à l'aeéoport. Quand j'y étais arrivée. M. Thu a dit qu'il va y avoir un dernier vol d'Air Vietnam vers les Philippines demain matin, il va s' arranger pour que le personnel vienne me chercher et s'occuper de tout à mon arrivée.

L'aéroport de Tân Sơn Nhất est bondé de monde, la plupart d'entre eux sont des femmes et des enfants vietnamiens qui suivent leurs maris et pères pour aller à l'étranger ou pour leur dire adieu.. Des sanglots. des cris et les derniers mots de recommandation résonnèrent partout dans l'aéroport.

Le matin, alors que l'avion était sur le point de décoller, l'aéroport fut bombardé et la scène devint chaotique. M. Thu m'a ramenée dans la salle VIP d'Air Vietnam. Pas un seul avion avait décollé ce jour-là. Il faut attendre toute la nuit dans l'air étouffant jusqu'au lendemain matin. Thu m'a laissée assise là et s'affairait pour s'occuper d'autres choses, quand il était revenu il me disait: "D'accord, dépêche-toi! N'apporte rien! Il y avait un vol de la Panam qui transportait le personnel civil et militaire américain quittant Saigon. Je m'empresse de sangler mon sac à main autour du cou.

Me tirant sur la piste, me poussant dans l'avion bondé, Thu m'a suivie et s'est débrouillé pour me trouver un de ces sièges réservés pour de le personnel de cabine au fond, à côté des toilettes. Il m'a tenu la main: "Chinh, vas y". J'ai regardé Thu se diriger vers l'avant de la cabine. Avant que je puisse lui demander la destination du vol, Thu était ressorti dehors quand la porte de l'avion se refermat, Cher Nguyễn Xuân Thu! Merci Thu. Après tout, je me bien suis embarquée sur le dernier vol au départ de Saigon.

Juste la semaine dernière, j'étais retournée à Saigon avec un sac rempli de dollars américains (même si tout a finalement été converti en monnaie vietnamienne), mais le jour de mon départ, je n'avais rien à emporter avec moi, sauf un petit portefeuille, quelques dizaines de dollars qui me restaient, un carnet d'adresses avec des numéros de téléphone et un passeport.

Je me demande si le destin ne se répète pas, mais 21 ans auparavant, j'étais toute seule aussi quand je quittais Hanoi. Cette fois, je quitte le Vietnam, mon pays d'origine, pour commencer ma vie d'artiste en exil, hors de mon pays natal !

Les jours sombres

En avril, ou exactement le 30 avril 1975, le gouvernement de la République du Vietnam du Sud s'était vraiment effondré. C'était le jour où les communistes nord-vietnamiens ont fait défiler leurs premières colonnes de chars sur l'avenue Thống Nhất à Saigon. L'un d'eux défonça le portail en fer forgé du Palais de l'Indépendance après que le général Dương Văn Minh ordonnat à toute l'armée sud-vietnamienne de déposer leurs armes, en attendant de remettre le Sud au gouvernement du Nord.

Mais avant cela, il y avait de nombreuses rumeurs sur des solutions politiques pour le Sud. Ce qui donne l'espoir à beaucoup de gens. Les deux rumeurs les plus répandues sont:
Couper une partie des terres du Centre et transformer en zone tampon pour que les factions belligérantes du Sud aient assez de

temps pour négocier avant d'arriver à un choix final par referendun, pour voir si les Sudistes préferent la neutralité au lieu de suivre le régime communiste du Nord.

-Neutraliser tout le Sud d'ici deux ans avant de le transformer en un système politique dans lequel les habitants du Sud ont le droit de décider.

C'est l'une des principales raisons pour laquelle certaines gens ne sont pas pressées pour partir et qui n'ont pas pensé à préparer leur départ ! En fin de compte, en plus des centaines de milliers de fonctionnaires et de soldats de l'ancien régime de la République du Vietnam, qui ont dû aller en prison de rééducation, des millions d'autres s'échappèrent par voie maritime, dont certaines seront englouties à jamais au fond de la mer. Même sans statistiques officielles fiables, la Croix-Rouge Internationale et le Haut-commissariat de l'ONU aux Réfugiés, estiment qu'il ne s'agit pas moins d'un demi-million de personnes naufragées..

En raison du nombre de compatriotes du Sud qui ont risqué leur vie pour quitter le pays, pour la première fois dans l'histoire des réfugiés mondiaux, l'appellation "Boat People" est né. Elle désigne les Vietnamiens qui ont quitté leur pays par bateau, qu'ils atteignent ou non le rivage de la liberté.

Sur le plan politique, le sort du Sud-Vietnam ètait déjà ainsi réglé avec l'arrangement tacite des grandes puissances qui participaient directement ou indirectement à cette guerre de 20 ans, mais sur le plan social il n'y avait pas encore, au début de 1975, de signes de sérieuses perturbations, notamment à Saigon ou dans d'autres grandes villes.

Je me souviens du Nouvel An lunaire de 1975 qui, comme toujours était accueilli par le peuple avec la même joie, le même espoir et la même prière pour le bonheur et les bonnes nouvelles, comme le veut cette tradition qui existe depuis des millénaires.. Parallèlement, après le succès du Festival du film d'Asie de 1973 à Saigon, l'industrie cinématographique vietnamienne a elle aussi dépassé ses premiers balbutiements pour prendre son essor vers des nouvelles ambitions.

Je voudrais dire que le développement ou la maturité du cinéma vietnamien à cette époque se caractérise par la naissance rapide et continue des films vietnamiens, qui sont créés par des producteurs, réalisateurs et acteurs vietnamiens. Je me souviens, au milieu de l'effervescence, la plupart des cinémas, grands et petits de Saigon, ont joyeusement ouvert leurs portes pour accueillir la croissance du cinéma vietnamien à cette époque, qui était aussi l'époque la plus exaltante et la plus occupée de ma carrière professionnelle.

Après deux films dans lesquels j'ai été invitée à jouer le rôle principal féminin de deux studios asiatiques, tournés en Thaïlande, à partir de fin février 1975, j'ai eu un contrat pour tourner *Full House* à Singapour. Février 1975, est pour moi le premier mois d'une année avec tant de choses à faire, des films à jouer et des projets de nouveaux films avec Hoàng Vĩnh Lộc, le réalisateur que j'admire beaucoup, sans compter les affaires familiales à régler et le projet de voyage au Canada pour visiter mes enfants qui étudient à Toronto.

Le premier jour du Nouvel An lunaire, le 11 février 1975, après avoir célébré le Nouvel An en famille, il y avait une réunion pour célébrer le Têt chez Alpha Films, avec l' Association du Cinéma du Vietnam. À cette occasion, M. Thái Thúc Nha, propriétaire d'Alpha Films, m'a rappelé:

"Madame la présidente doit bientôt songer a inviter des acteurs étrangers au 'Vietnam Cinema Day VII en août 1975."

En rétrospective, je n'avais plus à me préoccuper du "Vietnam Cinema Day VII" prévu pour août 1975. tout simplement parce qu'alors le Sud-Vietnam n'était plus.

De la prison de Singapour à Toronto

Dès l'atterrissage de l'avion à l'aéroport de Singapour, d'où je venais de partir il y a une semaine, j'ai été escortée par la police jusqu'à... la prison, à cause de mon passeport diplomatique, qui a été délivrée par un gouvernement jugé invalide, le président Nguyễn Văn Thiệu ayant démissionné. Dans la prison, mon cœur était confus, je me suis assise recroquevillée pendant la nuit parmi toutes sortes de gens, le matin quand je suis allée aux toilettes, j'ai vu un gardien de prison lire la *Female Magazine*, avec la photo d'ume actrice sur sa couverture. C'était moi: Kiều Chinh . (La revue avait publié un article et une photo de moi en train d'être interviewée après le tournage de *Full House*).

Folle de joie, j'ai dit au gardien que j'étais la femme sur la couverture qu'il regardait... "Aidez-moi s'il vous plaît., je dois passer un coup de fil". Il m'a regardé de la tête aux pieds, puis est retourné à la lecture de la revue, sans dire un mot.

Quand je suivais le groupe de prisonniers dans la zone réservée à leur toilette, j'ai compris la raison pour laquelle ce geôlier ne pouvait pas faire un rapprochement entre moi et une une actrice. Comment une femme perdue et échevelée pourrait elle être une actrice dont la belle photo est apparue sur la couverture d'une célèbre revue féminine de Singapour . Même sans trousse de maqullage **à** portée de main, j'essaie toujours de me lisser les cheveux et de réarranger mes vêtements pour être plus présentable.

De retour, je suppliais le gardien de rouvrir le magazine. "Si vous revenez à la page centrale du magazine, vous verrez que la personne sur la photo c'est moi. Il ouvrit la page du milieu de revue. Il y avait une très grande photo de Kiều Chinh sur les deux pages, portant un áo dài vietnamien traditionel. À ce moment-là, il a clairement vu que la personne sur la photo était la même que la prisonnière.

Il a hoché la tête et m'a permis de téléphoner à l'ambassade sud-vietnamienne. Grâce au soutien dévoué de l'équipe du film Full House ainsi que de l'ambassadeur Trương Bửu Điện, j'ai été libéré de prison, à condition que je quitte Singapour dans 48 heures. Pendant toute la journée de course et de course, avec la situation du Sud-Vietnam à cette époque, aucune ambassade d'un pays à Singapour m'a accordé de visas d'entrée. Ils m'ont expliqué que Saigon tomberait à tout moment, et que le seul moyen dans cette situation désastreuse était pour moi de prendre un billet d'avion, de voler d'est en ouest et d'attendre que Saigon change officiellement de mains.

L'avion atterrissa

Après quatre jours et trois nuits à vivre en plein ciel, depuis Singapour, Bangkok, Hong Kong, la Corée du sud, Tokyo, Paris, New York, Toronto... mais entre les vols ce sont des moments d'attente anxieuse dans les salles d'attente des aéroports., buvant de l'eau des robinets publiques, mangeant des morceaux de pain rassis, rabiot des repas pris dans l'avion, avec seulement quelques dizaines de dollars restant dans ma main. Arrivée à Tokyo, j'ai appelé ma soeur aînée Tinh pour lui informer de l'arrivée de mon vol à l'aéroport Charles de Gaulle. Pendant que je volais dans le ciel, au sol, ma soeur Tinh était déjà assise dans un train de Marseille en direction de Paris.

À Paris, nous avons enfin pu nous voir à travers la paroi de verre. Elle m'a fait signe d'aller là où se trouvait le téléphone. Au téléphone, elle a crié: « Saigon est sur le point de mourir. Tu vas juste rester ici et attendre. N'aie pas peur, avec moi et notre oncle Nghi, je m'occuperai de tout pour toi, et ensuite tu amènera les enfants ici..."

Je la regardai en secouant la tête. Les deux soeurs appuyèrent leurs mains contre la cloison de verre, les larmes aux yeux. Je n'ai pas écouté le conseil de Tinh de rester à Paris jusqu'à ce que la situation dans le Sud change et ensuite je demanderais l'asile.

Je lui ai tourné le dos et j'ai continué à monter dans l'avion pour le reste de mes vagabondages.

De New York, j'appelais mes enfants à Toronto.

À 18 heures précises le 30 avril 1975, l'avion a atterrissa à l'aéroport de Toronto. Tenant mes enfants dans les bras, mon cœur se resserra lorsque j'ai appris la nouvelle de la chute de Saigon.

J'étais devenue le premier réfugié vietnamien à Toronto, au Canada.

LES PHOTOS
DE LA DEUXIÈME PARTIE
Sài Gòn, 1954-1975

La première photo a été prise au Sud-Vietnam; avec Nguyễn Chi-Hiếu sur la rue Catinat, Sài-Gòn.

Chinh et Tế après le mariage

Kiều Chinh et Tế avec leurs trois enfants

Avec mes enfants, de gauche: Mỹ-Vân, Cường, Hùng.

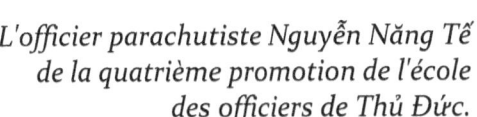

L'officier parachutiste Nguyễn Năng Tế de la quatrième promotion de l'école des officiers de Thủ Đức.

La famille avec mon beau-père, M. Nguyễn Đại-Độ, sur le balcon de la maison du complexe résidentiel Lữ-Gia à Sài-Gòn.

Photo de famile: Tế, Chinh et enfants: Mỹ Vân, Hùng, Cường, sur le balcon de la maison Lữ-Gia à Sài-Gòn.

A l'aéroport de Tân Sơn Nhất, Saigon, pour dire au revoir aux enfants qui partent à l'étranger pour faire des études

Carrière cinématographique dans la période à Sài Gòn

Premier rôle au cinéma en tant que nonne bouddhiste, Như-Ngọc, dans le film « Les cloches de Thiên-Mụ » réalisé par Lê Dân.

Kiều Chinh et Lê Quỳnh dans le film "Hồi Chuông Thiên Mụ"

Époque de Saigon, avec « áo dài » et chapeau conique.

Affiche de « A Yank in Vietnam » tournée au Việt-Nam avec l'acteur/réalisateur Marshall Thompson.

Avec Burt Reynoldsdans le film "Operation CIA" tournée en Thái Lan, 1964

Affiche du film "Destination Việt Nam"

Le ministère philippin de la Défense accueille les acteurs du film "Destination Vietnam": Leopoldo Salsedo et Kiều Chinh dans un défilé en Jeep découverte dans les rues de Manille.

Paramount a tenu une conférence de presse et un dîner de gala à l'hôtel Hilton de Manille, aux Philippines, en 1968 pour le film "Destination Vietnam". (Kieu Chinh est au milieu de la photo)

Kiều Chinh en "áo dài" original

Sài Gòn, 1954-1975 | 147

Présentation d'un "ao dài" moderne à col bateau au premier défilé de mode organisé à Saigon, à l'occasion de l'inauguration du Centre d'Artisanat au début des années soixante. Mme. Ngô Đình Nhu a coupé le ruban pour inaugurer le Centre. À cette occasion, elle avait choisi de porter ce Áo Dài sans col. Depuis lors, il est connu sous le nom de "Áo Dài de Mme Nhu".

Avec le meilleur acteur du cinéma japonais, Toshiro Mifune au Festival du film de Kyoto en 1964.

Kieu Chinh avec le président Chiang Kai-shek au Festival du film asiatique de Taïwan en 1965.

*Kieu Chinh et l'acteur américain William Holden
au Festival du film Asie, Taïwan.*

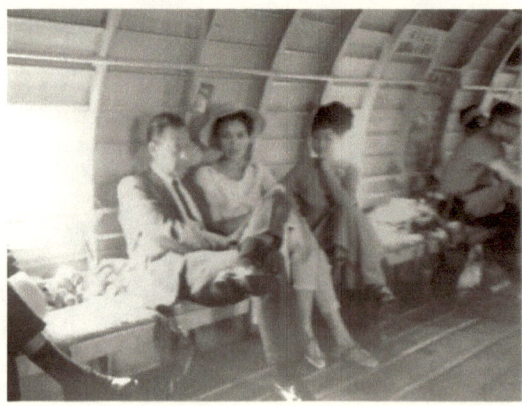

*William Holden, Kieu Chinh et Kim Hue Thai Thuc Nha sur le vol
"fatidique" pour visiter l'île de Quimoy, Taiwan
(Merci à la famille de Thai Thuc Nha et à sa fille Elizabeth Giang Tien
pour pour ces rares photos).*

Kieu Chinh au Festival du film asiatique.
L'acteur William Holden se tient sur la droite.

De gauche à droite: Mme My Van, Tham Thuy Hang,
Mme Thai Thuc Nha, Kieu Chinh
et M. Thai Thuc Nha au 11ème Festival du film asiatique à Taïwan

Photos publiées dans la presse locale: Run Run Shaw accueille Kieu Chinh à Hong Kong, pour la présenter aux célèbres réalisateurs et acteurs du studio Shaw Brothers'

Le Quynh et Kieu Chinh au Festival du film de Berlin, Allemagne Assis au bout de la rangée se trouve l'acteur français Jean Marrais.

Avec l'acteur américain Glenn Ford lors de sa visite à Saigon.

Affiche du film De Saigon à Dien Bien Phu. En haut à gauche est l'acteur Doan Chau Mau. A côté se trouve Kieu Chinh. En bas, également à gauche est l'actrice Tham Thuy Hang.

En uniforme d'hôtesse de l'air d'Air Vietnam dans le film « De Saigon à Dien Bien Phu » de My Van Phim.

Kiều Chinh dans une scène du film *De Sài Gòn à Điện Biên Phủ*. Une image emblématique du Sài Gòn d'antan: Áo dài, parasol et cyclo-pousse.

Affiche du film Chiếc Bóng Bên Đường, 1973.
De gauche à droite: Thành Được Kiều Chính, Kim Cương

Affiche du film indien The Evil Within

Une scène avec l'acteur indien Dev Avnand dans le film
The Evil Within.

Sài Gòn, 1954-1975 | 159

De gauche à droite: le réalisateur Rolf Bayer. Les acteurs Dev Avnand et Kieu Chinh sur le lieu de tournage The Evil Within, *Inde.*

Kieu Chinh dans le rôle d'une princesse indienne, film The Evil Within. *À cheval, elle attend l'exclamation "Action!" du réalisateur du film* The Evil Within.

Kieu Chinh dans le rôle d'une princesse indienne, film The Evil Within, 1970.

Une scène du film "Người Tình Không Chân Dung" réalisé et produit par le studio de cinéma Giao Chi de Kieu Chinh.

*Kiều Chinh dans le film "Người Tình Không Chân Dung".
Realisé par Hoàng Vĩnh Lộc.*

*Kiều Chinh et Vũ Xuân Thông dans le film
"Người Tình Không Chân Dung"*

*Kiều Chinh et Minh Trường Sơn dans le film
"Người Tình Không Chân Dung"*

Le réalisateur Hoàng Vĩnh Lộc et les acteurs du film "Người Tình Không Chân Dung" sur la scène du théâtre REX de Saigon le jour de la sortie du film.

Kiều Chinh, étreignant les deux prix décernés par l'Asian Film Festival au film Người Không Chân Dung (L'amant sans visage), monte à bord d'un avion pour Saigon.

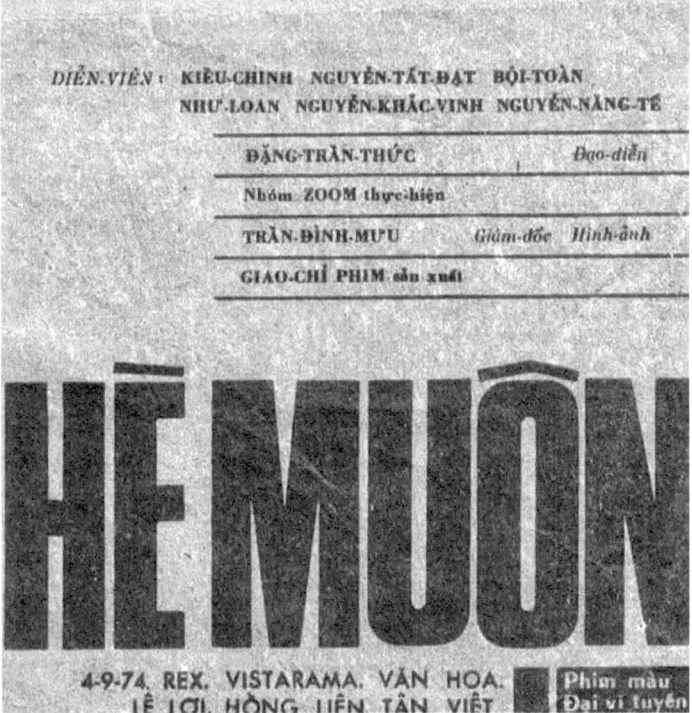

Affiche du film "Hè Muộn" du réalisateur Đặng Trần Thức. Il s'agit de la deuxième production de Giao Chỉ Film Studio.

Le président Nguyễn Văn Thiệu remet le prix de littérature et d'art à Kieu Chinh (réalisateur Thái Thúc Nha, à gauche de Kieu Chinh).

Sài Gòn, 1954-1975 | 167

En robe de soirée lors d'une réception pour le film Full House, étant le dernier film produit avant 1975, à Singapour.

Couverture du magazine féminin (Singapour). Avril 1975

TROISIEME PARTIE
L'Exil

La première réfugiée

Depuis 1965, alors que la guerre du Vietnam entrait dans une phase féroce, de nombreux artistes d'Hollywood étaient venus à Saigon pour rendre visite aux soldats américains sur le champ de bataille et leur apporter un soutien moral, dans le cadre des tournées organisées par l'USO (United Service Organization). À ces occasions, certains de ces grands noms à la télévision, dont Danny Kaye, Johnny Grant, The Hank Snow Band, Glenn Ford, Diane McBain, Tippi Hedren, etc... étaient invités aux interviews avec "Kieu-Chinh Talk Show".

Dix ans plus tard, fin avril 1975, quelques jours avant la chute de Saigon, j'étais sur le dernier vol quittant l'aéroport de Tân Sơn Nhất, affolée, n'emportant rien d'autre qu'un sac à main sanglé autour du cou, avec seulement un passeport, un petit carnet d'adresses et de numéros de téléphone, et quelques dizaines de dollars qui me restaient. Ma situation est celle d'une sans-logis apatride! Et le seul moyen, dans ma situation difficile et ironique alors, quand je suis montée dans l'avion, c'était pour un vol... d'attente.

Les mains vides, après plusieurs jours à errer dans les nuages, j'atterrissai à l'aéroport de Toronto à 18 heures précises le 30 avril 1975. J'étais la première réfugiée vietnamienne à demander l'asile politique au Canada, un pays paisible. Je me souviens encore lors des formalités d'immigration à l'aéroport, un officier, en apposant un tampon sur mon passport, me disait "Bienvenue! Vous êtes la toute première réfugiée vietnamienne à Toronto!".

Après avoir rempli les formalités de demande d'asile, j'étais revenue avec mes enfants à la maison de leur oncle Hòa.. Comme il a été déjà mentionné, l'oncle Hòa, c'est-à-dire le Dr Dương Như Hòa, était un scientifique et dirigeait le Centre d'énergie atomique à DaLat vers la fin de la Première République (au Vietnam), et Mme Hòa, c'est-à-dire Chị (soeur aînée) Mão, est la propre soeur de Tế. Depuis l France Hòa et sa femme étaient revenus à Saigon pour travailler. Après, ils ont déménagé au Canada aussi à cause du travail. Ainsi parce que Hòa et Mão sont au Canada, nous avons décidé d'envoyer nos trois enfants, Mỹ Vân Hoàng Hùng Tuấn Cường là-bas au début des années 70 pour étudier. Les Hòa-Mão sont cinq dans la famille, eux deux et trois enfants, deux filles et un garçon, Duyên, Mai et Thế. Nous quatre, une mère et trois enfants, sommes logés temporairement dans un petite mansarde. Je regardais la télé chaque jour pour avoir des nouvelles de Saigon. Flétrissant dans les viscères et m'inquiétant sur le sort de mon beau-père et celui mon mari qui étaient toujours coincés là-bas, j'avais à épauler trois enfants immatures, sans ressources financières. Mon avenir est sombre.

D'une professionnelle avec des contrats de cinéma presque partout en Asie du Sud-Est, je passai au chômage comme ça, du jour au lendemain. Tout avait soudainement disparu! Sans avenir!

Je me souviens qu'un matin de mai, alors qu'il faisait encore froid en Amérique du Nord avec des vents glacials, je me suis rendue au Département des Affaires Sociales de la ville (appelé Welcome House), demandant un emploi. Ici, on m'a donné un vieux manteau et 75 Dollars canadiens.

Lors d'un entretien à la salle de recherche d'emploi. l'employée responsable m' a demandé: "Quelle est votre profession?"

J'ai répondu: "Je suis une actrice de cinéma"

Elle me regarda timidement, me dit rapidement quelque chose comme pour atténuer la dure réalité de la situation: "On ne fait pas de casting ici!" (Nous ne recrutons pas d'acteurs ici), puis a pointé un tableau répertoriant les emplois de la journée. Elle a précisé que les offres marquées d'un "X" sont celles qui ont été déjà prises.

Je jetais un coup d'œil rapide et ai remarqué que les tâches relativement légères, adaptables à ma force physique ont été déjà prises. Sur le tableau à la dernière ligne, je ne vois que "nettoyage des poulaillers" avec un salaire de 2,25 dollars de l'heure. Sans autre choix, j'ai dû accepter le "nettoyage des poulaillers!"

Afin de respecter l'horaire de travail qui commence à 6 heures du matin, je dois me lever très tôt. A cinq heures, alors que les enfants dormaient encore, je sortis de la maison et prenais le train de banlieue pour Salboro. Quand j'arrive, le personnel responsable me donnait des bottes en caoutchouc qui montent jusqu'aux genoux, un imperméable épais qui couvrait mes bottes, un masque qui couvrait la majeure partie de mon visage... puis m'a conduit à un endroit où se trouvent d'énormes fontaines d'eau. Ce ne sont pas des tuyaux souples d'arrosage en caoutchouc, mais de gros robinets lourds, presque comme des bouches d'incendie pour camions de pompiers. Lorsqu'on ouvre une "bouche d'eau", la pression augmente immédiatement à tel point que, si l'on ne fait pas attention, la force du robinet lourd vous fera tomber en avant. Pour éviter de tomber, on doit avoir les pieds fermement plantés au sol. Pour se déplacer il faut soigneusement faire chaque pas, tenir fermement le tuyau, puis pulvériser de l'eau dans chaque coin du poulailler, en poussant le fumier sur un côté.

C'était un travail de huit heures par jour: s'habillant selon les exigences du travail, ouvrant le robinet, passant le tuyau sur son épaule, tendant ses poings dans sa main pour balancer l'arroseur. afin de ne pas manquer un seul point du poulailler.

L'immense élevage de poulets pue l'odeur du fumier, qui une fois remué par l'eau d'arrosage, monte fortement et se précipite tout droit dans les narines jusqu'à causer la nausée et le vertige.

Chaque jour qui passe est un jour où ma santé se détériore. La fatigue du travail n'en est qu'une partie, l'autre est dûe au fait que mon esprit est toujours dans un état d'insécurité et d'anxiété. Peut-être que si je ne dis pas bientôt au revoir au "monde des... poulets", il ne faudra pas longtemps avant que l'élevage de poulets lui-même ne me jette dans son tas de fumier.

Trois semaines plus tard, j'étais ravie d'apprendre que mon mari, Tế s'était échappé sur un bateau et était arrivé à Guam. Il est parti seul dans des circonstances difficiles, incapable d'amener son père avec lui. La vision de M. Độ avait beaucoup baissé. Il s'est aussi retrouvé coincé avec Sâm, qui s'occupait auparavant de la petite Mỹ Vân. C'était si douloureux que père Độ était coincé là-bas. Les formalités sont entamées dans le cadre du programme de réunion des familles, pour le parrainage de Tế qui va venir au Canada afin de nous retrouver. Ce serait une occasion dont ni Tế ni moi envisagions la possibilité. Bien que la famille soit réunie, le cœur est triste car le vieux père est toujours coincé à Saïgon.

Les premiers pas vers Hollywood

La famille est réunie, je dois penser à l'avenir. Je ne peux pas rester éternellement chez les Hòa-Mão, je ne peux pas aller chercher du fumier de poulet pour toujours non plus! J'ai décidé de "rompre avec l'élevage de poulets". Avec tout l'argent que j'ai gagné pendant les jours de nettoyage de l'élevage des poulaillers, j'ai passé un appel téléphonique longue distance aux États-Unis, demandant de l'aide aux anciens collègues.

Le première personne que j'ai appelée était Burt Reynolds, l'acteur avec qui j'ai joué dans *Operation CIA*. Pas de contact!

La deuxième personne: Glenn Ford, pas de contact!

La Troisième personne: William (Bill) Holden. pas de contact non plus. Heureusement, l'ex-femme de Bill a répondu en disant que Bill et elle étaient divorcés, mais elle m'a donné le numéro de téléphone de l'agent de Holden, m'a dit de l'appeler car il aurait certainement ses coordonnées. Folle de joie, j'ai immédiatement appelé l'agent qui m'a dit que Bill faisit de la chasse en Europe et ne reviendrait pas avant un mois!

Avec seulement 15 dollars qui restent, je me suis aventurée à appeler une personne que je n'avais rencontrée qu'une seule fois, il y a dix ans lorsqu'elle était invitée à mon talk-show télévisé de 1965 à Saigon. Il s'agit de l'actrice Tippi Hedren, qui a joué dans le film d'horreur *Les Oiseaux* du célèbre réalisateur Alfred Hitchcock. Ce n'était qu'une dernière tentative d'appel téléphonique, avec des pièces d'argent gagnées avec le dernier travail acharné, dans le mince espoir d'une bonne chance qui changerait ma vie.

Quand la voix à l'autre bout du fil disait: "Tippi à l'appareil. C'est de la part de qui?", j'étais vraiment surprise. Touchée jusqu'aux larmes de joie ou de tristesse (ou les deux) qui coulèrent rapidement sur mes joues et lèvres. J'essayais d'articuler chaque mot pour que Tippi sache qui jétais, "Tippi, Kieu Chinh. Kieu Chinh ici, actrice vietnamienne. Saïgon, Vietnam. Vous souvenez-vous de moi?"

"Je me souviens de toi, oui je me souviens de toi. Oh mon Dieu, Où est Chinh?"

"Je ne peux pas parler davantage! Je n'avais plus d'argent! Veuillez rappeler ce numéro..."

"Ne pleure pas! Ne pleure pas! Tippi rappellera. Tout va bien se passer!"

Trois jours plus tard, j'ai reçu un télégramme de Tippi avec une lettre et un billet d'avion de Food For The Hungry. Le télégramme indiquait clairement "invitant l'actrice Kieu Chinh à venir aux États-Unis pour assister à la cérémonie d'inauguration du camp Hope (Espoir) Village de Sacramento: le premier centre d'immigration pour les réfugiés vietnamiens aux États-Unis" Le mot "actrice" dans le télégramme m'a reveillée pour me rappeler qui j'étais. En fait, c'était juste un prétexte pour demander un visa d'entrée aux États-Unis.

Sur le vol Toronto-Sacramento, je me suis souvenue de ma première visite aux États-Unis en 1968 (pour un projet de film sur la vie du docteur Tom Dooley), où je rencontrais les artistes du monde entier dans la splendeur de Hollywood. J'ai été invitée à la première de Doctor Zhivago, un film réalisé par David Lean, basé sur le roman du poète Boris Pasternak. Le film avait reçu cinq Oscars. Lors de l'after-show au 20th Century Fox Studio, l'acteur Omar Sharif, qui interprète le Docteur Zhivago, m'a invitée sur la piste de danse. J'ai aussi rencontré Adam West, célèbre dans le rôle de Batman. Des images de splendeur pétillèrent dans mon esprit.

L'avion a atterri à l'aéroport de Sacramento alors qu'il faisait déjà sombre et assez froid. Tippi m'a attendue comme si elle était là depuis longtemps. Nous nous sommes embrassées. Pleurs, rire. joie, contentement et apitoiement, je ne sais pas comment décrire mes sentiments à ce moment-là. Dans l'étreinte de Tippi, je me sentais comme un jeune soeur perdue qui, après tant de déboires, a été réunie dans les bras aimants d'une sœur aînée. En même temps, je me sentais allégée comme si quelqu'un m'avait donné des ailes. Je monte, monte et monte dans le ciel plein d'espoir et de félicité d'être revenue à la vie.

Lâchant prise, la première chose que Tippi m'a demandé c'était où sont les bagages? J'ai secoué la tête, en disant seulement ceci "Un petit sac en tissu (portant deux ensembles de vêtements) sur des épaules qui ne sont pas très vieilles, mais se sentent trop fatiguées". Tippi me serra fort la main. Je comprends cette poignée de main partagée dans ma situation de sans-abri, de chômeur et de mains vides!

Camp Hope Village était autrefois un grand hôpital, occupant une colline déserte, loin du quartier résidentiel. En 1975, l'hôpital a été libéré, devenant un abri temporaire pour accueillir plus de 500 familles vietnamiennes qui s'installent en Californie pour la première fois. Le camp est géré par l'association caritative Food for The Hungry, dont le président est le Dr. Larry Ward. Tippi Hedren est la vice-présidente du bénévolat.

Après un long vol avec beaucoup de stress et d'émotion, ce soir-là, je m'étaiss endormie facilement. Le lendemain matin, dimanche, une simple cérémonie d'inauguration de Hope Village aavait eu lieu avec la participation des milliers de réfugiés vietnamiens aux États-Unis. La cérémonie a commencé par une cérémonie solennelle de salut au drapeau. Après plusieurs jours de désorientation, ne sachant plus qui je suis, où je suis, c'était la première fois que je voyais le drapeau de la République du Vietnam sur le sol américain. On jouait l'hymne national, et après le salut au drapeau américain, le drapeau jaune à trois bandes rouges a été lentement hissé. Tout le monde s'est levé et l'a chantée. Certains se sont mis au garde-à-vous, levant la main en guise de salut militaire, même si à ce moment ils s'habillaient en civil. Ce sont les soldats de l'ARVN (Armée de la République du VietNam) qui ont dû quitter leurs camarades. L'hymne national a soudainement retenti un matin sur la colline d'un pays étranger, devant le drapeau national vietnamien, qui est soudainement apparu comme par miracle, comme dans un rêve, rendant de nombreuses personnes incapables de retenir leurs larmes. J'étais une de ces personnes là.

À la fin du salut au drapeau, on m'a demandé de monter sur une estrade de fortune en bois pour prononcer quelques mots. Je me souviens avoir dit: "Bienvenue à mes compatriotes et merci, Amérique. Merci aux Américains de nous avoir accueillis à bras et à cœur ouverts dans cette partie du monde pour l'accepter comme notre nouvelle patrie"

Parmi les invités présents à la cérémonie d'ouverture de Hope Village, j'ai vu le général Chức, le lieutenant-colonel Đỗ Ngọc Yến. Parmi les personnes que j'ai connues auparavant, j'ai vu le dentiste Nguyễn Bá Khuê, la journaliste Đỗ Ngọc Yến, l' écrivain

Trùng Dương, Les journées au camp de réfugiés de Hope Village, pour se reconnaître, pour se rencontrer avec joie et tristesse, pour se tenir la main dans une situation d'impuissance, sans toutefois connaître le lendemain, sont pour moi des souvenirs inoubliables.

Après l'inauguration, je suis restée au camp avec Tippi, travaillant tous les jours pour fournir des repas aux réfugiés, nettoyer la cuisine, distribuer des couvertures et des vêtements, travailler comme interprète et aider à remplir des papiers pour les réfugiés et parler anglais, etc. L'un appelait, l'autre criait, j'ai passé des journées extrêmement chargées, mais je considérais aussi ces premiers jours comme très signicatifs au début de mon existence de réfugiée.

Quand nous quittions Hope Village, Tippi m'a amenée chez elle pour un séjour temporaire. Chaque jour, elle me conduisait vers des agences d'immigration pour remplir les formalités de son parrainage, me permettant de rester aux États-Unis.

À cette époque, la fille de Tippi, Melanie Griffith (actrice dans Working Girl nommée aux Oscars) venait d'emménager avec son petit ami, l'acteur Don Johnson, alors sa chambre chez Tippi était mise à ma disposition. Je vivais là avec Tippi et portait ses vêtements. C'était aussi Tippi avec l'aide de l'acteur William Holden qui s'est occupé de ma candidature à la SAG (Screen Actor Guild), et m'a conduit aux activités du festival afin que je me familiarise progressivement avec le travail à Hollywood. À partir de là, l'un de mes premiers emplois à Hollywood a été de jouer un rôle dans l'émission télévisée M.A.S.H., avec l'acteur Alan Alda.

Quant a Bill Holden, une fois de retour, apprenant mon arrivée aux États-Unis, il m'a envoyé une grosse boîte de roses, plus d'une centaine de fleurs, avec les mots "Bienvenue en Amérique. Que ce pays soit votre demeure".

Je me souviens des premiers jours où Tippi m'a emmenée chercher une maison, elle m'a loué une "nouvelle maison" pour me préparer à accueillir mon mari et mes enfants (également parrainés par Tippi) en Amérique. C'était un appartement vide et non meublé à North Hollywood. Après avoir loué l'appatement, elle n'a pas oublié de mettre 25 dollars dans ma poche en me promettant de revenir.

Après le départ de Tippi, j'étais seule dans la maison vide, et il m'est soudain apparu clairement que j'étais impuissante et, tellement perdue. Je ne sais pas quoi faire dans ce silence froid et étouffant. J'ai compris que, finalement, je serais réunie avec mon mari et mes enfants. Mais en ce moment, je me sens esseulée, vide et nostalgique! Je n'oubliais jamais que j'avais tournée en rond, que j'avais envie de pleurer! Je continuais à errer dans la solitude d'une maison vide.

Pour sortir de cette solitude, de ce profond silence, j'ai décidé de verrouiller la porte et sortir de là. Où aller? Je ne sais pas. Il suffit de sortir tout de suite de cet appartement désert!

Comme une folle ou comme quelqu'un en mal d'amour, je faisais les cents pas d'un côté de la chambre. Enfin je vais sortir de l'apartement.. Je marchais au milieu d'une rue vaste et inconnue. J'ai marché à côté d'une voiture qui passait, sous le soleil de l'après-midi, parmi les arbres, dans le vent et la solitude. Une froideur émerge de mon for intérieur, j'ai envie de crier, j'ai envie de demander où sont mes proches? Mon père, mon frère?

Où sont mon mari et mes enfants? Pourquoi tout le monde est si silencieux en même temps?

J'ai continué à marcher comme ça et je ne savais pas quand les lampadaires s'étaient allumés? je savais simplement que mes jambes commençaient à céder et mon estomac, à crier faim. Le sentiment de lassitude m'aide à retenir un rappel cruel et résolu, "N'oublie pas! N'oublie pas, ce n'est que le début de la vie d'une artiste en exil!"

Affamée, passant devant les restaurants de haute gamme, avec des convivess assis à l'intérieur, des tables recouvertes d'une nappe blanche, je me suis rendue compte que je n'appartenais plus à ce milieu. Toute la gloire dorée du bon vieux temps avait tout d'un coup disparu.

En ce moment, d'une façon très pratique, avec les 25 dollars de Tippi, même si je le voulais, je ne pourrais pas entrer dans les restaurants chics rencontrés au long des rues! J'ai continué à marcher jusqu'à ce que je voie un restaurant McDonald's affichant sur un panneau juste à l'entrée, la photo d'un hamburger McDonald's avec des frites...et le prix était à peine supérieur à 2 dollars. Je poussais la porte d'entrée. Le restaurant est bondé et bruyant. Je faisais la queue derrière deux jeunes gens blottis l'un contre l'autre qui parlaient très vite. Ils s'embrassaient, et se comportaient comme 'il n'y avait personne d'autre dans la salle. Quand ils ont fini d'acheter, c'était mon tour de commander.

Portant un hamburger et un verre de coca sur un plateau, j'ai trouvé une petite table dans un coin du restaurant.

Depuis le jour où je suis venue en Amérique, c'était la première fois que je mangeais toute seule. C'était aussi la première fois que je mange chez McDonald's! Assise dans le restaurant, écoutant la musique de cow-boy mélangée à toutes sortes de bruits et de voix inconnus, j'ai clairement senti que j'étais poussé hors de cet espace. Je suis comme un étranger venu d'un autre monde.

Après avoir mangé la moitié du hamburger, j'avais soudainement envie de manger un bol de phở. L'image du restaurant Phở Tàu Bay (Phở Avion) sur la rue Lý Thái Tổ m'est soudainement apparue, comme si elle attendait depuis longtemps qu'on se souvienne d'elle. Je me souviens des dimanches matins, avec Tế et les enfants au Phở Tàu Bay. Les chers visages que nous voyons souvent pendant ces matins de week-end lorsque nous allons manger du phở, me manquent. C'ètait anh Đức, anh Chương, chị Tuyết.. Je me souviens avoir humé du phở, dans ce restaurant. Je me souviens aussi des sons familiers, des voix qui réclament d'avantage d'oignon mariné dans du vinaigne, ou qui se plaignent du manque de piment frais. etc. D'habitude, après avoir mangé du phở. nous nous entraînâmes dans la ruelle d'à côté pour prendre un café. En fait, l'établissement n'était pas un vrai café, juste un grand tronc d'arbre, autour duquel le propriétaire tendait une bâche servant de protection contre le soleil et la pluie. Tout est simple, de la cuisine avec une marmite d'eau bouillante aux minuscules tables et chaises en bois ou en aluminium sans dossier. Les clients ont à trouver leurs propres tables et leur propres chaises eux-mêmes s'ils ne veulent pas être "oubliés". Les cafés me manquent, délicieux! Dans l'atmosphère de la famille et des amis assis ensemble, je trouve le café encore plus délicieux. Au milieu de la musique bruyante des cowboys au McDonald's, j'ai soudainement envie d'entendre *"Tình Ca"*, une ballade d'amour, de Phạm Duy interpretée par Thái Thanh:

J'aime la langue de mon pays depuis que je suis né, Ô cher ami
Douce mère qui me berce avec des phrases lointaines
Ah ah! Berceuse de toujours
La langue de mon pays! Quatre mille ans de joie et de peine
Pleurs et rires au gré du destin de notre histoire, Oh pays!
La langue de mon pays! La voix de la mère entendue depuis
 le berceau
Enjambant des millénaires pour incarner la voix de mon
Coeur, Ô ma patrie....

En plus d'essayer d'empêcher mes larmes de couler, je me suis dit "Oh cher pays" le premier soir, perdu au milieu d'un McDonald's, en pays étranger!

Quand j'étais rentrée "chez moi", j'ai constaté qu'il y avait dans la chambre un "lit" de camp avec un matelas dessus (c'est un matelas souvent utilisé au bord de la piscine pour les bains de soleil). Le matelas est recouvert d'un drap de lin blanc surmonté d'un oreiller. Mais le plus touchant a été la tendre note que Tippi a écrite sur mon oreiller, me souhaitant "un bon sommeil et des beaux rêves".

Très tôt le lendemain, alors que je dormais encore, j'ai entendu frapper à la porte. Le premier groupe d'invités à me rendre visite était composé de femmes, dont la mère de Tippi et de vielles amies, qui ont apporté des meubles, des casseroles et des assiettes. Toute la journée a été une journée bien remplie à recevoir des invités. Après les vieilles dames, le Dr. Larry Ward est arrivé avec un gros camion chargé cérémonieusement d'un réfrigérateur, d'une table à manger, d'un lit et d'une longue vieille chaise longue. Juste un matin, mon appartement vide avait soudainement toutes les commodités nécessaires pour une petite famille. Dans l'après-midi, on a de nouveau frappé à la porte, et quand j'ai ouvert la porte, j'ai vu Tippi debout là, et je l'ai invitée à entrer.Tippi regarda autour d'elle et dit: "Chinh, disons que tout le monde est prêt pour le jour des retrouvailles de la famille".

En toute gratitude, sans dire un mot, je serrai l'épaule de Tippi. Tippi s'est également retournée, m'a serrée dans ses bras et m'a rassuréet que tout irait bien, comme Dieu l'avait prévu.

Peu de temps après, conformément aux souhaits de Tippi, Tế et trois enfants se sont rendus aux États-Unis pour une réunion de famille et commencer une nouvelle vie ensemble. Et je dois dire que depuis le jour où je me suis mariée, c'est la première fois que mari, femme et enfants peuvent vivre ensemble en vraie famille sous un même toit.

Au fil des annéees, Tippi et moi avons toujours gardé une relation proche et fraternelle Nous sommes là, l'une pour l'autre.

J'ai consacré un chapitre à Tippi, ma patronne, dans la Cinquième partie de ce livre.

Recommencer ma carrière au cinéma

Enfin, avec l'aide active de Tippi et de William Holden, j'ai eu le privilège de joindre à titre spécial la Screen Actor Guild (SAG), le Syndicat des acteurs de cinéma, et j'ai également été présentée à l'agence la plus prestigieuse d'Hollywood, William Morris

Agency. Mais cela ne veut pas dire que je rejoins ou deviens automatiquement un acteur dans le monde du cinéma de Hollywood. Une fois entré dans la réalité, on aperçoit combien de barrières, de difficultés et de limites existent pour les acteurs américains d'origine asiatique aux États-Unis.

En me contactant pour la première fois, mon agent m'a conseillé de choisir un nom américain, facile à retenir pour les communications à venir. Mais j'ai refusé. Avant et après, je veux toujours que mon nom soit Kiều Chinh et Kiều Chinh seulement, pas plus, ni moins. Peu importe où, ou comment.

Je me souviens encore de mes premiers jours aux États-Unis, a titre d'artiste refugiée. Dans un interview réalisé par une chaine de télévision à Los Angeles, j'ai répondu que le plus important pour moi en ce moment c'est de trouver du travail. j'ai besoin d'un "gagne-pain" pour vivre, car je suis entrée aux Etats-Unis sous le parrainage individuel d'un particulier, non pas en tant que réfugié, n'ayant droit à aucune aide sociale du gouvernement. Parmi l'audience de l'interview, il y avait un prêtre, Mgr John P. Languille, le directeur de l'United States Catholic Relief Administration, ou USCC, qui voyait que je parle anglais, et cherchais du travail. A ce moment là, l' USCC avait un programme d'aide aux réfugiés. Il voulait m'aider, alors il a envoya un message à la chaîne de télévision disant qu'il me donnerait un emploi dans le programme de réfugiés de l'USCC. Quand j'ai donné une interview télévisée, j'ai dit que j'avais besoin d'un travail, ce qui veut dire un travail au cinéma.

Pour moi, c'est un choix très difficile, car avec un travail fixe de huit heures par jour, je n'aurais pas le temps d'auditionner, c'està-dire d'auditionner pour décrocher un rôle dans un film. Et si vous obtenez le rôle, où trouvez-vous le temps d'aller au cinéma? Finalement, je suis allée voir le prêtre, le directeur de l'agence USCC, pour remercier et accepter le travail, mais lui ai demandé une "faveur" que chaque fois que j'ai une audition ou dois jouer dans un film, je demanderai la permission de prendre un congé. Le prêtre-directeur accepta volontiers ma "condition" et m'a même souhaité un retour rapide au cinéma.

Je suis allée travailler à l'agence USCC sur la 9è rue à Los Angeles. Ici je rencontrais Joe Marcel et Nam Lộc. Le travail quotidien consiste à accueillir et aider les nouveaux arrivants à s'installer. Plus tard, Tế était également venu ici pour travailler, puis à tour de rôle, d'autres connaissances telles que Lê Quỳnh, Lê Xuân Định, Ngô Văn Quy et le docteur Hoàng Văn Đức arrivèrent. Les réfugiés se font de plus en plus nombreux et le personnel aussi. Nous travaillons ensemble dans différentes sections de l'agence. Au début, je travaillais avec Sœur Susan, aidant les nouveaux arrivants. Plus tard j'ai été transférée pour travailler avec Sœur Cahill, et devins une employée à plein temps, avec un contrat. Mon travail à l'époque était dans le programme des réfugiés et de l'immigration en Indochine. Je dois souvent aller à des réunions à Sacramento avec le Dr Nguyễn Văn Hảnh, qui travaille au bureau du gouverneur de Californie. Ensuite, j'étais souvent allée à des réunions à Washington, D.C. en qualité de membre de l'U.S. Immigraion Advisory Board (Conseil Consultatif américain sur l'immigration).

Retour sur l'histoire de ma première entrée dans le monde hollywoodien. Étant passée dans la partie professionnelle, je connais bien que c'est une audition! Parce qu'à chaque fois qu'un rôle spécifiant des Asiatiques, il y a des dizaines d'acteurs de toutes nationalités, de la Chine, du Japon, de la Corée du Sud, des Philippines, en passant par l'Inde, la Malaisie, la Thaïlande se pressent pour une audition. J'ai également été envoyée par mon agence pour une audition. Par rapport aux acteurs asiatiques nés aux Etats-Unis que j'ai souvent rencontrés lors de ces auditions, mon anglais n'est clairement pas un point fort. La concurrence n'est pas facile. Pendant les 18 ans de tournage au Vietnam et en Asie du Sud-Est, je n'ai jamais eu à passer une seule audition!

En septembre 1975, après trois mois en Amérique, j'ai décroché mon premier rôle: vendeuse dans un bureau de tabac de Chinatown. Juste deux phrases de l'émission télévisée *Joe Forrester*.

Ils m'ont dit de me présenter sur le plateau de Burbank, plateau numéro 21, à 10h30. Pour éviter les retards, j'ai pris le bus pour arriver une heure plus tôt et attendre. À 11h30, le studio était toujours fermé, mais j'attendais toujours. Environ 15 minutes plus tard, une camionnette est arrivée. De l'intérieur du véhicule, le chauffeur sortit la tête et demanda:

"Hé, c'est vous Kieu Chinh?"

"Oui." Dis-je

Il salua:

"Montez. Je vais vous conduire à l'endroit".

Il s'est avéré qu'il ne s'agissait pas de filmer dans ce Plateau 21, mais "sur place". Je suis montée à l'arrière du véhicule. C'était une camionnette transportant des costumes, qui venait me chercher. Elle se dirigeait directement vers Chinatown, où ils tournaient une scène en extérieur. Un pâté de rues était bloqué. Des foules de badauds se rassemblaient. Le réalisateur adjoint contrôlait le personnel de plateau avec un haut-parleur portatif. Les acteurs principaux ont également attendu dans un secteur cordonné, assis sur les chaises avec le nom de chacun inscrit derrière leur siège. Le chauffeur m'emmena à la section des costumes pour changer de vêtements pour le tournage. Ensuite, ils m'ont dit d'attendre à l'extérieur du cordon jusqu'à ce que mon nom soit appelé. Environ une heure plus tard, à l'heure du déjeuner, j'ai vu des gens faire la queue devant un Food truck (camionette de traiteur), avec des menus affichés. L'odeur de la cuisine était parfumée, j'avais faim et faisais la queue pour attendre la nourriture. Du coup, un assistant réalisateur "de troisième classe", qui s'occupe des bagatelles, s'approche de moi et me dit tranquillement qu'il s'agit d'un food truck/plats chauds exclusivement pour acteurs et professionnels. Il leva la main, pointa vers la gauche, où se trouvait une longue table, sur laquelle se trouvait une pile de boîtes en styrofoam blanc, et me dit d'y aller pour chercher les mets. Ce sont des plats froids, prêts à manger pour les figurants.

Ce n'est qu'à 16 heures qu'une belle blonde s'est approchée pour me dire de la suivre vers le plateau de tournage au bout de la rue. Elle demanda intimement:

« Avez-vous mémorisé le dialogue? »

"Si."

« Ne soyez pas nerveuse à propos de quoi que ce soit. Chaque fois que vous entendez le réalisateur crier "Action!", commencez simplement à parler naturellement. Le plus important est de ne pas regarder dans l'objectif.

Mon rôle n'a duré que quelques minutes devant la caméra, disant juste deux petits mots "Oui, monsieur" lorsque l'acteur principal entre au magasin pour acheter un paquet de cigarettes en disant: "Donnez-moi un Pall Mall".

Lorsque j'entendis l'exclamtione " Action!" et écouta l'acteur d'en face demander, pour une raison quelconque, mes yeux ont continué à briller, j'etais restée bouche bée.

"Couper! Prendre deux!" J'ai entendu le directeur crier.

Le directeur adjoint est venu vers moi et m'a dit de dire la réponse juste après la question et d'avoir une expression heureuse au visage parce qu'un client est entré dans le magasin.

Je me souviens qu'après avoir filmé cette scène, nous sommes retournés là où l'acteur se reposait, l'acteur principal, Lloyd Bridges, s'est rapidement approché de moi, m'a pris le bras et a dit doucement: "Je sais qui tu es." Je le regardai puis me detournai... les larmes me montaient aux yeux.

Quand je suis rentrée chez moi le soir, j'avais encore une "boule dans la gorge".

Je raconte l'histoire à tout le monde dans la maison. Mes enfants ont eu pitié de leur mère et disaient:

"Allez maman, tu devrais oublier que tu es une actrice, oublie ta carrière au cinéma."

Oublier ou se souvenir? Quitter ou ne pas quitter? Ces questions ne cessaent pas de tournoyer dans ma tête toute la nuit. Je me tournais retournais dans mon lit.

Je sais que ma gorge sera étouffée encore et encore, mais je sais aussi que je n'oublierai pas! Pas disposée... à abandonner!

Dans les jours qui ont suivi, j'ai continué à auditionner et à jouer de nombreux rôles dans de nombreuses émissions de télévision différentes, telles que *Police Woman* avec Angie Dickinson, *Lucifer Complex* avec Robert Vaughn, *Switch* avec Robert Wagner, *Cover Girl* avec Jane Kennedy, etc. aucun rôle n'est vraiment un rôle d'acteur, juste de brefs rôles de soutien. Le montant de la rémunération gagnée n'éaitt pas substantielle.

Pendant ce temps-là, les nouvelles de chez nous arivèrentt tristes et sombres! Mon propre père est malade dans le Nord. Le beau-père vit dans la pauvreté dans le Sud. Ma bourse, je dois la serrer beaucoup pour m'en occuper, juste en partie, juste un peu, un tout petit peu..

Au milieu de 1977, j'ai reçu des nouvelles d'un coup de foudre, un télégramme de Hanoï, m'informant que mon père était décédé en raison de mauvaise santé. Cette mauvaise nouvelle avait aussitôt enseveli mon rêve de plusieurs années: Un jour de retourner chez mon père. Eh bien voilà tout est fini! Si triste! Père! Père!

Mon plus grand regret est de me retrouver impuissante, incapable de gagner plus d'argent pour acheter des médica ments pouvant soutenir mon père quand il est vieux et faible. Et je n'étais pas là avec mon père quand il ferma les yeux et mourut. Maintenant, peu importe ce que je dis ou fais, il est trop tard!

Un soir de l'automne 1977 à Hollywood, Tippi Hedren m'a appelé et m'a demandé de la joindre à la grande réception d'Universal Studios pour le week-end à l'occasion de la sortie de *Jaws*, un film à succès. Acquiescant à ses souhaits, pensant que l'amitié ne pouvait pas être plus précieuse, j'ai accepté.

La somptueuse réception avait eu lieu dans un hôtel de luxe à Beverly Hills. Un grand nombre de réalisateurs célèbres, d'acteurs, de producteurs et de members de la presse étaient présents. Je ne me souviens pas qui j'ai rencontré, mais peu de temps après, mon agent m'appela pour me demander si je connaissais l'émission M.A.S.H. Il veux m'inviter à passer une audition. J'ai été surprise, et mon agent aussi, car pour les acteurs qui ne sont pas connus à Hollywood comme moi, c'est seulement l'agent qui doit travailler dur pour trouver un rôle pour l'acteur qu'il représente, mais pas l'inverse! Alors, il m'a dit quand je suis revenue de l'audition, je devais tout de suite me dire comment était la situation.

J'ai fait ce qu'on m'avait dit et je l'ai rappelé dès que je suis rentrée du plateau. Il demande:

"Qui as-tu rencontré là-bas?"

"J'ai rencontré deux personnes, Burt Metcaff et Alan Alda."

L'agent fut surpris et ravi:

"C'était Alan Alda? Savez-vous qui est Alan Alda?"

"Non, Qui est-il?"

"Oh mon Dieu! Tu ne regardes jamais la télé?"

L'agent ne savait pas que j'étais encore pauvre à ce moment-là. L'argent envoyé à la maison pour aider mon père avec les médicaments ne suffit pas comme je le souhaite, à plus forte raison de l'argent pour acheter un poste de télévision? "Vous n'avez vraiment aucune idée qui est Alan Alda ou Burt Metcaff?" L'agent me demanda à nouveau:

"Alors, pourquoi vous ont-ils interrogé? Avez-vous essayé de jouer? Y a-t-il beaucoup de gens qui viennent auditionner avec vous?"

"Personne ne m'a posé de questions sur l'expérience d'acteur. On dirait qu'ils savent déjà. Ils posent juste des questions idiotes, comme comment est la situation au Vietnam? Qu'est ce que je fais maintenant? La vie est-elle stable? C'est à peu près tout. Je n'ai pas eu à tester de film. Personne non plus n'est venu auditionner avec moi. Finalement, quand je suis partie, ils m'ont donné le scénario du film et m'ont dit de le lire une fois rentrée chez moi. Si ca me plait, le rôle principal féminin m'appartient."

"Le meilleur de toi-même! Ce n'est pas un défi de jouer le rôle principal tout de suite. Eh bien, laissez-moi m'occuper du contrat pour vous."

Il s'est avéré que juste à la réception d'Universal, il y avait une personne qui m'a vu et a tranquillement cherché à apprendre tous les détails nécessaires sur moi. Cette personne était le producteur de films Burt Metcaff, producteur exécutif de la célèbre série télévisée M.A.S.H., lorsqu'il m'a vu debout, seule, au loin, perdue au milieu d'une glorieuse fête hollywoodienne remplie d'hommes et de femmes, qui sont les star de cinéma les plus connus au monde. M.A.S.H. était sit-com (une comédie de situation) pour le petit écran le plus célèbre de l'époque, sur les soldats américains combattant pendant la guerre de Corée, qui était populaire auprès du public. Les cinéastes ont estimé qu'il était temps d'ajouter au spectacle une histoire d'amour légère entre Alan Alda, jouant le role de Hawkeye, et une beauté locale.

L'histoire du film était en train de s'élaborer quand le destin m'a amené au milieu de la réception... Le manuscrit était donc terminé pour le personnage principal de la série joué par Alan Alda, qui avait eu un amour tendre avec une beauté coréenne.

C'étaient mes plus beaux jours dans le domaine professionnel, depuis que j'étais arrivée en Amérique. Sur le plateau, juste à côté de la chaise d'Alan Alda, il y avait une chaise chaise séparée marquée "Kieu Chinh".

Le rôle féminin principal dans le film: Une Coréenne issue d'une famille noble, riche, mais qui a tout perdu pendant la guerre. Elle n'avait plus qu'une vieille mère malade, qui avait besoin de soins médicaux. Mais dans cette tourmente, où trouver des médicaments?

Elle a dû se rendre au poste médical militaire d'une unité américaine stationnée à proximité, pour demander des médicaments. Alan Alda en tant que médecin militaire, s'est dévoué à aider. Les deux ont l'occasion de se rapprocher et de tomber amoureux petit à petit. Mais à la fin, la mère est décédée et elle a été déchirée entre rester avec son amant ou retourner dans son village natal?

Finalement, elle s'est décidée à rompre avec son amant...

Alan Alda, dans une interview au journal, et lors d'une apparition sur le show de Johnny Carson, a dit à mon propos: "Elle a tellement de talent, il doit y avoir une place pour elle à Hollywood, quelque part." (Cette phrase a également été citée et dans un numero du TV Guide de l'époque.)

Après de nombreuses séries de films où je n'ai pu jouer que de petits rôles de soutien, jusqu'en mars 1981, où on m'a proposé un meilleur rôle, une belle femme chinoise, et rivale amoureuse de Lee Remick, dans le film intitulé *The Letter*, adapté d'un scénario de l'écrivain anglais Somerset Maugham, sur un triangulation amoureuse, tragique et injuste.

Beaucoup de gens ont été surpris, dont le producteur George Eckstein, et je n'ai pas compris au début pourquoi le réalisateur John Erman m'avait choisie pour le rôle de cette femme chinoise. Je n'avais pas non plus besoin d'auditionner avant d'accepter le rôle.

Le réalisateur John Erman explique que depuis 1977 quand il travaillait sur le film *Green Eyes*, il avait toujours l'intention de m'inviter a jouer le rôle d'une jeune femme vietnamienns aux côtés de l'acteur Paul Winfield dans cette histoire d'amour entre un soldat américain qui a combattu au Vietnam et une jeune femme vietnamienne, mais après la fin de la guerre, le soldat est parti, et la cette femme était coincée dans son pays natal avec un enfant amérasien, qui avait les yeux bleus de son père, Le film sera tourné aux Philippines car il y a des scènes de village comme la campagne du Vietnam. Mais malheureuse- ment, à cette époque, je n'avais pas de papiers valides pour quitter les États-Unis et je n'avais pas de permis de travail aux Philippines, j'ai donc dû rater l'occasion. Mon rôle, confié plus tard à une actrice philippine. John Erman a dit qu'il regrettait de m'avoir promis ce rôle: "A l'avenir, nous travaillerons certainement ensemble, dès que l'occasion se présentera."

Alors, lors du tournage de La Lettre, John Erman a insisté pour me donner le rôle d'une femme chinoise, même si je ne parle pas chinois. C'est l'estime particulière que le réalisateur John Erman a pour moi, car les actrices chinoises à Hollywood ne manquent pas.

Après Les Enfants d'An Lac et La Lettre, je continue à être invitée à jouer divers rôles dans les émissions de télévision américaines les plus populaires, telles que Lou Grant, Matt Houston, Santa Barbara, Cagney et Lacey, Hotel, Dynasty, etc...

Au début de 1986, j'étais retournée aux Philippines comme consultant professionnel pour un long métrage sur la guerre du Vietnam, réalisé par John Irvin, *Hamburger Hill (La colline aux hamburgers)*. Dans ce film, je suis très peu apparu devant la caméra, mais j'ai été longtemps présente derrière la caméra, en tant que conseillère technique. J'aide à lancer des idées, c'est-à-dire à choisir des personnes locales pour des rôles de soutien, puis à les habiller correctement, des robes longues aux chapeaux coniques en passant par les sabots. J'ai également proposé de mettre en scène un marché de campagne, une route de village, un abri, etc., et des dialogues en vietnamien.

Le film dépeint les batailles acharnées entre l'armée américaine et plusieurs divisions d'élite des communistes nord-vietnamiens, pour capturer une colline stratégique sur les hauts plateaux du centre, près de la frontière du Laos. Il fut un temps la nuit où les communistes utilisaient la tactique des vagues humaines., ont inondé la colline et détruit presque toutes les unités militaires américaines qui y étaient stationnées. Mais le lendemain matin, chaque groupe d'avions à réaction américains se précipita pour les bombarder d'une pluie de bombes, ouvrant la voie à l'infanterie américaine pour contre-attaquer et reprendre la colline. Les deux parties ont continué à reconquérir chaque pouce de terrain sur cette colline À plusieurs reprises, et après chaque assaut, les corps tombaient comme du chaume. Les cadavres ont été bombardés par une vague de bombes, la suivante, ils ont été coupés en morceaux de viande, donc la colline a un nom très effrayant, *Hamburger Hill* – (La colline à la viande hachée)

À la fin, les forces américaines ont vaincu l'ennemi et ont complètement repris le contrôle de la colline. Mais après le retrait de l'ennemi, les Américains n'ont vu aucune raison de rester là-bas. La colline où les deux côtés ont perdu d'innombrables vies, se battant pour chaque pouce de terre, n'est plus qu'une forêt d'arbres noircis, une colline aride pleine d'odeur de la mort. Enfin les troupes américaines sont parties! Le film parle de toutes les absurdités extrêmes de la guerre!

En 1989, avec le film *Welcome Home*, j'ai été choisi pour jouer le rôle d'une femme cambodgienne, épouse d'un soldat américain, joué par L'acteur Kris Kristofferson Cette fois, j'ai eu la chance de travailler avec le célèbre réalisateur Franklin Shaffner. Il a remporté deux fois l'Oscar du meilleur réalisateur, a été réalisateur de grands films comme *Patton, Papillon*... Il est également célèbre pour son talent à encourager les acteurs à les inpirer dans leurs rôles. Travailler avec lui est un plaisir pour moi.

Avec le recul du temps maintenant, avec tant de souvenirs heureux et tristes, du fond de mon cœur je veux dire "Merci" aux réalisateurs ainsi qu'aux acteurs, experts, collègues... avec qui j'ai eu l'opportunité de travailler. Je suis fière et heureuse d'être restée au cinéma pendant plus de 60 ans - six décennies - un long voyage du Vietnam à Hollywood.

Merci.

Regard sur les années qui passent

Après de longues années de marriage, à m'occuper de ses beaux-parents et à vivre avec eux sous le même toit, jusqu'en 1975, lorsque ma vie a changé, dans mon pays, j'avais une famille à moi, sans cohabiter avec les grands-parents. Pour la première fois, après de nombreuses années, mari et femme se sont retrouvés côte à côte pour partager les les taches difficiles et à construire une nouvelle vie. Bien que les enfants soient encore jeunes, en dehors des heures de classe, ils travaillent ausssi à temps partiel pour aider leurs parents. Mỹ Vân travaille comme assistante dans une pharmacie, Hoàng Hùng travaille comme emballeur au marché Alpha Beta, même le plus jeune enfant Cường, bien qu'âgé seulement de 14 ans, a montré à sa mère le premier chèque qu'il a reçu pour ses heures à temps partiel, livrant des journaux en dehors des heures de cours.

Pour moi, cette harmonie est une récompense spirituelle qui ne peut pas être plus significative. Malgré la vie dans la pauvreté, aux prises avec des difficultés financières, j'étais heureuse d'avoir une vie comblée car nous sommes tous ensemble. Tế et moi, nous travaillons ensemble à Catholic Charities, à Los Angeles, pour aider les réfugiés.

Dans les premières années, avec le Dr. Hoàng Văn Đức le professeur Trần Văn Mai, M. Nguyễn Văn Hành, M. Phạm Trắc, nous avons créé l'Association communautaire vietnamienne en Californie. (C'est la première association de réfugiés vietnamiens). On m'a confié le poste de présidente de l'assocoation..

Pour la première fois l'association coopère avec le musicien Phạm Duy, le poète Cao Tieu pour organiser le Los Angeles Community Tet Festival. Ensuite, notre groupe d'artistes a créé l'Association des Artistes d'Outre Mer avec avec un grand nombre de membres tels que Hoàng Thị Thơ, Lê Quỳnh, Joe Marcel, Nam Lộc.. On a fait la première émission, de télévision vietnamienne aux États-Unis.

J'ai moi-même également créé "Vietnam House" comme lieu de vie comunautaire, organisant le Festival de la mi-automne pour les enfants, des spectacles pour enfants portant la belle Ao Dai. C'est aussi un bureau pour aider les nouveaux étudiants réfugiés et étudiants en Amérique. "Vietnam House" participe également à l'organisation de manifestations de lutte pour les boat people, l'accueil d'enfants amérasians à l'aéroport de Los Angeles, et bien d'autres activités communautaires.

En général, la première préocccupaton de la vie d'un réfugié en exil est de pouvoir gagner sa vie.

J'essaie toujours de consacrer du temps pour des activités communautaires, car à travers ces activités, je sens que je suis toujours une Vietnamienne, me considérant toujours comme inséparable de mes racines.

Atelier de cinéma à l'UCLA

Je me rappelle bien de la la conférence sur le cinéma à l'UCLA (University of California Los Angeles). C'était une grande conférence sur le thème des films ayant trait au Vietnam.

Sur la table d'honneur, les conférenciers sont répartis en trois tendances: à gauche, la délégation vietnamienne; composé de quatre personnes venant du Vietnam, dont le Directeur du département du cinéma du Nord Nguyễn Thụ, assis au milieu se trouve Kiều Chinh, seul représentant du cinéma sud-vietnamien avant 1975. Assis à sa droite se trouvent quatre cinéastes de Hollywood - dont le réalisateur Oliver Stone. Ce sont des personnes qui ont fait des films au sujet du Vietnam. La salle de conférence était bondée de participants, il n'y avait pas de place à l'intérieur même pour se tenir debout., ils se tiennent donc à l'extérieur, Des étudiants de l'UCLA, de nombreuses associations, de reporters de télévisions et journalistes américains et vietnamiens étaient présents, dont le Los Angeles Times, le plus grand journal de Californie du Sud.

Puis ce fut au tour d'une chaîne de télévision vietnamienne de se faufiler dans la salle de réunion. Dès qu'elle est entrée, l'annonceuse de cette chaîne m'a vue repérée assise au milieu de la table d'honneur. Aussitôt elle était ressortie et devant une foule nombreuse d'étudiants vietnamiens et d'associations du comté d'Orange (presque tous venus en protestation contre la présence d'une délégation du Vietnam, apparemment c'est la première fois qu'une délégation du Vietnam communiste faisaitt officiellement ses débuts.)

L'annonceuse cria: "Mesdames et messieurs, À la table d'honneur, Madame Kieu Chinh, vêtue d'une longue robe marron, les cheveux tirés en arrière, est assise avec la délégation communiste."

Puis la foule protesta bruyamment. La police est venue avec des chiens de chasse, encercler les lieux pour maintenir l'ordre. Les réunions se déroulaient normalement à l'intérieur, pendant que les chahutements contnuaient dehors.

Les personnes présentes dans la salle de réunion savent toutes se comporter selon les règles d'une importante conférence internationale. Les manifestants à l'extérieur qui ne pouvaient ni voir ni entendre la vérité, écoutaient seulement les cris émouvants de l'annonceuse, sont passés tout de suite au jugement.

Après la réunion, nous étions accompagnés juqu'à notre voiture par le biais d'une sortie séparée, évitant ainsi le rassemblement de la foule qui huait à l'extérieur.

Le lendemain, le Los Angeles Times a rapporté - indiquant la présence et l'emplacement de chaque conférencier, y compris la déclaration de M. Nguyễn Thụ, directeur du département du film du Nord, "Personne n'a pas pu prendre la place de Kiều Chinh au Vietnam, je ne pense pas que quiconque puisse le faire". Ensuite, le journal Người Việt, le plus grand journal de la communauté vietnamienne d'outre-mer, a publié en première page la déclaration en grosses lettres du Dr Võ Tư Nhường, qui était présent dans la salle de réunion dès le début. Il a dit que nous avons la chance d'avoir la présence de Kiều Chinh, la porte-parole du cinéma du Sud Vietnam avant 1975, sinon la conférence ne serait qu'entre le Vietnam actuel, communiste et les États-Unis.

Des communiqués de presse ainsi que les déclarations des participants qui se trouvaient à l'intérieur, ont contribué à faire ressortir la vérité et à dissiper des malentendus chez certaines personnes, rendant inefficaces les propos criards et calomnieux de l'annonceuse de télévion,

En 1988, j'ai été invitée au jury du Festival du film d'Hawaï, avec la participation de nombreux pays du monde, dont le Vietnam. C'est la première fois que je vois un film vietnamien réalisé dans le Nord, le film *Khi Nào Đến Tháng Mười* (C'est quand le mois d'octobre?) réalisé par Nhật Minh.

En tant que membre du jury, assise au premier rang, ayant à visionner beaucup de films chaque jour, j'ai été profondement émue lorsque l'écran s'est allumé et la langue vietnamienne retentissa. Cela faisait longtemps que je n'avais pas vu un film où les acteurs parlent vietnamien.

Puis il y avait la scène du festival au temple du village, la scène de la campagne, un enfant debout sur une digue faisant voler un cerf-volant ... jusqu'à la scène du père malade allongé sur le lit avec le rideau suspendu devant... Je me souviens de mon père – les larmes me montaient aux yeux. Quand les lumières se rallumèrent. le réalisateur Đặng Nhật Mình, s'est levé pendant l'échange des questions-réponses, me regardant droit dans les yeux et me demanda:

« Que pensez-vous de ce film? »

J'ai répondu:

"Merci. *Khi Nào Đến Tháng Mười* me rappelle le Vietnam, Hanoï me manque."

Et ce film a reçu un prix prestigieux au Festival du film de Hawaï.

Dans les années qui suivent, chaque fois que je suis retournée au Vietnam, Đặng Nhật Mình et moi nous nous sommes rencontrés. Un soir, marchant ensemble autour du lac Hoàn Kiếm, Đặng Nhật Minh partagea avec moi:

"Je souhaite qu'à la fin de nos vies, nous puissions faire un film ensemble."

Je lui ai répondu:

"Oui, Kiều Chinh espère aussi faire un film vers la fin de sa vie à Hanoï, où elle est née et où se trouvent les tombes de ses parents."

Une histoire de famille

Je me souviens que c'était à l'époque où Mỹ Vân, Hoàng Hùng et Tuấn Cường fréquentaient le North Hollywood High School. Tế et moi travaillons tous les deux à l'USCC, et parfois je prends un congé pour faire un film. C'est le moment où la famille avait réussi à se rassembler et à devenir la plus heureuse. Après des décennies de vie commune avec la grande belle famille c'est la première fois que nous pouvons vivre séparément, comme "un noyau familial" avec mari, femme et enfants seulement.

Grâce à l'accord et à la détermination de tous les membres de la famille, des plus grands aux plus petits, après des années de travail acharné et d'économie, nous avons pu acheter une maison de quatre chambres nouvellement construite dans le secteur de Montebello. Bien que je sois toujours en exil, je trouve que la vie semble chaque fois plus douce et plus confortable. C'était l'époque à laquelle Mỹ Vân qui venait d'obtenir son diplôme d'infirmière, a été demandée en mariage par son ancien petit ami de Saigon, l'ingénieur Đào Đức Sơn, le fils aîné du médecin et professeur Đào Đức Hoành.

Dans mon exaltation, chaque nuit je n'oubliais pas de remercier Dieu de m'avoir donné une vie stable, une maison à moi, et des enfants qui étudient bien et respectent leurs parents. Mais soudain, une nouvelle foudroyante est venue de nulle part; Tế a une "petite amie!"

Des signes révélateurs ne tardent pas à apparaître: horaires erratiques, absence aux repas du soir. Au bureau, tout le monde était au courant. Des amis proches se sont réunis pour con- seiller Tế. Messrs. Phạm Sanh, Lê Xuân Dinh et Lê Quỳnh se sont rencontrés pour lui porter conseil, dans l'espoir qu'il se ravise.. Mais Tế a assuré à tout le monde: "Moi je ne quitte jamais Chinh, mais ne peux pas non plus quitter l'autre personne".

Les amis s'étaient tus, et quand j'ai reçois cette affirmation de Tế, j'ai sais ce que je dois faire. Je sais que je ne pourrai plus continuer à être "patiente" comme avant. Ma situation est différente maintenant. Les parents du mari ne sont plus là. Ma promesse à mon propre père "de vivre pour qu'il ne soit pas indigne de M et Mme Độ ", après plusieurs décennies passées à servir docilement mes beaux-parents, j'ai l'impression de n'avoir jamais désobéi aux instructions de mon père. De plus, par le passé, mes enfants étaient trop jeunes, ne comprenaient pas profondeur, et surtout, je ne voulais pas qu'ils grandissent dans une famille sans père. Mais maintenant, qu'ils sont adultes. J'ai décidé d'avoir une réunion privée avec les enfants pour prendre une décision commune. Un soir, Hùng et moi sommes allés chez Hiếu et sa femme Kiều (Hiếu est le petit frère de Tế) pour tout présenter. J'en ai également parlé avec le Dr Nguyễn Gia Quỳnh et sa femme Phương Lan qui est ma cousine. Et la décision finale sur laquelle mes enfants sont également tombés d'accord est, quand on ne peut plus garder quelque chose, il faut le lâcher prise En fait, cette décision m'a non seulement libérée, mais ma famille aussi.

Pour toutes les procédures de divorce, je confie à l'avocat Dave Garen, un ami de Tế. Un dimanche après-midi, Dave est venu à la maison pour parler à Tế, lui expliquant clairement les points de droit. Tế a simplement dit: "Peu importe, donnez-moi les papiers, je signerai, désolé, je dois m'en aller maintenant."

À la date d'audience Tế n'apparaissait pas. J'étais allée seuke au tribunal avec l'avocat Dave Garen. Comme le tribunal l'a expliqué selon la loi californienne, un mari devrait subvenir aux besoins de sa femme à raison de 300 Dollars par mois jusqu'à ce que la femme se remarie. Et 300 dollars pour de chaque enfant pojusqu'à ce qu'ils aient 21 ans ou qu'ils cesse de 'aller à l'école.

Dave m'a dit d'accepter.

Je secouais la tête! "Je ne veux pas accepter l'argent de Tế, il ne pourra pas vivre s'il doit subvenir aux besoins de sa femme et de ses enfants."

Puis j'ai poursuivi le «Devoir se séparer après 25 ans de mariage, ça a été tellement douloureux pour moi, je n'aurais jamais imaginé que ça puisse arriver dans ma vie! Mais allez, libérez moi et laissez moi vivre".

Ce jour, je me souviens encore de l'atmosphère suffocante du procès. Le juge prend le marteau en bois, me regarda pendant un instant, avant de taper du marteau sur la table sèche et dit:

"Fait!"

Mes larmes ont coulé. Dave m'a aidé à me relever et m'a portée hors de la salle. Comme un cadavre sans vie, j'ai suivi Dave dans les longs couloirs sombres du palais de justice de Los Angeles. J'ai senti tout mon corps trembler comme une personne fiévreuse, les larmes continuaient à couler.

Alors "Fait!"

Je me sens toujours désolé pour Tế. Bien qu'officiellement divorcé, Tế est toujours dans la même maison, tout simplement nous ne partageons plus la même chambre. Il peut faire ce qu'il veut, aller où il veut! Même de nombreuses connaissances n'étaient pas au courant de notre divorce. Il y a encore des invitations pour des mariages ou des fêtes, mentionnant toujours "M. et Mme Nguyễn Năng Tế ".

J'aime toujours Tế, le premier homme de ma vie, je ne sais pas comment Tế va-t-il vivre? Qui va cuisiner pour lui? Sans parler d'autres choses petites ou grandes, dont j'ai l'habitude de m'occuper pendant des décennies de vie commune, telles que remplacer un bouton cassé, repasser une chemise pour aller au bureau, our cirer des chaussures. Mais au bout d'un moment, je pense que si je ne décide pas a vendre la maison que mon mari et moi avons achetée pendant les jours des difficiles mais heureux, notre situation impossible n'aura jamais de fin.

Vendant la maison pour un profit de 30,000 dollars, je l'ai divisé en trois tranches, une pour Tế, une autre pour moi et le reste pour les deux enfants. À cette époque, Hoàng Hùng qui a obtenu son diplôme d'ingénieur, épousa la dentiste Nguyễn Bích Trang, fille du pharmacien Nguyễn Hùng Chất.

La tranche de l'argent pour les deux enfants était destinée au mariage de Hùng, l'autre moitié à acheter une nouvelle voiture pour Cường, qui fréquentait la California State University à Northridge. J'ai utilisé la mienne pour acheter une petite maison à Studio City. Seuls Cường et moi, fils et mère, allons demeurer dans cette maison. Trop silencieux. C'est une période difficile pour moi mentalement, dans le sens de vivre "seule". Pendant toutes ces années depuis que j'ai quitté mon père en 1954, j'ai toujours vécu dans une famille nombreuse. J'essaie de garder l'équilibre pour que Cường puisse encore profiter de l'ambiance familiale. J'ai aussi économisé de l'argent pour acheter un piano pour Cường, qui l'aime beaucoup,car il était passionné de musique et a étudié le piano dès l'âge de cinq ou six ans, puis a été l'élève du musicien Nghiêm Phú Phí à l'École nationale de musique de Saigon. Depuis qu'il a quitté Saigon, sans piano à la maison, Cường s'est mis à jouer de la guitare. En plus de la musique,. Il aime aussi jouer au tennis et est l'un des meilleurs joueurs de tennis de l'école. Tous les dimanches il emmène sa guitare à l'hôpital et chante pour les personnes âgées.

Studio City est une ville proche des studios de Hollywood, mais éloignée de la communauté vietnamienne du comté d'Orange. Et pourtant mère et fils vivaient ensemble, paisiblement. J'essaie toujours de me dire: Essaie, essaie... de t'adapter à la nouvelle vie. Ma vie est comme un livre qui se tourne vers une nouvelle page, une autre page! Malgré tout, j'ai aussi passé trois ans à «porter le deuil» de l'amour! Quand son charme n'existe plus.

Té a utilisé l'argent pour visiter Paris. Là il a reirouvé sa vieille amie, Brigitte Kwan, qui était aussi une amie à moi avant 1975. Après, Té a essayé d'amener Brigitte en Amérique et les deux s'étaient mariés.

On se considère toujours comme des amis, je ne veux pas, parce qu'on est séparé, que les enfants doivent "rester loin de papa". Par conséquent, j'invite toujours le couple Té-Brigitte à venir à la maison chaque fois qu'il y a une fête, un anniversaire pour les enfants ou le Nouvel An... Jusqu'aujourd'hui, je commémore toujours l'anniversaire de la mort de mes parents et celle de mes beaux parents. Sur l'autel des ancêtres chez moi il y a toujours les photos de mes parents, et de mes beaux parents.

La petite demeure à Studio City

Le choix d'une petite maison à Studio City, au cœur des studios de production de films américains, était pour moi un choix qui signifiait définitivement choisir de passer le reste de ma vie avec le cinéma.

La maison est petite mais très belle. Bâtie sur un terrain élevé, parquet en bois, toit pointu, style anc.ien à l'anglaise, elle est située sur la paisible rue Farmdale, bordée de grands arbres sur toute sa longueur qui la couvrent de leur ombbrage. C'est si calme que parfois, si on est attentif, on peut entendre la chute feutrée des feuilles, comme un doux soupir de regret pour un rendez-vous d'amour manqué.

Cependant, depuis que j'ai emménagé, j'ai ajouté un peu du Vietnam chez moi et je l'ai appelé "Mon royaume".

Dans la cour avant, sous le saule pleureur, se trouve un gros rocher. À côté du rocher est érigé un vieux pilier en bois sur lequel est gravé l'inscription "Mon royaume". Dans le jardin de derrière, je plante de nombreuses plantes ornementales vietnamiennes, comme le bambou, le prunier fleur de pêcher, le pamplemousier, le bananier... Sous les combles, entre deux grands piliers en bois à l'extérieur de ma chambre pend un hamac qui se balance.

Dans cette petite maison de trois chambres, deux salles de bains, une pour la mère, une pour le plus jeune fils, Tuấn Cường. Nous n'avons besoin que de deux chambres, la troisième chambre est située à l'extérieur avec une fenêtre donnant sur la rue à côté du salon utilisé comme bureau à domicile. La maison a une salle de séjour, une cuisine donnant sur le jardin de derrière. Au salon à côté de la cheminée s'ajoute un beau coin faisant office de "salle de musique". Là, Tuấn Cường joue souvent du piano. À proximité il y a un canapé près de la fenêtre basse, cette chaise sert de siège où je m'asseois pour écouter Tuấn Cường jouer du piano, ou quand je suis seule regarder a travers la fenêtre les branches de saule qui se balancent au vent.

Mère et fils vivent des jours heureux ensemble. Cường fréquente la California State University à Northridge près de chez nous. Aimant l'art, la musique et jouant au tennis, Cường s'est inscrit dans une majeure en cinéma. Le week-end, mère et fils s'invitent souvent pour aller au cinéma, boire un café dans des cafés très artistiques comme le Café Moustache, le Café Le Figaro... dans la rue Melrose. Particulièrement le dimanche, Mỹ Vân et son époux, Hoàng Hùng et son épouse me rendent souvent visite. Mỹ Vân a donné naissance à mon premier petit-fils nommé Stephen Dao, il est mon premier petit-enfant, un adorable bébé qui fait la joie de la famille.

Les familles se réunissent souvent pour manger et boire ensemble, car rien ne peut être plus heureux et plus paisible.

Toujours dans cette maison de Studio City, pourtant un peu éloignée de la zone vietnamienne, les "frères" et amis qui ne craignent pas les longs trajets en voiture, viennent très souvent nous rendre visite. Le plus fréquent, c'est M. Mai Thảo. Puis les rencontres des artistes exilés et autres ont lieu au "Cõi tôi". Ils étaient l'écrivain Mai Thảo, les musiciens Hoài Bác Phạm Đình Chương, Nghiêm Phú Phi, Lê Trọng Nguyên, le dramaturge Vũ Khắc Khoan,, le poète Nguyên Sa, le professeur Nghiêm Xuân Hồng M. Vụ Quảng Ninh, les médecins Trần Ngọc Ninh, Hoàng Văn Đức.

La génération un peu plus jeune comptait Lê Đình Điều, Đỗ Ngọc Yến, Nhà. Cả, Trận Đã Tự ... La petite maison de Studio City a également accueilli les chanteurs Hoài Trung et Thái Thanh (lors de leur arrivée aux États-Unis). C'était ici aussi que le trio frères - soeur Hoài Trung, Hoài Bắc et Thái Thanh ont chanté pour la première fois à l'étranger, la chanson Tình Hoài Hương (Nostalgie de la terre natale) du musicien Phạm Duy.

Outre les noms mentionnés, il y en a beaucoup d'autres. Comment puis-je oublier les souvenirs, les sentiments d'amour et d'éloignement entre eux et moi. Chaque fois que Mai Thảo vient, "frère et soeur" s'invitent à se promener jusqu'au restaurant West River Gauche près de chez moi, Mai Thảo disait souvent: Allons au "Tả Ngạn River Bank". A côté de la River Gauche se trouve aussi un bar à vins très... européen!

Le poteau en bois "Cõi Tôi" (Mon Royame) est affublé de nombreuses pancartes incrites avec de nombreux noms. qui ressemblent à des panneaux de signalisation. Tous ceux qui sont venus ont également aimé se tenir là et se faire prendre des photos. Le couple Đăng Khánh-Phương Hoa était venu de Houston pour prendre une photo souvenir sous le saule et ce panneau routier avec Mai Thao et moi. Là, j'ai aussi reçu des amies estimées comme Tippi Hedren, Ina Balin (actrice hollywoodienne), l'écrivaine Alison Leslie Gold, qui a écrit le célèbre roman Anne Frank Remembered.

C'est aussi ici qu'un journaliste de People Magazine était venu prendre des photos et m'interviewer. Puis c'est le tour du Los Angeles Times, de l'Orange County Register, du New York Times... Dans un article du New York Times, il y avait une phrase: "C'est aussi une maison vietnamienne, loin du Vietnam. C'est aussi dans cette maison que Fox TV est venu tourner le documentaire Kieu Chinh: *A Journey Home*. Il était réalisé par Patrick Perez qui a reçu deux prix Emmy.

La demande en marriage

Cette fois, je travaille avec l'organisme de bienfaisance United Way, organisant généralement des soirées de collecte de fonds pour l'association dans une résidence de luxe située juste à côté de l'hôtel Bel-Air sur le célèbre Sunset Boulevard à Hollywood. La maison est très belle, et comporte de nombreuses pièces, des meubles luxueux, des œuvres d'art, sans oublier un immense jardin avant et arrière, comme s'il s'agissait d'une petite île.

Le propriétaire m'amenait faire un tour de la maison par pour me faire voir et présenter chaque caractéristique de la maison. Il m'a également présenté à de nombreuses personnalités d'élite qu'il connaissait. Il était un homme réussi, poli et calme. Une autre réunion a eu lieu dans son bureau à l'étage dans un immeuble également sur Sunset Boulevard. Debout d'en haut, regardant la rue d'en bas, je me suis soudainement souvenu du film Sunset Boulevard, que j'aimais beaucoup, réalisé par Billy Wilder, mettant en vedette deux merveilleux acteurs Gloria Swanson et William Holden. Dans son bureau, il y a une grande photo de l'acteur Anthony Quinn avec des autographes et de nombreuses affiches de films. Il s'est avéré qu'il était aussi un producteur de films que je ne connaissais pas même s'il travaillait depuis longtemps pour l'association.

Ici, cette fois, il m'a présenté sa fille qui venait de rentrer de Londres pour lui rendre visite. Quelques jours plus tard, j'ai eu la surprise de recevoir une lettre manuscrite de sa part. Une lettre de proposition en marriage! dont le texte est le suivant:

Chère Mademoiselle Kiều Chinh,

Mon père disait que quand tu rencontres une belle femme qui te plaît, vas-y, ne laisse pas passer l'occasion. Parce que dans la vie, il n'est pas facile de rencontrer une bonne personne.
Dès le moment où je vous ai rencontrée, je me suis souvenu de ce que mon père avait dit.

Cependant, je ne veux pas qu'il y ait un malentendu, si je demande juste un rendez-vous avec vous.

Comprenant la culture asiatique, je veux rendre hommage à la personne que j'aime, alors j'écris cette lettre pour vous dire officiellement que je veux vous épouser en tant qu'épouse, et non pas seulement demander un rendez-vous... en tant que amie ou petite amie.

J'espère que vous ne voyez pas cela comme une confession grossière, mais plutôt comme un hommage de la part d'une personne honnête
Signé.

Lorsque j'ai reçu cette lettre de "proposition", j'ai été vraiment surprise et confuse! Je lui ai dit que je venais de divorcer après 25 ans de mariage. Actuellement, "la tristesse du divorce" ne s'est pas apaisée. Je le "pleure" encore! Et je vis en paix avec mon plus jeune fils, je n'ai pas l'intention d'aller plus loin.

Il m'a envoyé une autre lettre. L'idée générale est que si j'accepte sa demande en mariage, après le mariage, il se chargera d'envoyer mes enfants étudier à l'étranger, selon le choix de la mère et du fils: Aller en France pour étudier ou aller à Londres. Sa fille étudie également à Londres.

Il voulait nous inviter moi et mon fils chez lui. pour dîner avec lui et sa fille afin que les deux parties puissent se rencontrer.

Avec respect et estime.

J'ai remercié et a décliné l'invitation à le rencontrer.

Puis j'ai reçu un très gros bouquet de roses, mais je ne eponds pas. Puis je suis partie aux Philippines pour filmer et visiter des camps de réfugiés.

Toton Nghị est venu à Studio City

Dans la petite maison appelée "Mon Royaume", pour la première fois, j'ai pu "vivre", être proche, parler et me confier à tonton Nguyễn Văn Nghị, le propre frère de ma mère, à l'occasion d'une invitation au États-Unis pour donner une con- férence sur l'acupuncture médicale à l'UCLA lors d'un séminaire auquel ont participé des médecins du monde entier. Bien que les organisateurs se soient occupés de l'hôtel pour lui, il voulait rester chez sa propre nièce.

Rencontrer mon oncle était aussi heureux que rencontrer ma mère, décédée quand j'avais six ans. Chaque jour, je le suis aussi pour assister au séminaire. Il parlait en français et était interprè- tè dans les langues des participants qui ont la faculté de choisir leur langue et d'écouter avec un écouteur.

Voyant que mon oncle est respecté, notamment par les médecins vietnamiens, je suis très fière.

Dans l'après-midi, après le "cours", des groupes de médecins invitaient des médecins à un banquet, Il n'accepte très rarement, sauf quelques fois avec un groupe de médecins vietnamiens. La plupart du temps, il sort seul avec sa nièce, pour prendre des repas et c'est aussi l'occasion pour moi de l'écouter et de savoir d'avantage sur la « généalogie » de la famille maternelle. En rentrant chez moi le soir, à côté du feu qui crépitait près de la cheminée, et d'une tasse de thé chaud, il disait que mon père et lui étaint camarades de classe à l'école Bưởi (École du Protectorat) à Hanoi. Mon oncle a un an de plus que mon père. Il est né en 1909, mon père, en 1910. Les deux étaient très proches.

Un jour, il a invité mon père à rendre visite à sa famille à Gia Làm Gia Quất de l'autre côté du pont sur la rivière Ha. Ici, mon père avait rencontré sa sœur: Nguyen Thi An. Toute sa famille, de ses parents à ses frères, tout le monde aime mon père.

Après avoir appris à se connaître plus intimement, c'est l'oncle Nghi qui proposa de marier sa sœur à son ami. Puis un grand mariage a eu lieu. Grand-père est heureux d'avoir une gentille belle-fille venat issue d'une famille bien rangée. Le marié Cửu et la mariée An sont respectés par les enfants des deux côtés. Les deux jeunes frères de la mariée, Nguyễn Văn Quang et Nguyễn Văn Thành, aiment beaucoup leur beau-frère Nguyễn Cửu.

L'oncle Nghi disait qu'en 1935, après avoir obtenu son diplôme de médecin, il avait quitté le Vietnam pour aller en Chine afin de perfectioner davantage l'acupuncture, avant d'aller vivre en France. où il a épousé une française. Ils ont quatre enfants ensemble, une fille et trois garçons.

Il mène une vie prospère, lui et sa femme ont de nombreuses maisons dans les stations balnéaires. Sa fille, femme médecin Christine Nguyen Recours est un bon médecin conne dans le monde des chirurgiens français. Plus tard, elle a également écrit des livres avec son père, des livres sur la médecine et l'acupuncture, utilisés dans les programmes d'enseignement médical dans les universités du monde entier. Le livre a également été traduit en 16 langues différentes. En se rant aux États-Unis, mon oncle n'a pas oublié pas d'apporter des livres pour me dédicacer.

En quittant le Vietnam avant ma naissance, dit-il, pendant les années passées à l'étranger, il ne pouvait s'empêcher d'avoir le mal du pays, particulièrement l'amour de sa soeur, ma mère. Quand ma mère est morte, mon oncle était en France et ne pouvait pas voir ma mère pour la dernière fois. C'est poursuoi après tant de décennies, maintenant qu'il m'a rencontrée, il a dit qu'il était aussi ému que s'il avait revu sa sœur décédée!

Son expertise et sa position dans le monde médical l'ont amené à être élu vice-président de la Société mondiale d'acupuncture et également président de la Société européenne d'acupuncture pendant de nombreuses années.

Il m'a dit que de nombreux journaux français influents avaient écrit sur lui. En particulier, deux journaux célèbres, Paris Match et Le Monde, ont rapporté qu'il utilisait l'acupuncture au lieu d'anesthésie avant une intervention chirurgicale... pendant la Seconde Guerre mondiale en France, où il y avait beaucoup de soldats blessés mais pas assez d'anesthésie. Et une chirurgie spéciale du cerveau décrite par la presse et la télévision a beaucoup résonné. Père et fille Dr. Christine Nguyễn et Dr. Nguyễn Văn Nghi "démontrent" une opération du cerveau sans anesthésie devant la télévision française! Après cette chirurgie cérébrale sans précédent, l'oncle Nghi et sa fille sont devenus célèbres dans le monde entier. Ils sont considérés par les gens dans le monde comme des talents rares.

Avant de quitter les États-Unis pour rentrer en France, l'oncle Nghi m'a demandé de l'emmener dans un cabinet d'avocats afin qu'il me fasse une procuration pour sa propriété intellectuelle. Au bureau de l'avocat Ngoạn Văn Đào à Los Angeles, M. Nghi a signé un document me laissant le droit de jouir du droit d'auteur de tous ses livres aux États-Unis. Toutes ses décisions étaient profondément ancrées dans son amour pour sa malheureuse sœur, ma mère, qui est décédée prématurément avec son enfant en bas âge à la suite d'une bombe de la Seconde Guerre mondiale. C'est aussi grâce aux jours passés près de Toton Nghi que nous nous comprenons mieux et que nous nous aimons davantage. Depuis, je ne suis pas surprise de savoir que tous les médecins vietnamiens, après avoir fait la connaissance de mon oncle, lui expriment leur admiration et leur respect avec une grande fierté pour un talent vietnamien reconnu de par le monde entier. Avant de rentrer en France, il voulait que j'organise un repas intime dans ma petite maison de Studio City, un repas simple auquel il puisse inviter quelques médecins vietnamiens qu'il connaissait.

Et je ne peux pas oublier ce qui s'est passé après le repas. Une fois la vaisselle et les mets déguerpis de la table, une théière chaude est apparue, amenant avec elle une ambiance intime ou resonnèrent des rires. Soudain, mon oncle disa à haute voix à tout le monde:

"Vous voyez, ma nièce vit seule, je ne suis pas là pour m'occuper d'elle... Alors je vous demande... Je veux que ma petite-fille ait un mari, alors voyons lequel d'entre vous a les conditions et les bonnes circonstances, pour "épouser" Kiều Chinh, ma nièce."

J'ai été surprise, abasourdie par la déclaration "crue" et soudaine de mon oncle! Tout le monde s'est regardé, et... m'a regardée! puis regarde les deux médecins célibataires... présents!

Un accident

L'histoire que je vais vous raconter, je prie qu'elle n'arrive jamais pas à une autre mère. Jusqu'à ce moment, chaque fois que j'y pense, je me sens toujours comme si j'étais perdue dans un cimetière pendant de nombreux jours.

Je me souviens encore que c'était la nuit du 18 avril 1984, un jour avant l'anniversaire de Mỹ Vân, pendant que je dormais le téléphone sonna, opiniâtre et strident. La voix d'un Américain inconu demanda:

"Est-ce que vous êtes Madame Nguyễn?"

"Oui. C'est moi."

"Votre fils, Cường Nguyễn, a eu un accident d'auto et se trouve actuellement aux urgences de l'UCLA. Il faut que veniez tout de suite pour signer les papiers!

Mon cœur veut s'arrêter de battre. J'ai bondi, je n'ai pas eu le temps de changer de vêtements, j'ai mis mon pyjama et j'ai conduit jusqu'à l'UCLA. J'ai paniqué et paniqué, comme si j'avais juste une minute de retard, je ne le verrais plus. Oh mon Dieu! Comment se rendre à l'UCLA? Où se trouve la zone d'urgence?

"Oh mon Dieu! Mon Dieu aide moi! Cường c'est maman! Attends. Attends maman, mon fils!

Je conduisis comme une folle. Qui est passé par Laurel Canyon Road sait que c'est une route sinueuse qui longe un flanc de montagne et il et très dangereux de rouler sur cette route dans l'obscurité, même si vous roulez lentement, Il suffit d'un peu d'inattention pour que la voiture tombe de la falaise. Pourtant, d'une manière ou d'une autre, par un miracle, rien ne m'était arrivée. C'est la seule route de chez moi qui relie Studio City 'à l'UCLA (University of Southern California).

Arrivée à lUCLA, mais où est l'urgence? J'ai fait des allers-retours, autour du vaste campus de l'UCLA, tard dans la nuit, sans personne à qui demander le chemin. J'ai enfin trouvé l'entrée. Je n'ai pas encore vu mon fils, mais l'hôpital m'a dit de signer les papiers pour les dégager de toute responsabilité, et d'accepter toutes éventualités possibles pendant l'opération, où le patient est dans le coma.

Mes membres, tout mon corps tremblaient. Signer? Oui, je signe maintenant! J'ai juste besoin de voir mon enfant. Combien de papiers je n'ai pas besoin de lire. Ils me montrent l'endroit où signer, je signe.

Je suivais l'infirmière de service avec la pile de papiers signés. La porte de la chambre est ouverte. Cường était dans le coma. Ses vêtements étaient noircis et brûlés, ses jambes aussi, noircis et brûlées, ses os étaient exposés et il y avait du sang partout.

« Cường, mon enfan! Mon enfant!"
Je me suis précipitée. On me retint:
"Vous ne devez pas vous approcher. Votre fils a été grièvement brûlé. Vous avez déjà vu votre fils. Maintenant, nous devons travailler. Veuillez quitter la salle."

"Non! Je ne vais nulle part. Je dois être avec mon enfant!
Quelqu'un, apparemment le médecin-chef, a dit:

"Ce que nous allons faire, vous ne pourrez pas le supporter. veuillez sortir, et laissez-nous faire ce travail urgent."

Je suppliai, jusqu'a me prosterner:

"Non. Veuillez me laisser rester. je peux endurer. Je dois être avec mon enfant en ce moment! Je dois rester ici, je vous en supplie..."

Je m'agrippe au lit. sans pleurer.

« Veuillez me laisser rester. J'accepte de tout supporter...."

Le médecin chargé de l'opération a cessé de me regarder. Une infirmière pousse une table chargée d'instruments. Et leur travail commence.. La grande lampe était descendue du plafond jusqu'au lit, me permettant de mieux voir le visage de mon enfant, son visage était noirci par la fumée, ses cheveux, ses sourcils, tous brûlés.

Parce que les vêtements sur le corps de Cường étaient brûlés, collés à la chair et à la peau, ne pouvainet être enlevés, l'équipe médicale a commencé à couper des morceaux de tissu tachés de sang.

Je tremblais mais essayais de rester immobile, de peur d'être expulsée.

Ils coupent! Ils coupent! Ils coupent! J'ai commencé à voir la chair de mon enfant. Peau brûlée! Deux mains brûlées jusqu'à révéler les os! De l'aine jusqu'aux pieds, les morceaux de tissu calcinés tachés de sang et de chair, ils ramassaient lentement chaque morceau. Puis ils ont commencé à découper des morceaux de peau, des morceaux de chair brûlée. J'ai essayé d'ouvrir les yeux, pour regarder mon enfant, et vit le tibia rouge. Les larmes ont coulé. J'ai essayé de les avaler. J'essaie de rester immobile:

"Oh mon Dieu. Oh Seigneur, Oh Bouddha. Sauvez mon fils! Mon fils! Mon fils"

J'ai vu les jambes sans peau de Cường. Il ne restait plus que des os et du sang.

Après les pieds, l'équipe chirugicale passa aux mains dont la peau était également brûlée. totalement noire. Noir comme de la viande trop cuite. Après les bras, l'équipe a atteint les doigts brûlés, les os pliés. Doigt par doigt, ils tiraient doucement pour le redresser, puis coupaient la peau, coupaient la chair brûlée. Le sang coule. Les petits doigts sont plus difficiles à couper que le gros tibias, alors ils le font très soigneusement, très lentement. Ils ont poussé petit à petit. Partout où ils coupent le sang coule. Un assistant a épongé le sang, le médecin a opéré et le sang a coulé à nouveau. J'avais l'impression que mon propre sang coulait, que ma propre chair était coupée. La température dans la salle d'opération était presque a zéro degré , mais je transpirais abondamment.

Oh mon Dieu! Les deux mains ont été coupées. Chaque doigt. Chaque doigt aussi. De l'inconscient, je suis sorti en priant Dieu, Dieu, Bouddha, les parents, l'oncle, la tante, de près et de loin, de bénir Cường..

Je tremblais de tout mon corps, j'avais envie de m'évanouir mais j'essayais quand même de m'agripper au lit, les yeux grands ouverts pour ne pas manquerer un instant du combat de mon enfant contre la mort. Je ne comprends pas ce qui m'a motivée comme ça, la douleur terrible causée par la vue de la peau de mon bébé mise en pièces et de ne toujours pas pouvoir se détourner.

Je ne me souviens pas combien d'heures Cường avait passé en chirurgie pour le "nettoyage" de la chair carbonisée. Je me souviens seulement qu'après avoir lentement saigné les os, essuyé la chair et la peau qui restent, le chef d'équipe m'a dit qu'il devait s'arrêter temporairement, incapable de faire quoi que ce soit de plus tant que Cường reste dans le coma, Autrement, le patient ne pourrait pas être en mesure de se réveiller.

Cường a été déplacé par deux assistants médicaux vers un autre lit qui venait d'arriver, et ils ont sorti un drap blanc et l'ont recouvert. L'autre lit était une bouillie de chair rouge et de sang.

Ils ont poussé Cường dans une autre pièce. J'aimerais suivre. Mais cette fois, ils étaient plus catégoriques

"Votre enfant devra rester dans la salle de soins intensifs. La chambre a été entièrement désinfectée car il était dans un état de blessure grave et de coma..."

Pour montrer de la sympathie pour le malheur d'une mère dans une telle situation, une infirmière m'a dit:

"Allez, rentrez chez vous. Nous vous informerons immédiatement de l'état du patient si nécessaire."

Bien que je n'espérais pas, je suppliais toujours:

"Je voudrais dormir par terre dans ma chambre."
"Ce n'est pas possible."

L'infirmière dit avec insistance:

"Pas à cette heure. Il y aura des visites demain".

J'ai dit comme dans un délire:

"Laissez-moi rester à l'hôpital. Je vais m'asseoir dans la salle d'attente"

À ce stade, les responsables ne semblent pas savoir comment me traiter, ils me regardent simplement avec compassion.

Tard dans la nuit, la salle d'attente des urgences se vidait. Assise là, trop frileuse et trop fatiguée, je me désintéresse complètement si quelqu'un entre dans la salle; je me recroqueville sur le sol. Alors seulement j'ai pleuré, pleuré à chaudes larmes. Il semble que toute la peur, l'apitoiement sur moi-même et la douleur de ma solitude qui ont été supprimées viennent maintenant éclater avec fracas en moi!

Allongée sur le sol, j'ai attendu jusqu'au matin pour annoncer la mauvaise nouvelle à Vân et Hùng.

Ce n'est qu'après 9 heures que l'hôpital autorise leur visite Nous devions porter des masques avant d'entrer, un par un et chaque personne n'étant autorisée à rester que pendant quelques minutes.

Cường resta silencieux, immobile, les yeux fermés, allongé là. Je n'ai pas le droit de tenir mon bébé. Chuchoter simplement

" Cường! Bébé, j'essaie de le réveiller. Réveille toi, chéri".

Dans l'après-midi, après le travail, Vân et Hùng sont revenus me rendre visite. Les enfants m'ont tous dit:
"Allez maman! Maman doit rentrer ce soir. Tu ne peux pas rester ici comme ça pour toujours."
Mais comment puis-je rentrer chez moi, mon cœur est comme en feu, comment puis-je rentrer chez moi pour me reposer?
Le deuxième jour, Cường ne s'est toujours pas réveillé. Le médecin le surveille toujours de près.
J'étais de garde dans la salle d'attente, attendant l'occasion de visiter, de regarder mon enfant pendant un moment, puis de sortir à nouveau. J'ai demandé à Vân et Hùng' d'apporter des vêtements pour que je puisse me changer, un chandail supplémentaire, une écharpe, un annuaire téléphonique. Comme il n'y avait personne à la maison, j'ai demandé à Vân et Hùng d'apporter davantage de nourriture et d'eau pour Bogie, le chien bien-aimé de Cường. La deuxième nuit dans la salle d'attente, j'étais tellement fatiguée que je me suis endormie sans savoir quand. Soudain j'ai entendu un bruit et je me suis réveillée, j'ai vu un grand homme noir se tenant debout me regardait. J'ai paniqué et je ne savais pas où j'étais? Pourquoi? L'homme m'a dit qu'il devait mettre son aspirateur en marche, je ne peux pas rester ici. Je lui ai demandé de me laisser rester car j'ai un fils dans le coma aux urgences. Finalement, je lui ai dit que je vais attendre dans les toilettes.
Le troisième jour, quand je suis allée visiter la chambre de mon fils, j'ai vu Cường toujours allongé sur le lit. Les cordons, les tubes respiratoires sont lâches, le visage est aussi vert comme que s'il n'y avait plus de sang! Debout je regardais mes larmes couler. A cette époque, je ne pouvais que crier à Dieu et à Bouddha.
"Je m'incline devant Dieu, devant Bouddha, laissez Cường vivre! Quoi qu'il en soit! Seigneur Bouddha, Seigneur, laissez mon enfant vivre…"

Parallèlement à la prière silencieuse, il me semblait que j'avais "entendu" ma propre prière, et cela faisait que mes larmes que je croyaisais taries, débordèrent à nouveau...

Grâce à mes prières, je me sentais plus proche de Dieu, plus proche de Bouddha, alors je me suis assise là, et j'ai constamment prié pour que Cường se réveille, pour qu'il vive.

Les journées et les heures à l'hôpital sont si longues, surtout la nuit! Peur pour la vie de mon enfant plus la solitude pour combattre la tempête qui me tourmentait physiquement et mentalement. Il y a eu des moments où j'ai cru que j'allais tomber.

Après avoir prié Bouddha, Dieu, je me tournai pour prier mon père:

"Père! Je suis tellement misérable. Aide-moi, papa! Je te demande d'aider Cường à se réveiller, papa..."

Je me rappelle avoir téléphoné pour informer M. Mai Thảo. À peu près deux heures plus tard, M. Mai Thảo, Le Vénérable Thích Mãn Giác, M. Đỗ Ngọc Yến sont venus lui rendre visite. Mais ils n'étaient pas autorisés à entrer dans la salle de soins intensifs, ils doivent rester juste à l'extérieur de la salle d'attente, Mai Thảo me réconforte. Quand j'ai vu Le Vénérable Thích Mãn Giác, Mai Thảo et Đỗ Ngọc Yến, mes larmes ont de nouveau coulé...
M. Mai Thảo continuait de marcher dans la salle d'attente, secouant la tête et disant: "Comme c'est misérable! Dommage!"

Tôt le lendemain matin, Yến est revenu m'apporter des nems, du riz gluant, des brioches à la cannelle et une tasse de café au lait chaud. J'avais juste demandé une tasse de café parce que je ne pouvais pas avaler la nourriture.

Comment l'état de Cường va-t-il changer? J'ai eu encore plus peur quand le médecin a dit qu'il devait opérer parce que le tendon de sa main était brûlé, la chair à de nombreux endroits devrait être grattée davantage pour éviter tout dommage, pour éviter la détérioration avec le temps et prévenir l'infection, mais il n'y a rien de plus à faire pour le moment. Personne ne sait quand Cuong sortira du coma.

Cette nouvelle supplémentaire m'a rendue frénétique et effrayée. Toute la nuit, je restais assise, seule dans la salle d'attente, tous mes espoirs fragilisés pour la vie de Cường, je les ai tous confiés dans mes prières et mes larmes, faute de savoir trouver rien d'autre à faire.

Jusqu'à l'après-midi du quatrième jour de visite, j'ai encore vu Cường allongé là, les yeux toujours fermés. J'ai observé de très près, chaque petit changement sur le visage, les membres de Cường, mais je n'ai toujours pas vu de signe de progrès.

J'avais peur, trop fatiguée, je me suis assise par terre à côté du lit de Cường. J'ai doucement soulevé l'un des doigts bandés de Cường et l'ai placé sur le mien. Combien de temps dois-je baisser la tête et rester comme ça? Ne sais pas. On dirait que je m'étais endormie.

Au milieu de tout ça, comme en hallucinant, j'ai entendu Cường paniquer:

"Maman! Maman Où est Maman?"

Moi aussi je panique, je me réveille:

"Maman est ici! Maman ici! mon fils!"

Les doigts de Cường touchèrent doucement les miens. Tellement heureuse! Je tire sur la sonnette à côté du lit pour appeler l'infirmière.

L'infirmière et le médecin sont entrés en courant...

Cường était encore plongé dans la terreur, hallucinant, marmonnant:

"Où est maman? Où est maman? Pourquoi je ne vois rien?"

Le médecin a soulevé les paupières de Cường et a allumé une lampe de poche. J'ai vu les yeux de Cường rouges et violets, comme du sang bouilli. Cường s'endormit à nouveau. Ils ont poussé le lit de Cường dans une autre pièce. Je courus après. On m'a interdit d' entrer. La porte claqua devant moi.

Assise dehors à attendre, je pensais que ma poitrine allait éclater, éclater parce que mon cœur battait si fort. Le temps a été si lent. Plus vite. je priais. Souviens-toi de tout le monde, et prie tout le monde:

"Oh mon Dieu! Ô Bouddha! Parents! Tatie... S'il vous plaît, bénissez Cường. S'il vous plaît, laissez Cường. vivre..."

La porte s'ouvrit brusquement et le médecin sortit. J'ai couru à nouveau. Le médecin a dit que Cường. était éveillé et sorti du coma. Il a ajouté "heureusement, il y reste encore suffisamment d'anesthésie pour lui permettre d'enlever la partie de la chair qui a été gâchée, pour éviter l'infection.

"Gratter toute chair endomagée! Cela semblait si horrible, j'avais mal au ventre, mon cœur me faisait mal."

Le médecin a dit qu'il devrait transférer Cường dans un autre hôpital spécialisé dans les "brûlures" Il y aura des équipements et des médecins spécialisés pour traiter les patients brûles. Car Cường devra encore subir de nombreuses interventions chirurgicales pour relier les tendons et la peau, c'est-à-dire prélever de la peau à des endroits sains du corps pour recouvrir des endroits brûlés, et dépourvus de peau.

Le médecin m'a en outre expliqué que l'endroit où mon enfant est allongé n'est qu'un endroit temporaire, en cas d'urgence, dans le coma uniquement. Le traitement à long terme se fera ailleurs.

Traitement à long terme

Ainsi Cường a été transféré dans un hôpital de la ville de Torrance, spécialisé dans le traitement des brûlés. Ici, j'ai dû m'asseoir à nouveau pour remplir un tas de papiers avant d'être admise à l'hôpital. Ce n'est qu'alors que j'ai su que Cường n'avait pas d'assurance santé!

Depuis notre arrivée aux États-Unis, en tant que mari et femme travaillant et vivant encore ensemble, nous avons souscrit à une assurance pour toute la famille. Mais maintenant, cette assurance n'est plus valide. Nous ne vivons plus ensemble. Cường a plus de 21 ans et ne bénéficie plus d'aucune allocation.

Dans mon esprit, retentit la question "Comment s'en tirer d'affaire? Que devrais-je faire?" Le retentissement devient de plus insistent. Mais je me suis soudain rendue compte que la chose importante et urgente en ce moment était que Cường devait être hospitalisé. Il doit être traité immédiatement, avant que la plaie ne s'infecte. Je ne suis pas du type de gens à bien comprendre les règlements. Et ce n'est pas le moment de les découvrir...

Je comprends que mon action immédiate est de signer les papiers et d'assumer l'entière responsabilité. J'étais confuse, j'avais peur pour ma situation actuelle. Mais, la plus grande préoccupation pour moi, c'est l'état de santé de Cường dans les jours à venir.

L'hôpital a commencé à faire du "nettoyage général". Les blessures, les zones brûlées, la chair sont grattées des endroits encore attachés. Ils ne m'ont pas permis de rester dans cet hôpital, mais cela ne voulait pas dire que j'étais absente pendant les heures de visite. Cela signifie que tous les jours, aux heures de visite de 8h à 17h, je suis présente. Je surveille chaque jour, chaque heure, chaque progrès de Cường.

Chaque jour je m'empresse de courir après l'équipe d'infirmiers qui roulent le lit de Cường., depuis sa chambre jusqu'à la salle d'opération. À le voir dans cet état mes viscères sont prêts à éclater.

Cường savait qu'on va l'emmener dans la "boucherie" Il me regarda d'un regard qui implore l'aide, je me sens impuissante devant sa douleur car Je ne peux rien faire pour l'aider.
Avant que la porte de la salle d'opération ne se referme, je n'ai pu que lui chuchoter:

"Bon courage, mon fils, maman restera assise ici pour t'attendre."

Je me rappele avoir retenu de pleurer devant Cường.

Assise dehors à attendre, parfois je paniquais quand j'entends

Cường "crier" dans la salle d'opération. Je courus frénétiquement pour demander des renseignements aux responsables. Ils m'ont dit qu'ils feraient des greffes de peau. En entendant cela, peut-être paniquée par les cris de douleur de mon fils, j'ai eu des questions très bêtes:

"Quoi de neuf? Quoi de neuf? Y a-t-il une anesthésie?"

Ils ont répondu:

"Il y a des moments où l'anesthésie se dissipe et le patient ressent la douleur..."

Apparemment ennuyée par ma façon de demander, une infirmière dit froidement:

"S'il vous plaît rappelez-vous qu'il s'agit d'un cas d'un patient qui vient de se réveiller d'un coma pendant quatre jours..."

Ils veulent me rappeler que les patients dans le coma ne doivent pas être mis sous sédation. Ce faisant, le patient pourrait ne pas reprendre conscience par la suite. Je me suis serrée la tête. Je ne sais pas quoi faire pour ne pas entendre Cường crier dans ma tête, dans mon cœur.

Le soir, en rentrant chez moi, je trouve une maison froide et vide, à l'exception du petit chien Shih Tzu, qui avait aussi un autre nom, Bogie, que Cường lui a donné. Cường sait que j'aime l'acteur Humphrey Bogart dans le film Casablanca avec Ingrid Bergman. Quand j'achetais le chien, il était minuscule, avec de longs poils couvrant son visage et son nez. Partout où il allait, Cường l'a aussi emporté avec lui. En allant faire du shopping au Beverly Center, Cường porte un blouson avec une grande poche devant la poitrine. Quand Bogie sort sa tête de la poche de nombreuses personnes se sont arrêtées et ont demandé à prendre sa photo. Plus tard, quand Bogie était un peu plus grand, et ne pouvait plus se tenir dans sa poche. Cường avait aménagé un sac qu'il porte en sangle sur son épaule, pour amener Bogie en promenade. Maitre et chien affectent un air très bohème. Cường l'appelle Bogie! Bogie! Parfois je l'appelle Humphrey! Humphrey!

Dés que j'ouvre la porte d'entrée le soir, Bogie se précipita à ma rencontre. s'enroulant autour de mes jambes, bloquant mes pas. Il m'a regardé comme si pour demander: "Où est Cường?" Où est Cường?

Je me suis penchée et j'ai pris Bogie dans mes bras et m'asseyais par terre à côté du piano de Cường.

"Bogie, Cường a été blessé, brûlé, très gravement, très douloureux. Cường est à l'hôpital. Cường sera absent de chez nous pendant un certain temps. Seuls toi et moi resterons à la maison. Prie pour Cường, Bogie".

Je reste assise. Bogie était immobile dans mes bras. La maison est calme, soudainement, comme si toute vie était perdue.

Cette nuit-là, Bogie est monté dans mon lit pour dormir à mes pieds. Je me suis réveillée au milieu de la nuit et je me suis glissée hors de la pièce, parce que je ne voulais pas déranger Bogie. Je suis entrée dans la chambre de Cường. Les draps sont toujours bien tirés. Tout est immobile. La guitare de Cường est toujours sur l'oreiller. Je lui ai parlé comme s'il était là, et j'ai attendu longtemps, pour qu'il m'entende:

"Cường, peux tu dormir? C'est douloureux, n'est-ce pas? Maman le sait. Je sais combien ça fait mal..."

Je me suis assise sur le lit, touchant involontairement les cordes de la guitare, faisant un bruit. Bogie a couru. Il a sauté sur le lit à côté de moi. Mes larmes ont de nouveau coulé. J'attends l'arrivée du matin, l'heure de visiter Cường.

Le matin, je donne à manger à Bogie et je prépare aussi un petit-déjeuner pour moi afin de pouvoir supporter une longue journée à l'hôpital sans nourriture! J'ai juste apporté un café au lait chaud. Avant de quitter la maison, j'ai ajouté de la nourriture et une bassine d'eau. Je lui parle comme au seul ami que j'ai en cette période infernale:

"Bogie, je suis désolée Bogie. Le pauvre Bogie a été laissé seul toute la journée, sans personne avec qui jouer! Cường n'est pas à la maison pour marcher avec Bogie tous les après-midi! Nous devrons vivre ainsi pendant un certain temps. Je ne sais pas pour combien de temps. Je sais que Cường te manque. Moi aussi. Nous l'aimons..."

Je pense que Bogie comprend ce que je veux dire! Bogie me regarda avec des yeux tristes et alourdis. Il me regarda sortir quand je verrouille la porte.

Le choix difficile pour moi en ce moment, depuis le jour où Cường a eu cet accident de voiture, est de décider de démissionner de l'agence de bénévolat de l'USCC, où j'ai été déjà admise comme employée permanente.

Le travail a cette agence me garantit tous les avantages à la retraite. je sais ça va être une décision difficile. mais je n'ai pas d'autre choix! Cường a besoin de moi tous les jours!

Le matin, je me suis précipitée à l'hôpital pour rendre visite à mon enfant. Cường dormait toujours les yeux fermés. Je me suis assise là, le regardant. Les mains et les pieds de Cường sont bandés, blancs et serrés. Le corps de Cường tout entier était comme une boule de coton géante, immobile. À le regarder, de nombreuses émotions contradictoires, déroutantes et étranges, traversaient mon esprit. Je fermai les yeux et respirai régulièrement; Je veux trouver un peu de sommeil, ne serait que pourr un instant, mais je ne peux pas. Dans l'entretemps, Cường a appelé: "Maman!"

J'ouvris les yeux sur le côté du lit. Cường me regarda longuement, les yeux de Cường étaient beaucoup moins rouges. Je voulais lui tenir la main, mais elle était bandée de l'épaule vers le bras. Les jambes sont également bien bandées.

Avant que mère et fils puissent se dire un mot, l'infirmière transféra Cường au bloc opératoire, changea de pansement et prépara des médicaments... Je dois attendre encore.

Jour après jour, même procédure: une fois ses mains et jambes pansées, ells sont suspendues en l'air. En regardant son visage pâle et hagard, je ne ressens que de la pitié dans mon coeur. Chaque jour Cường boit avec une paille immergée dans un verre d'eau que je tiens à la main. Je le nourrissai aussi de soupe quil prend par cuillerée. Voyant mon enfant incapable de s'occuper seul des choses normales, y compris l'hygiène, je me sentis tellement désolée. Je me souviens de mon Cường d'autrfois qui était plein de vie, jeune, agile, courant comme une navette sur le court de tennis, ou parcourant avec ses doigts agiles les touches du piano.

Pendant que mon esprit flottait, j'ai entendu la voix de Cường: "Maman, apporte-moi le lecteur de cassette, s'il te plaît..."

Je comprends que Cường ne supporte pas les longues journées passées ici.

"Demain Maman l'apportera, mais tu ne peux l'écouter que lorsque Maman est là. Parce que quand Maman s'en va, tu ne peux pas éteindre l'appareil tout seul!"

Les Mains palmées

Quelques jours plus tard, Cường a été transféré à la salle d'opération pour enlever le pansement, et évaluer les résultats de la greffe de peau. Assise à l'extérieur de la salle d'attente, je sursautais chaque fois que j'entendais Cường crier dans la pièce. Je me suis demandée: « Qu'est-ce qu'ils font là-dedans? Pourquoi Cường a-t-il été gardé si longtemps dans la salle d'opération aujourd'hui? Y a-t-il des problèmes inattendus? »

Je suis restée immobile. Plusieurs heures plus tard, la porte de la salle d'opération s'ouvrit. On poussa le lit de Cường qui ne s'est pas encore réveillé. Ses yeux sont fermés. immobiles.

J'ai été obligée d'arrêter le médecin pour me renseigner.. Le médecin a déclaré que les résultats des greffes de peau n'étaient pas bons. Les doigts se collent et les mains deviennent palmées! Autrement dit, les doigts ne peuvent pas être séparés, mais toute la main à cinq doigts est fusionnée en une seule. Une main avec un doigt!

Le médecin m'a dit que Cường avait vu la scène inattendue et avait soudain crié, alors l'équipe de chirurgie a demandé de donner à Cường deux doses supplémentaires d'anesthésique, pour séparer chaque doigt puis de le recoudre. Chaque fois que je l'entend crier, mon cœur se resserre.

Je suis assise dans la chambre en regardant mon enfant encore inconscient. Je suis restée assise jusqu'à la fin des heures de visite. On m'a chassée à nouveau. Quand je suis rentrée à la maison, Bogie était heureux et excité de me revoir. J'ai mis une laisse autour du cou de Bogie et je l'ai conduit dehors. Depuis le jour où Cường a eu un accident, aujourd'hui Bogie a été autorisé pour la première fois à me suivre dans la rue. Maîtresse et bête sortent ensemble, passant d'une rue à l'autre. Apparemment errant pour toujours. Je ne veux pas rentrer à la maison! j'ai peur du vide, j'ai peur de l' absence. Je crains la solitude.

Cette nuit-là, j'étais restée éveillée, hantée par ce que le médecin m'a dit: Mains palmées. Les doigts ne peuvent pas être séparés les uns des autres... Couper, couper à nouveau et refaire, recoudre.... Le sang coule à nouveau. Cường! Mon fils!

Quelques jours plus tard, Cường est devenu plus taciturne et parlait moins. Il ne faut rien lui demander. Cường est-il trop fatigué? Ou a-t-il eu peur?

Je choisis arbitrairement d'autres CD de musique que Cường aime jouer et chanter souvent, comme Imagine de John Lenon, "Bridge Over Troubled Water" de Simon & Garfunkel, Greenfields des Brothers Four, Magic Boulevard, Maman... que Bogie et moi avons écouté en boucle hier soir dans la chambre de Cường chez nous.

Je suis assise dans le coin de la chambre, Cường a fermé les yeux et a écouté. Après un long silence, je me suis approchée et j'ai vu les larmes couler au coin de ses yeux. Je comprends, Cường doit se demander: "Puis-je encore jouer du piano ou de la guitare avec cette main?"

Les Factures et Transfert au LACMC

Un après-midi, en rentrant d'une longue journée fatigante, j'ai emmené dans ma chambre une une boîte contenant une pile de courier que je n'avais pas regardé depuis des jours. Parmi les lettres "oubliées", j'ai remarqué une enveloppe épaisse. Ce sont les "factures" de l'hôpital UCLA où Cường était resté dans le coma pendant quatre jours.

J'ai été stupéfaite par le total de la facture: 14.200 dollars, et me faisais des soucis, pensant aux jours où Cường était disséqué, avait subi la greffe de peau à l'hôpital de Torrance, Eh bien, mes inquiétudes ont finalement fait surface lorsque la "facture" de l'hôpital de Torrance s'élevait à plus de 51.000 dollars. En tout et pour tout, les deux lourdes « factures » qui pesent sur mes épaules, s'élevaient a plus de 65 000 dollars à l'époque!

Après avoir raflé tous mes comptes d'épargne, plus le cachet pour un film réalisé aux Philippines, qui était proche de 10.000 dollars, j'ai négocié avec les deux hôpitaux, promettant des versements mensuels, après avoir versé un acompte s'élevant à 10 % de la facture totale.

Je comprends que cette situation ne peut pas durer plus longtemps.

On m'a conseillé d'arrêter.
On m'a conseillé de "lâcher prise" de Cường.

Cela signifie que Cường ayant plus de 25 ans, la mère n'est plus "responsable". Que la société et l'état "s'en chargent". Désormais, je ne signerai plus de papiers acceptant la responsabilité financière pour Cường.

Depuis lors, Cường a été transféré dans un hôpital du gouvernement, un hôpital public, le Los Angeles County Medical Center (LACMC).

Puisque Cường avait déjà subi une intervention chirurgicale et une greffe de peau à l'hôpital de Torrance, avec son état actuel, Cường n'a plus à rester aux soins intensifs, mais dispose d'une chambre séparée, seulement lorsqu'il est au LACMC, - Los Angeles Cường a dû partager une grande salle bondée, et elle était encore plus bondée lorsque cet endroit traitait toutes sortes de conditions médicales, pas seulement des brulures. Cependant, Cường est toujours dans la section de l'unité des brûlés.

Depuis le jour où j'ai déménagé dans ce nouvel hôpital, j'ai vu des changements dans le traitement. Chaque jour, quand je peux visiter, je suis présente. Je sais que lorsqu'il m'a vu entrer, Cường a manifesté sa joie. Je comprends l'anxiété et la nervosité d'un patient qui doit rester longtemps à l'hôpital, sans ou avec peu de visites.

J'ai dit à Cường:
"Rassures- toi. Maman sera ici chaque jour avec toi".

Concernant le programme "bain" pour les patients qui ne peuvent pas s'occuper d'eux-mêmes, tous les matins, il y a deux aides médicaux énergiques qui viennent déplacer Cường vers un petit lit, le poussent hors de la chambre, sur un long couloir, où il y avait beaucoup d'autres lits, poussés de la même manière, jusqu'à une zone appelée la "salle de bain".

C'est une grande et longue salle de bain avec environ 20 baignoires rectangulaires, resemblant a une vieille citerne en ciment qu'on trouve autrefois dans notre ville natale, que nous utilisions pour conserver l'eau de pluie.

J'ai remarqué que pour chaque zone de douche, il y avait deux réservoirs l'un à côté de l'autre, un réservoir d'eau chaude, avec de la vapeur chaude qui monte et un réservoir d'eau froide, avec des glaçons flottants à la surface.

Le lit de Cường est poussé près d'un réservoir d'eau. En principe, je ne suis pas autorisée à entrer. Mais j'ai supplié l'infirmière, lui demandant d'imaginer une mère prenant soin de son enfant impliqué dans un grand accident de voiture. Enfin le médecin puis l'infirmière me permettent de rester dans la salle, lorsque cette dernière s'est rendue compte, que le lit de Cường se trouva près de la porte et que je peux tranquillement rester dans le coin près du lit. Le lit de Cường était poussé vers les deux premiers réservoirs d'eau près de la porte.

Ensuite, un drap blanc est tiré. Cường ne porte pas de vêtements. Deux hommes forts, l'un debout à la tête du lit tenant les bras de Cường, l'autre debout au pied du lit, tenant ses jambes. Ils l'ont soulevé, l'ont sorti du lit et l'ont plongé dans l'eau chaude fumante! Cường a crié et s'est débattu. Mais en vain. J'ai vu son corps se plier, les deux hommes ont de nouveau submergé tout son corps dans l'eau.

Seules la tête et la moitié du visage sont exposées. Cường a continué à crier, à lutter, à souffrir, mais les deux assistants tenaient toujours les membres de Cường et les submergent à fond dans l'eau' Il. les laissenT la pendant un bon moment. Pendant ce temps Cường criait! Puis ils l' ont soulevé de la baignoire d'eau chaude et l'ont plongé dans le baignoire d'eau froide.

Cường n'ayant presque plus la force pour lutter, s'est tourné vers moi pour obtenir de l'aide:

"Maman, maman dis-leur d'arrêter. Arrêt!!!"

J'ai vu les deux personnes baigner Cường, elles étaient presque sans émotion. elles font le travail de façon machinale et précise.

Avec deux réservoirs d'eau chaude et froide proches l'un de l'autre, le patient est immergé dans le réservoir d'eau chaude puis transféré dans la baignoire d'eau froide, avec un petit dé-calage de temps..

Je transpire. Je me mords les lèvres jusqu'à ce qu'elles saignent.

Cường cria à nouveau:

"Maman! Arrête. Bon sang. Arrête."

J'ai supplié les deux infirmiers:

"Veuiller arrêter. Est ce que c'est assez pour le moment? Car Je suis sûr qu'il mon fils n'en peut plus..."

Mais, tout à coup, l'un d'eux me disait:

"Vous devez vous estimer contente qu'il se débatte encore et qu'il ait trop chaud ou trop froid. Parce que sans les nerfs la chair serait morte. Pas de sensation... Il n'y aura plus d'espoir.

Après avoir été ainsi soulevé et abaissé plusieurs fois, Cường était ramené au lit, et poussé dans la pièce pour "recevoir des médicaments". Je me tenais à l'extérieur, regardant à travers la cloison vitrée, un infirmier assécher les zones affectées. Blessé avec des bandages, où il n'y avait que des os, pas de peau, Cường a crié fort. Bien que l'infirmier ne semblait pas écouter. Il procède avec prudence., se penchant en avant, avançant doucement pouce par pouce. Mais même s'il avance avec précaution, chaque fois qu'il avance Cường commencça à crier tant la douleur est si atroce. La chair est épongée, puis il a mis quelque chose comme du suif et l'ont ensuite entièrement recouvert.

De retour dans sa chambre, j'ai vu Cường fermer les yeux, immobile ne me regardant pas, ne disant rien. Je ne sais pas si Cường est fâché contre moi ou il est trop fatigué.

C'était le travail de "nettoyage" que Cường devait endurer chaque matin. Chaque matin, quand le lit était poussé dans le couloir vers la salle de bain, Cường me regardait comme un enfant, comme s'il demandait de l'aide. Je me sentais très désolée pour moi-même, mais je l'ai seulement dit "silencieusement" à Cường et j'ai cru que Cường avait compris: "Tu dois travailler dur, tu dois subir cela pour que ta santé s'améliore. Ce ne sera pas long. Tu n'auras pas à te doucher comme ça pour toujours. Sois patient, mon enfant. Ça vaut la peine."

Les médecins m'ont expliqué que tous les jours il doit prendre un bain, doit être trempé dans de l'eau pour stimuler les tendons et en même temps laisser certains produits comme la cire, le suif, appliqués la veille pour fondre, facilitant ainsi le"nettoyage" et administrer de nouveaux médicaments. Chaque jour est une souffrance et une torture qui vous attendent!

Quelques semaines plus tard, Cường n'a plus besoin de prendre des bains chaud-froids. Bien que ses membres soient toujours couverts de pansement, ils ne sont plus requis d'être suspendus en l'air.

Début du traitement

Chaque matin, après le petit-déjeuner du patient, l'équipe qui s'occupe de Cường le pousse jusqu'à "la salle de gym". Cường est maintenant en fauteuil roulant et n'avait plus besoin de s'allonger sur un lit roulant.

Le gymnase est un endroit où de nombreux patients de toutes catégories doivent s'entraîner. De nombreux patients qui apparaissent pitoyables. leurs lèvres brûlaient. Un autre homme se fait brûlér un œil tout entier. Et les enfants.surtout. comment pouvaient-ils comprendre comment cela pouvait être si douloureux, pourquoi ils devaient subir un supplice si terrible infirmière principale du gymnase est une femme philippine, forte et mignonne, mais aussi très stricte. Elle apporte une cuvette en aluminium, semblable à l'ancien bassinet d'autrefois à la maison. Dans le bassinet se trouvent des pinces en bois, comme des pinces à linge. Cường doit ramasser chaque pince dans le bassinet puis les pincer sur le rebord de la cuvette. Avec la main et les doigts de Cường dans cet état, je pense qu'il est difficile pour lui de ramasser la pince, et plus difficile encore quand il doit utiliser la force pour ouvrir la pince et la fixer sur le rebord de la cuvette. Par conséquent, Cường travaille très lentement. Lorsqu'il a ramassé toutes les pinces dans le bassinet et les a serrées autour du bassinet, il a dû ouvrir chaque pince sur la paroi du pot et les remettre dans le bassinet. J'ai vu Cường froncer les sourcils chaque fois qu'une pince tombait. Je comprends que c'est à ce moment la que ses doigts deviennent douloureux et fatigués.

Après avoir la "manipulation des pinces", venait l'exercice de la fermeture éclair. La corde est accrochée à un poteau comme à un cintre. Cường doit utiliser ses deux mains pour tirer sur la corde de haut en bas, avec un mouvement de va et vient.

Quand les choses sembllaient s'arranger et suivre une routine plus ou moins régulière, l'optimisme m'étais peu à peu revenu.

Puis un jour Cường me disait: "Je ne peux plus pas rester ici plus longtemps. Je vais devenir fou ici. Maman, s'il te plaît, laisse-moi rentrer à la maison..."

Je lui donne des explixcations et essaie de le conseiller, mais en vain, pas moyen de le dissuader. Cường insistait toujours en grognant:

"Je n'en peux plus, maman tu dois demander la permission pour me laisser partir."

En me renseignant, il s'avère que le lit de Cường se trouve entre celui d'un jeune patient, qui écoute de la musique rap très bruyante à longueur de journée, et celui d'une vieille dame, à moitié folle, à moitié niaise, qui balbutie, tantôt en riant, tantôt en pleurant.

Face à cette situation, j'ai dû faire appel à un médecin ami pour demander à l'hôpital de laisser Cường rentrer chez lui pour se faire soigner. En fin de compte, ils ont accepté, mais avant que Cường puisse partir, l'hôpital envoie un vérificateur à la maison pour s'assurer que la maison est éligible. Est-elle propre? Est-elle climatisée? La salle de bains dispose-t-elle d'une baignoire, etc. Et aucun chien ou chat n'est autorisé dans la maison.

J'engage du personnel pour nettoyer la maison, la chambre, la salle de bain, la cuisine, le réfrigérateur... et ensuite je vais au marché pour faire des provisions pour les repas pour accueillir Cường. Le réfrigérateur regorge de légumes pour la soupe quotidienne, sans oublier bien sûr du lait et des fruits de toutes sortes.

Sur le chemin du retour de l'hôpital, j'ai expliqué à Cường que je devais faire héberger Bogie pour chez Mme Diệu Lê pendant un certain temps, jusqu' à ce que Cường se serait remis de sa maladie. Bogie rentrerait chez nous.

Cường ne disait rien. Mais je sais qu'il a dû l'accepter parce qu'il ne supportait plus le séjour à l'hôpital.

Quand il est rentré chez nous, Cường était fou de joie. Il a son propre téléviseur dans sa chambre. Il peut écouter à volontè la musique de son choix.

En voyant Cường heureux, je me sens heureuse aussi, comme si l'histoire de la mère et du fils vient de tourner une autre page!

Dès lors, je ne sors plus de la maison. Je passe 24 heures sur 24 à m'occuper d'un patient à domicile: bain, changement de pansements, préparations de médicaments, nourriture (ses mains n'ont pas encore regagne leur pleine faculté, il a encore besoin de quelqu'un 'pour l'aider à manger).

Quand Cường se repose ou dort, je prépare de la soupe pour le petit-déjeuner, le déjeuner et le dîner. Chaque jour, je passe beaucoup de temps à nettoyer la salle de bain, à laver les vêtements, les draps...

Pour parer à toute éventualité, ou lorsque Cường avait un besoin urgent pour quelque chose, j'avais l'intention de poser une couverture sur le plancher de sa chambre pour dormir, mais Cường ne m'a pas laissée à le faire. J'ai donc pensé à une solution, installer une sonnette pour Cường puisse m'alerter quand il a besoin de moi, et quand 'il ne peut pas appeler, il suffit de tirer sur la sonnette. Je laisse la porte de la chambre ouverte pendant toute la nuit.

Une nuit, alors que je dormais, j'ai soudainement entendu un grand fracas, je me suis précipitée dans la chambre de mon fils, j'ai vu Cường allongé sur le sol convulsant de douleur. Cường veut aller aux toilettes, mais ne m'a pas réveillée parce qu'il ne veut pas me déranger et me laisse dormir. Alors mère et fils se sont affairés toute la nuit au nettoyage, et au bain...

Cependant, outre les événements inattendus difficiles à éviter, les jours où Cường est rentré à la maison m'ont également apporté des moments de réconfort dans l'amitié et l'amour. Grâce à ces douces sensations, je trouve que les journées passent plus vite, deviennent plus confortables, comme si j'étais consolée et réconfortée.

Je me souviens qu'une fois deux amis très chers, Mai Thảo et Đỗ Ngọc Yến sont venus me rendre visite. Ils ont apporté un grand vase de fleurs pour Cường avec les mots "Bienvenue à la maison", et n'ont pas oublié non plus un bol de phở pour moi. Cela faisait longtemps que, je n'avais pas mangé un délicieux repas, Et voila aujourd'hui, un bol de Bolsa phở! "assaisonné" de fraternité et d'amitié.

Pendant longtemps, mettant tout de côté, y compris moi-même, consacrant tout mon temps et mon esprit dans la lutte pour la vie de Cường entre les mains de la mort, j'étais comme une autruche avec son cou enfoui dans le sable.

Mais ce qui devait arriver, est enfin arrivé: c'est la réalité de la vie sociale américaine! Ce fait n'exclut personne. Aucune exception!

Parce que je passe tout mon temps à m'occuper de mes enfants et à ne pas travailler, je n'ai pas pu payer la maison ces derniers mois. La facture d'électricité est trop élevée car le climatiseur tourne en continu.

Mon amie, Diệu Lê, a dit qu'elle voulait payer le loyer pour moi. je ne l'accepte pas. Elle propose alors de me prêter-de l'argent. Je n'accepte pas non plus.

Enfin, avec tact, mon amie m'a dit:
"Khanh, mon mari, a fait des bonnes affaires ces jours-ci, il vient de décrocher un contrat pour nettoyer la pollution à l'aéroport. Je viens d'acheter une maison de plus d'un million de dollars, j'ai besoin de beaucoup de meubles, mais je ne suis pas aussi sure de mon goût que Chinh... Pourrais tu me céder ce magnifique ensemble de salle à manger en acajou?"

Donc, l'ensemble de salle à manger est parti. Un mois plus tard, le salon. Le mois prochain, le manteau d'angora et les sacs à main en cuir de marque.

En fait, c'est juste comme ça que mon amie voulait m'aider. Je sais qu'elle n'a pas besoin d'acheter ces choses là!

Avec le temps et l'amitié chaleureuse comme le soleil, la gentillesse et la douceur, comme la lune et les étoiles que mes mes amis ont pour moi, l'état de santé de Cường s'est progressivement rétabli. Maintenant, Cường peut se baigner, prendre de la nourriture lui même et se promener tout seul dans la maison. Quelques amis proches de Cường lui ont rendu visite et ont parlé. Tế et Brigitte ont également rendu visite... À mon avis, ce sont des signes positifs, montrant notamment que la santé de Cường est en voie de revenir à la normale. J'étais moins anxieuse qu'auparavant et je sentais l'espoir grandir de jour en jour.

Puis, un soir après dîner, j'ai dit à Cường de dormir, pendant que je vais faire des courses en ville pour faire quelques achats, et chercher des médicaments à la pharmacie.

C'était la première fois que je que laisse Cường seul à la maison depuis son retour.

"Peux tu rester seul à la maison, mon enfant?"

Il hocha la tête.

Environ une heure plus tard, je suis revenue. Ouvrant la porte qui se trouve déverrouillée, Je voyais des gouttes de sang sur le plancher, je me suis précipitée dans la chambre de Cường. Il n'y avait personne, sauf les gouttes de sang et un verre brisé. Je courus frénétiquement autour de la maison. J'appelle son nom, Cường, mais aucun son n'est revenu, à l'exception du silence glacial et les battements furieux de mon propre cœur.

J'attrapai une lampe de poche et je courus vers le jardin à l'arrière dela maison. Aucune trace! Je paniquais et j'e courus dans la rue vers le nord. J'allume la lampe de poche en appelant son nom. Seul un silence inquiétant répondit. En me tournant vers le sud, je braquais les faisceaux de la lampe de poche sur chaque tronc d'arbre en pleurant et appelant Cường dans l'espoir que mes cris l'incitent à répondre.

Mais la réponse était toujours le silence.

Au bout de la rue se trouve un pont qui enjambe un petit ruisseau servant de voie d'évacuation des eaux de pluie avant d'atteindre Ventura Boulevard, la route principale. La lumière que je tiens dans la main braque soudainement sur des pieds! Les pieds de Cường sont apparus au pied du pont. Tremblant, je m'empressai de le soulever et le ramener à la maison.

Je ne sais pas pourquoi Cường ne pouvait pas aller plus loin. Que voulait-il faire? Sur le chemin du retour, mon esprit n'arrêtait pas de se poser la question: Des gouttes de sang? Pourquoi des gouttes de sang? Combien de temps Cường est-il resté là au pied du pont? Si je rentrais chez moi plus lentement, si j'aille dans une autre direction pour le chercher, Cường, respirera-t-il encore à côté de moi maintenant?

J'ai essayé de réprimer mes émotions et pour poser au moins deux questions à Cường, mais il est resté silencieux. Ce fut un autre immense silence pour moi, comme si tout m'avait tourné le dos.

Quand je suis rentrée, j'ai aidé Cường à entrer dans sa chambre.

"Cường, couche-toi. Allonge-toi et repose-toi bien. maman va te préparer de l'eau chaude à boire."

J'apporte une tasse de thé chaud et une nouvelle cassette que j'ai achetée à la pharmacie, dans la chambre de Cường. Je pansais et bandais la main qui saigne. Mère et fils se taisent, mon cœur et peut-être aussi même celui de Cường qui tremble au rythme lent de mes doigts qui pansent sa plaie.

Bien que l'état de santé de Cường s'améliore de jour en jour, Cường doit prendre des analgésiques tous les jours. Et chaque jour, je dois encore le ramener à l'hôpital pour une séance de thérapie.

Lorsque les blessures de Cường ont temporairement cicatrisé, j'ai pensé à ramener Bogie à la maison pour égailler Cường, et reintroduire un troisième "personnage" entre la mère et le fils, comme un "amour" commun de la famille.

Avant cela, chaque fois que je rencontrais Diệu Lê, je posais encore des questions sur Bogie. Diệu Lê a dit que Bogie était très bon. Mais cette fois ci, quand remercie Diệu Lê pour s'être occupée de Bogie dans le passé, et lui demander de ramèner Bogie à la maison maintenant que Cường va mieux, ... alors Diệu Lê ne pouvait plus cacher la vérité et doit avouer. Après un certain temps, Bogie s'était enfui de chez elle!

Je pense que Bogie voulait "rentrer chez lui" mais ne connaîssait pas le chemin.

Où va Bogie? Perdu où? Quelqu'un l'a-t-il attrapé et ramené chez eux? Ou ce petit corps a couru dans la rue et a été tué par une voiture?

Je n'ai absolument pas parlé à Cường de la perte de Bogie. Personnellement, j'avais mal au cœur. Plusieurs fois, j'ai rêvé que Bogie rentrerait à la maison. Je réalise vaguement que les tempêtes de ma vie ne se sont pas arrêtées ici. C'est une vague souterraine, un peu plus diabolique, plus cruelle. Des vagues souterraines surgissent et s'élèvent dans mon propre âme. Comment aurais-je pu prédire ou imaginer que, parallèlement aux efforts remarquables de Cường, pendant deux ans, Cường avait fait de son mieux pour surmonter les jours les plus sombres de sa vie, c'est aussi quand le fleuve de la vie me pousse tranquillement vers un autre courant violent.

Ce fut la période où Cường retourna aux activités quotidiennes d'une personne normale. Cường est retourné à l'école. Bien sûr, tout ce qui remonte au début comporte toujours des détails qui doivent être ajustés pour s'adapter aux nouvelles circonstances et conditions de vie. C'est le rôle de Cường. Quant à moi, ces derniers temps, je n'ai presque jamais vécu pour moi. Je m'oublie complètement pour ne voir qu'une seule chose: le bien-être de Cường. Pour moi, c'est Cường quand j'ouvre les yeux, c'est aussi Cường qund je les ferme. Sur la route c'est encore Cường. À la maison c'est tiujours Cường il habite et domine mes rêves solitaires et désespérés!

Maintenant, je suis heureuse de voir Cường revenir à la vie, comme par un miracle, comme une grâce divine qui a finalement permis à mon fils et à moi de retrouver une vie saine après de longues périodes d'inquiétude et de désespoir, faisant face à d'insurmontables défis. Je suis infiniment heureuse de voir que Cường se récupérer et essayer de retrouver son "moi" avant l'accident

Merci à Dieu, à Bouddha, aux parents tutélaires et défuncts de m'avoir rendu la vie, et merci également aux médecins aux infirmières et aides consciencieux qui ont pris soin de Cường avec dévouement. Merci à tous!

Maintenant, chaque jour, Cường se rend à l'école en voiture, rentre à la maison pour s'occuper de tout, s'asseoit au piano le soir, répète le piano, répète ses chansons préférées, ce qui est aussi une façon d'exercer ses doigts pour qu'ils deviennent rétablis et normaux comme auparavant. La nuit, dans ma maison, je peux m'asseoir près de la fenêtre ou près de la cheminée en écoutant Cường jouer du piano.

Cường est diplômé de l'université et a eu la chance d'être présenté par M. Phạm Bội Hoàn mon ami proche pour travailler à la chaine de télévision CBS. M. Phạm Bội Hoàn est un caméraman connu qui a travaillé pour CBS pendant de nombreuses années.

Le Suicide

Dans la maison il n'ya plus que moi, vivant avec... ma propre ombre dans le silence, la solitude. J'ai peur de la solitude, peur de manger seule le soir, à tel point que je dois dîner quand il fait encore jour, et qu'il y a encore des bruits dans la rue. J'ai peur des après-midi où le soleil se couche, le silence me couvre les yeux et me fait pleurer. J'ai peur du noir, peur des nuits tardives, les yeux grands ouverts et regardant dehors dans le noir. Où est tout le monde? Pourquoi n'y a-t-il qu'un espace vide autour de moi.

J'ai peur des nuits pluvieuses, allongée dans mon lit en écoutant le bruit des gouttes de pluie frapper contre les vitres, le vent hurlant dehors et le battement inégal de mon cœur. Je me sens petite, faible, fragile. Pendnt les nuits de fortes pluies, l'eau se déverse sur le toit comme une cascade, j'avais l'impression d'être enterrée au milieu de nulle part.

Il y a eu des nuits où j'ai été surprise d'entendre le bruit de la porte qui s'ouvrait, puis le bruit des pas de Cường sur le parquet entrant dans la maison. Mais non, il n'y a personne, personne, juste mon imagination obsessionnelle.

À partir de ce moment-là, j'ai eu l'impression de tomber dans le vide, sans rien savoir à quoi m'accrocher. J'ai l'impression que personne, personne n'a plus besoin de moi. Le plus jeune enfant que j'aime le plus, maintenant n'a plus besoin de moi. Il a trouvé sa propre direction dans la vie. Donc mon devoir de mère est fait? Les trois oiselets ayant été complètement "emplumés", s'envolèrent, chacun vers leur prope nid.

Que Dieu vous bénisse pour avoir une vie paisible et heureuse et ayez toujours de la chance sur le chemin de la vie. Mon ex-mari est aussi paisible et heureux avec une autre femme. Maman et mon frère étaient décédés tôt. Papa et mon frère dans quelque brume à l'horizon lointain!

Je me demandais ce que je ferais quand je n'aurais plus d'obligations.

J'ai parcouru de nombreux kilomètres de routes épineuses, plusieurs fois tombant et plusieurs fois me relevant pour surmonter des tempêtes parce que je sais que je ne vis pas pour moi-même, seule. Maintenant, tout à coup, cette "raison d'être" n'est plus nécessaire. Il semble qu'en fin de compte je vis pour les autres, jamais pour moi personellement.

Par conséquent, je dois payer le prix de mon tourment, de ma confusion, de ma désorientation et de mon insensibilité. J'ai commencé à avoir des nuits blanches et des maux de tête constants. Les maux de tête, la douleur dans les deux tempes étaient si fortes que je ne pouvais pas les supporter. J'ai l'impression que toute ma tête va exploser a tout moment. La douleur m'a non seulement donné envie de me cogner la tête contre le mur, mais j'ai aussi de crier parce que je ne pouvais pas le supporter. Des voisins ont remarqué ces changements inhabituels et ont automatiquement appelé la police ou appelé une ambulance, je n'en savais absolument rien du tout!

Je me souviens d'un véhicule fermé qui arrivait. Deux grands hommes firent irruption dans la maison, emmenant une épaisse chemise en toile à manches très longues. Ils ont enroulé ma chemise autour de moi, mis mes mains dans les manches, puis les ont liées derrière mon dos, m'ont ligotée; m'ont emmenée dans le véhicule pour me transporter à l'hôpital.

À l'hôpital, j'ai crié parce que j'avais tellement mal à la tête qu'on m'a administrée une dose de morphine pour que je puisse dormir. Le soir, je me suis réveillée, ma vision était estompée et il y avait beaucoup de gens assis dans la pièce qui me regardaient en silence. Les yeux étaient lourds, douloureux, la douleur qui faisait rage était un peu plus intense qu'auparavant. Incapable de le supporter, j'ai crié à nouveau. Hùng, mon fils aîné, tenait fermement ma main. Le docteur Nguyễn Gia Quỳnh et sa compagne de vie, Phương Lan qui m'est apparentée, m'ont rendu visite avec Hùng qui me regardait avec inquiétude. Voyant ma douleur, Hùng n'a pas pu le supporter, alors il a demandé à l'hôpital d'injecter plus de morphine pour que je puisse à nouveau dormir. Dr. Quỳnh déconseille l'injection additionelle de morphine qui est nocif, et dans cette situation il ne faut pas trop dormir en continu! Mais que faire, quel médicament prendre pour vaincre cette douleur. Les médecins et les infirmières de l'hôpital sont venus parler au Dr. Quỳnh et à Hùng, tandis que Phuong Lan était assise près du lit, tenait ma main en la frottant doucement. Habituellement, je dois prendre du Varian pour dormir. Le Tylenol PM a cessé de marcher pour moi depuis longtemps. Faute de Valium, l'hôpital m'a donné de l'Excedrine pour soulager la douleur des maux de tête sévères, qu'ils appellent une migraine. Me sentant fatiguée, j'ai fermé les yeux et je me suis endormie.

Au début, je prenais une dose d' Excedrin tous les soirs, puis j'ai doublé la dose. Cependant, les migraines me rendent toujours folle! Quand l'Excedrin me manque, l'hôpital m'a redonné de la morphine. C'est pourquoi je ne suis plus éveillée, toujours léthargique et fatiguée. Lorsque je me suis rendue compte que ma vie entrait dans une phase où je devais compter entièrement sur les médicaments pour surmonter ma douleur, je suis devenue plus désespérée et déprimée.

Après quelques jours de traitement, l'hôpital a dû penser que ma condition s'était quelque peu stabilisée, m'a laissée sortir de l'hôpital.

Je suis rentrée chez moi ce jour-là à la fin de l'année, ma maison sur la rue Farmdale est l'un des endroits les plus romantiques de Studio City. Toutes les maisons aux alentours étaient illuminées pour Noël. Ici et là, la musique de Noël remplissait l'air. *Silent Night* résonnait dans mes oreilles. Silent Night, ma chanson de Noël préférée, rendant mon cœur agité et triste. Je me suis promenée dans la maison vide, et contrairement à chaque année, cette année il n'y avait pas de sapin de Noël, rien pour montrer que les chalaleuruses vacances en famille arrivaient. Je suis restée longtemps près de la fenêtre, regardant dans la rue, puis je suis rentrée. Que faire maintenant? Que dire? à qui? Tout était silencieux.

Fatiguée et triste, j'ai juste envie de m'allonger tout le temps. Allongée mais incapable de dormir, fermant les yeux, mon cœur est rempli de nostalgie pour mon père, pour Lân, pour Tinh... J'ai envie de revivre le bon vieux temps. J'ai hâte de retrouver mes proches. Hanoï me manque. Mon Hanoï, comment va-t-il maintenant? Hanoï est de l'autre côté, comme dans un autre monde. Là, mes proches, don't certains sont morts, d'autres qui ont été entraînés au rythme des jours, languissant et sans espoir.. Je veux retourner. Je veux pouvoir appeler "Papa!" Je veux rentrer à la maison.

Je ne sais pas combien de jours et de nuits j'ai passé éveillée, agitée de panique et d'insécurité. je ne veux pas laissez mes enfants connaître mon humeur et mon état d'esprit en ce moment, je ne veux pas qu'ils portent le fardeau, pauvres ils s'inquiéteront et ne pourront rien faire. Qu'ils se reposent dans leur bonheur, je pense qu'il faut que je sorte au plus vite de cet état d'esprit. Je ne veux plus penser à rien, je ne veux plus traîner jour après jour dans la solitude, perdue, et désorientée.

Un soir tard, et comme tous les autres soirs, je me tourne et me retourne dans mon lit. Je veux dormir, dormir longtemps. Dans un moment de folie, comme dictée par mon inconscient, j'ai pris tout le flacon des somnifères, une dizaine de somnifères dont je ne me souviens plus le nom, avec un verre plein d'eau. J'ai pris chaque pilule, une par une, jusqu'à ce que le flacon soit vide

Je me suis étendue là, et très rapidement tout mon corps s'est engourdi tandis que mon esprit s'agitait très rapidement.

Combien de choses je veux enseigner à mes enfants, combien de travaux inachevés. Je me souviens que je n'ai encore dit au revoir à personne! Je pense que je dois appeler Hùng tout de suite. J'ai besoin d'entendre la voix de mon bébé. Je dois vous dire un mot! Bébé, j'ai besoin d'entendre ta voix. Mais quel est le numéro de téléphone de Hùng, je ne m'en souviens pas du tout Les numéros de téléphone de mes enfants, Vân, Hùng, Cường je les connaissais par cœur mais maintenant je n'arrive plus à me les rappeler

J'attrapai le téléphone près du lit. Mais je ne pouvais pas lever la main. Faire un effort! Faire un effort! Je ne peux toujours pas. J'ai soulevé mes jambes et j'ai donné un coup de pied au lit pour incliner mon corps sur le côté, afin que ma main soit plus proche du téléphone.

Au moment où j'atteins le téléphone, ma main ne pouvait plus le tenir. Le téléphone a glissé de ma main et s'est suspendu au bout de son cordon. J'ai essayé d'appeler, mais je ne pouvais pas parler, pourtant mon esprit est toujours éveillé!

Mes lèvres se remuaient, je ne pouvais pas parler, juste des chuchotements: "Dieu, laisse-moi dire quelques mots de conseil à mes enfants... Mon fils! Je suis désolée, mes enfants. Maman est partie. Finis les mères, les enfants, aimons-nous et prenons soin les uns des autres. Vân et Hùng, l'état de Cường est comme ça, vous devriez aider votre mère à se sentir en sécurité. Vous savez sais aussi que je vous aime beaucoup. Je veux juste que vous ayez une vie saine, paisible et heureuse. Vivre une bonne vie. Bien vivre. Amour. Aimez vous les uns les autres. Que le Ciel vous bénisse. Maman vous aime. Maman vous embrasse..."

Je veux me retenir, je veux ouvrir les yeux, mais c'est trop tard, et je m'évanouis. S'en aller. Prémonition... perdue dans le vent...

Au milieu de mon désarroi, à la dérive dans un autre monde, j'ai soudainement ressenti une douleur aiguë dans le pouce de ma main gauche. On dirait que quelqu'un appuyait fort au bout de l'ongle du pouce. Douleur aiguë, aiguë comme une aiguille dans le cœur.

Je pouvais entendre la voix de Cường trembler de près et de loin:

"Maman, réveille-toi! Réveille-toi maman!" La voix de Cường résonnait comme à l'autre bout du monde. Cường a encore appelé sa mère, puis j'ai entendu la voix d'un homme étrange: "Elle ressent la douleur".

À qui est cette voix? Je voulais ouvrir les yeux, mais je ne pouvais pas. Tout mon corps est resté immobile, comme s'il appartenait à quelqu'un d'autre, pas à moi. Je me suis retrouvée soulevée du lit.

J'ai entendu Cường dire "Elle a froid". Puis les sirènes des ambulances ont hurlé et duré...

Quelque part, quelqu'un me renversa la tête. Ils m'ont ouvert la bouche. J'ai ressenti une douleur aiguë, très douloureuse dans ma gorge, parce que quelque chose était enfoncé profondément dans ma gorge. Ils ont poussé plus profondément, plus profondément... Je me suis penchée en avant, prenant quelque chose profondément dans mon corps. La douleur m'a fait me recroqueviller et j'envie de vomir!

Qu'est-ce qu'ils me font? Je veux vraiment voir mais mes yeux ne peuvent pas s' ouvrir. Puis j'ai senti l'eau sortir de ma bouche. Débit complet du cou jusqu'à la poitrine. Et enfin, l'eau et les matières fécales sortent du bas-ventre.

Encore une fois, j'ai entendu beaucoup de gens chuchoter autour de moi, mais je ne pouvais pas entendre ce qu'ils disaient. Enfin, soudain, j'ouvris les yeux. Cường se leva et me regarda attentivement. Ce n'est qu'alors que je me rends compte que j'étais à l'hôpital, assise bien droit dans un grand fauteuil. Deux personnes portant des blouses blanches. Médecin? Infirmière? Quelqu'un tient ma tête et la penche en arrière sur le dossier d'une chaise, un homme tient une grande cruche d'eau et la verse dans un entonnoir. L'entonnoir s'enfonça dans un tube en caoutchouc qui s'enfonça profondément dans ma gorge. Ils pénétraient profondément dans le cou. Les larmes me montaient aux yeux à cause de la douleur. Cường tenait ma main et m'a regardée, partageant ma douleur avec sympathie, en m'encourageant et priant pour moi.

J'ai commencé à remarquer l'agitation, les bruits, les voix des gens autour de moi. Quelqu'un a crié à haute voix. La personne en blouse blanche, probablement le médecin qui me soignait, a demandé à Cường de tenir la bouteille d'eau versée dans l'entonnoir. L'homme en blouse blanche a couru vers une nouvelle civière qui a été poussée dans la pièce. Cường a vidé la deuxième bouteille d'eau lorsque l'homme en blouse blanche est revenu et a sorti l'entonnoir. Le tube en caoutchouc a également été lentement retiré de ma gorge, de ma bouche. L'eau courante sent le poisson. Mes vêtements sont mouillés.

Puis je me suis rendormie et quand je me suis réveillée cette fois je me suis retrouvée couchée dans une pièce entourée de rideaux blancs. Hùng est assis sur la chaise à côté du lit et m'a regardée attentivement. Je ne sais pas quand Hùng s'est assis là. Je ne sais pas non plus pendantcombien de temps j'ai dormi.

Voyant sa mère ouvrir les yeux, Hùng sauta joyeusement, me serra dans ses bras et posa sa tête à côté de la mienne.

Il y eut un moment de silence, les larmes me montaient aux yeux.

Je regrette d'avoir rendu mes enfants inquiets et tristes.

Hùng a regardé, pas différent de l'image que j'avais l'habitude de m'asseoir comme ça en regardant Cường, les jours où Cường était dans le coma.

Hùng, a mis ma main dans la sienne, la massant doucement.

"Nous avons besoin de toi, Maman. Je t'aime!", et j'ai serré la main de Hùng.

Je regrette d'avoir agi d'une façon si égoïste. Penser juste à moi. Penser à partir pour "alléger" la douleur, la tristesse, à agir comme une lâche, s'enfuir, sans réfléchir. Je vois mes actions effrayer seulement mes enfants. C'est un acte d'évasion à la responsabilité, ne pensant qu'à "s'évader" pour soi, abandonnant les enfants. Voyant mes enfants inquiets et aimants, je me suis grondée. J'ai dit à Hùng :

"Enfants! ... Maman est désolée..."

Ce sont les premiers mots que j'ai prononcés depuis le coma. La voix sortit lentement, ma gorge piquait encore de temps en temps.

Le rideau blanc s'écarta, deux personnes entrèrent, un jeune médecin et une infirmière. Ils ont regardé Hùng et ont dit: "Nous devons travailler."

J'ai tenu la main de Hùng et j'ai dit doucement:

"Maman ira bien. Ne vous inquiétez plus. Allez, retournons au travail."

Hùng se pencha pour m'embrasser.

L'infirmière posa un verre d'eau avec une paille sur la table avant de partir. Le psychiatre, tenant une planchette bloc-notes blanche, un stylo et du papier, a tiré une chaise et a commencé à travailler. Sa voix était froide et calme.

"Vous êtes Kieu Chinh Nguyen, 46 ans?"

J'ai hoché la tête.

« Pourquoi vous êtes-vous suicidée? »

Je regardai le jeune docteur sans répondre. Il continua comme une machine:

"Je dois connaître la raison pour faire mon rapport."

La voix silencieuse en moi s'étonne: Pourquoi? Pourquoi? Ma vie? D'où viens tu? La vie d'un exilé! Comment comprenez-vous!

Voyant que je restais toujours silencieuse, le médecin continua comme pour me donner une consigne:

"En Amérique, les gens n'ont pas le droit de se suicider. C'est contre la loi!"

La loi? Regardant dans les yeux du jeune docteur, je répondis "Je n'ai rien à dire."

Le docteur repoussa la chaise et se leva.

"Vous devez savoir que si vous refusez de le dire, vous serez envoyé dans un hôpital psychiatrique, un asile d'aliénés! C'est à vous de choisir!"

J'ai regardé le plafond, tout était blanc. Le rideau blanc bougea. et se referme.

Tippi est venue me rendre visite avec un bouquet de roses jaunes et un exemplaire du Hollywood Reporter.

"Chinh! Rien n'est plus important que votre propre vie.

Nous nous embrassions.

"Vous n'appartenez pas ici. C'est beau là-bas."

Je ne sais pas ce que Tippy a dit à qui que ce soit après sa visite, mais le lendemain, quand le médecin est venu me rendre visite, ce n'était pas le jeune médecin d'hier, mais un médecin plus âgé que moi, une femme belle et polie. Elle s'asseyait sur le bord du lit, douce comme une grande sœur, une mère. Elle a caressé quelques mèches de cheveux sur mon front, m'a souri et s'est présentée: "Tu es belle. Je t'aime dans M.A.S.H., je t'aime dans M.A.S.H. Alan Alda est formidable, n'est-ce pas."

Je la regardai et souris à sa dernière phrase.

Elle parlait et agissait intimement avec moi comme deux amies qui se connaissent depuis longtemps.

Le lendemain, elle est revenue mais n'a pas "travaillé" à l'hôpital, elle est venue me chercher pour m'emmener dans son cabinet privé, non loin de l'hôpital, pour "bavarder". Son bureau est au dernier étage, le quatrième de l'immeuble. En ouvrant la porte, j'ai été surprise comme si j'entrais dans une forêt: Autour du mur et au plafond étaient peints des bonsaïs, toutes sortes de feuilles vertes. En regardant par la fenêtre, il y a de grands pins verts. Il y a très peu de meuble dans la chambre. Elle m'a montré le banc près de la fenêtre et m'a dit de m'allonger. Elle metta la musique, une musique douce qui semblait venir de très loin. Elle m'a apporté un verre d'eau froide, avec un morceau de citron dedans et une petite feuille flottante. Elle a tiré une chaise à côté du canapé sur lequel j'étais allongée et a demandé la permission d'allumer le magnétophone pour enregistrer notre conversation. Cela l'a mise à l'aise, a-t-elle dit, sans avoir à prendre des notes.

Elle a d'abord parlé d'elle. Elle avait raconté:

"Quand j'étais jeune, je rêvais d'être acteur. Mais je n'ai pas la chance que tu as de vivre la vie d'une artiste. J'ai été violée et j'étais devenue folle! Après plusieurs jours à vivre bêtement, incapable de faire quoi que ce soit, après tant de trébuchements et d'échecs, j'ai décidé de me raviser et de changer mon destin. J'ai décidé non seulement de vivre pour moi-même, mais de vivre avec beaucoup d'autres. Je suis retournée à l'école et j'ai obtenu un doctorat en "psychologie". Depuis, je me suis plongée dans la vie de beaucoup d'autres personnes. Aujourd'hui, je peux vivre ta vie. Merci de la partager avec moi."

J'ai regardé par la fenêtre. Les pins se balançaient dans le vent. La musique mélodieuse me berce vers le passé...

Le lendemain, elle est venue me chercher pour le petit-déjeuner dans un joli petit café, puis m'a emmenée à la plage.

Nous avons erré sur le sable en écoutant le clapotement de vagues.

"Notre vie est aussi petite qu'un grain de sable dans la mer, les vagues viennent nous couvrir, puis les vagues s'en vont... et reviendront. Vivez, respirez tant que vous le pouvez. Trouvez un sens tout en sentant le vent" m'a it t-elle avant de me ramener à la maison.

Merci à ceux qui font leur travail avec tout leur cœur et de tout leur esprit.

(J'ai pensé que je devrais raconter ici en détail ce qui s'était passé cette nuit-là. j'ai appris plus tard, que grâce a un concours de circonstances qui s'avèreraient fortuites, Cường se rendit à notre maison très tôt au petit matin. Voyant les lumières encore allumées dans ma chambre, Cường se précipita dans la maison et avait vu ma main lâchée, bâclée, le combiné du téléphone accroché près du lit, le verre d'eau vide et le flacon de somnifère renversé. Il me secoua pour me réveiller mais en vain. Cường se hâta d'appeler une ambulance pour me conduire à l'hôpital. Ainsi, Cường m'a ainsi sauvée la vie, comme le voulait L'Être Suprême).

Une nuit d'hiver, bien qu'il ne fasse pas très froid, j'ai allumé la cheminée. Assise à regarder le feu vacillant, avec un verre de vin rouge à la main, j'ai compris que j'étais désormais la seule à vivre seule dans cette maison. Accepte-le, tourne une nouvelle page du Livre de la Vie.

Puis je me suis levée et j'ai décidé de me "batailler " à nouveau.

Retour en Asie du Sud-Est

Le 24 janvier 1980, avec l'équipe de tournage des *Enfants d'An Lạc*, je m'envole pour les Philippines. Cinq ans après la chute de Saïgon, c'était la première fois, que j'ai l'opportunité de quitter les États-Unis et de retourner en Asie du Sud-Est.

Avant l'arrivée de l'avion aux Philippines, le pilote informait les passagers que l'avion se trouvait dans l'espace aérien de Saigon. J'ai rapidement regardé a travers le hublot et ne voyais que des nuages.

Patrie juste en dessous du voile des nuages, patrie sans retour.

Manille, la capitale des Philippines, est un endroit qui m'a laissé de nombreux souvenirs inoubliables. En 1968, alors que j'étais actrice de cinéma du Vietnam, j'ai été accueillie deux fois à Manille, lorsque j'ai partagé la vedette avec Leopoldo Salsedo dans le film *Destination Vietnam*. Puisque c'était le premier film réalisé par le studio américain Paramount aux Philippines les acteurs ont été chaleureusement accueillis. Le tournage du film vient de se terminer au Vietnam, Tế et moi avons pris l'avion de Saigon à Manille pour en lancer la publicité avec le réalisateur Roft Bayer, lorsque le film était projeté pour la première fois, j'ai été venue en invitée du ministère de la Défense. À Manille, j'ai été accueillie par un défilé militaire, avec des hélicoptères lançant des tracts de bienvenue. Avec Leopoldo Salsedo, je me tenais debout dans une jeep de l'armée, muni d'un canon, allant de l'aéroport à la ville. Les gens nous avaient applaudi et salué sur les deux côtés de la route.

Moins de 12 ans plus tard, je retourne à Manille cette fois en simple actrice en exil. L'équipe de tournage du film *Les enfants d'Anlac* est arrivée tranquillement, sans tambour ni trompette.

Les enfants d'Anlac est un film d'Ina Balin, retraçant sa visite dans un orphelinat appelé camp d'An Lạc au Vietnam pendant la guerre. C'était elle qui était venue là pour adopter trois enfants orphelins, nommés Nguyệt, Kim et Ba Nhi. Mon rôle dans l'équipe de tournage est celui d'une actrice ordinaire, doublée de conseillère technique. Le temps de tournage a été très émouvant car chaque jour je reviens avec la réalité de ce qui s'est passé avant 1975 avec les orphelins. Dans le film, en plus d'Ina Balin, il y a aussi Shirley Jones, Beulha Quo...

Voici quelques extraits de mon journal, sur retour à Manille après avril 1975.

Les misérables du camp José Fabella

Le 28 janvier 1980

Avant de retourner à Manille, j'ai entendu dire qu'il y avait des milliers de Vietnamiens vivant au camp de José Fabella. Dans mon esprit, j'ai décidé que je devrais passer une journée à visiter ces compatriotes à moi. L'occasion s'est présentée jeudi, après quatre jours de travail avec l'équipe de tournage, j'ai eu mon premier jour de congé et j'ai passé une journée entière à visiter le camp de José Fabella.

C'est alors que j'ai appris que José Fabella n'était en fait qu'un quartier pauvre et délabré à la périphérie de la ville. Au moment de ma visite, le camp comptait environ un millier de Vietnamiens dont la plupart sont des femmes vivant dans la pauvreté. Ces personnes n'ont droit à aucune prestation spéciale, car elles n'étaient pas venues eomme réfugiés. Ce sont les femmes qui avaient épousé les soldats et spécialistes philippins combattant au sud Vietnam pendant la guerre avant 1975, et les ont suivis pour s'enfuir du Vietnam.

Mais ensuite, ces femmes ont été abandonnées pour de nombreuses raisons: circonstances familiales, difficultés financières, changement de cœur, etc.

Sans travail, sans maison, sans argent et sans documents légaux, ces femmes vietnamiennes abandonnées ne sont pas autorisées à vivre dans la ville. elles s'étaient agglomérées dans le quarter José Fabella. Pour subvenir à leurs besoins, à ceux des enfants ou des parents âgés qu'elles ont amenés avec elles, certaines femmes ont dû faire toutes sortes de travaux, y compris les plus indignes, tant qu'il y a de l'argent à gagner pour survivre!

J'étais éberluée à la vue de cette soi-disant "ville". Sous le soleil chaud des tropiques, les huttes de fortune délabrées et bondées de monde révèlent des signes de vies en lambeaux, échevelées et démunies; les bébés maigres rampant sur le sol, quelques personnes âgées, immobiles et sans défense

Pendant ce temps, une jeune mère tenant un nouveau-né dans ses bras, m'a vue et se ruait vers moi:

"Madame, Ayez pitié de mon enfant. Je n'ai pas un centime pour acheter du lait pour le bébé, Madame..."

Puis un vieil homme joignit ses deux mains en s'inclinant:

"Madame, c'est misérable d'être vieux, sans un sou pour acheter des médicaments! Ayez pitié de moi et aidez moi.

Je poussais un billet de 20 dollars dans sa main. Le vieil homme continua de s'incliner. Je l'ai aidé, puis éclata en sanglots. j'ai essayé d'arrêter mais je n'ai pas pu. Je regrette de ne pas savoir à l'avance pour emmener une plus grande somme d'argent,... même si cette grande somme n'est qu'un grain de sel jeté à la mer!

29 janvier 1980

Le lendemain, après une journée de travail acharné avec l'équipe de tournage, à 17h30, je me suis précipitée vers le camp José Fabella car la veille au soir j'ai appris qu'il y avait eu un meurtre dans le camp: Un un garçon vietnamien de 16 ans a été abattu par deux Philippins.

Je rends visite à la famille de la victime, j'écoute et je sympathise avec son sort, ainsi qu'avec celui de nombreux des milliers d'autres familles vietnamiennes, parce que la guerre les a éarpillés à la dérive partout sur cette terre.

Je les ai entendus dire qu'il y avait deux Philippins qui entraient dans le camp pour "acheter des fleur". Après l'achat, les deux hommes sont partis sans payer. Voyant cela, le fils âgé de 16 ans de la femme "misérable" a couru après lui avec un bâton, criant et demandant l'argent. Les deux hommes se sont enfuis, mais un instant plus tard, ils sont revenus avec une arme à feu et ont abattu le garçon.

J'ai embrassé la femme qui pleurait à cause de la perte de son bébé et j'ai pleuré moi aussi. Avec peu d'énergie et d'argent, je sais que je ne peux pas aider les malheureux parents de José Fabella. Ce qui rend mon cœur encore plus amer! Sans le dire à haute voix, je ne pense pas que beaucoup de gens sachent que des acteurs comme moi qui jouent au loin, en plus du salaire officiel à toucher après le tournage, je ne gagnais que 75 dollars d'allocation par jour, juste pour couvrir le coût de trois repas: 15 dollars pour le petit déjeuner, 25 dollars pour le déjeuner et 35 dollars pour le dîner. D'habitude je prends le petit déjeuner à l'hôtel avant d'aller au travail, s' il reste des morceaux de pain, je les garde toujours pour le dîner. Sur le plateau où le déjeuner est gratuit, je peux manger à ma guise, et n'ai pas oublié de prendre des morceaux de gâteau et des bananes supplemen- taires à rapporter à l'hôtel pour le dîner.

L'argent ainsi épargné je le garde pour donner aux personnes âgées ou acheter des cadeaux pour certains enfants comme promis lors de mes prochaines visites de week-end au camp.

En tant que conseillère technique de l'équipe de production de *The Children of An Lạc*, j'ai suggéré au producteur Jay Benson que de vrais Vietnamiens soient appelés à pour jouer les figurants. J'ai également parlé à Jay du camp José Fabella et j'ai proposé d'aider certaines personnes du camp à trouver des emplois temporaires si le studio avait besoin de personnel.

Avec l'accord de Jay, j'ai contacté le général Tobias (que j'ai eu l'occasion de connaître lors du tournage de Destination Vietnam il y a douze ans), il est actuellement en charge des affaires des réfugiés et est un général proche de Mme Imelda Marcos, la Première Dame des Philippines, je lui ais demandé son aide et son intervention pour l;obtention du permis de travail. Puis Jay et moi sommes retournés au camp pour recruter des gens. Tous les matins le studio envoie un bus pour prendre les candidats sélectionnés pour le film, dans l'après-midi, les a ramenés au camp. Ceux qui sont selectionnés vont au travail avec joie, sont reconnaissants d'être payés et de pouvoir manger et boire gratuitement.

Parmi les personnes sélectionnées dans le camp José Fabella pour jouer dans le film, il y avait une fille de 12 ans nommée Lai. Chaque jour sur le plateau, Lai est toujours avec moi. Elle était très intelligente, agile, laborieuse, mignonne. Sur le plateau, nous étions toujours assise l'une à côté de l'autre et Lai est devenue mon amie proche tout au long du tournage.

Au cours des deux dernières semaines de tournage, Lai m'a supplié de l'adopter et de l'amener aux États-Unis pour qu'elle puisse aller à l'école. J'ai essayé d'expliquer à Lai qu'il était extrêmement difficile de passer par les procédures d'adoption pour retourner aux États-Unis. C'était encore plus difficile quand j'étais encore une réfugiée sans nationalité américaine.

Avant le jour où j'ai dit au revoir à ma petite amie, je savais qu'il était difficile de prendre un repas ensemble. Elle est triste, je suis triste aussi, je la regarde timidement et je prie pour que Lai ait la possibilité d'étudier et de grandir dans un meilleur endroit que "José Fabella, ce pays de misère.

L'Île des Boat People de Bataan

Le dimanche 24 février 1980, j'ai été invitée à visiter le camp Bataan avec la délégation de Mme Imelda Marcos, épouse du président des Philippines.

Pendant cette période, plus de 7.000 boat people vietnamiens se sont rassemblés sur Bataan, une petite île à plus de 70 milles de Manille. Le général Tobias du palais présidentiel des Philippines était l'organisateur de la visite et il m'a aimablement invitée à accompagner la délégation. Il a dit que les gens du camp avaient été informés de la visite de la Première Dame des Philippines et de ma présence. Toujours selon lui, le nombre de boat people vietnamiens venant aux Philippines augmente de jour en jour, dans une situation difficile. Mme Marcos voulait leur rendre visite pour offrir plus d'assistance.

Dans l'hélicoptère privé de Mme Marcos, nous sommes arrivés vers 15h. avec la Première Dame des Philippines au camp des réfugiés de Bataan. Le soleil était rouge.

Vue d'en haut, la petite île au milieu de l'océan ressemble à un navire en feu, brillant de mille flammes. L'hélicoptère s'est rapproché et je m'étais rendue compte que ces pièces scintillantes étaient des milliers de toits de tente en tôle ondulée, en tissu, temporairement érigés dans la zône des réfugiés.

L'hélicoptère s'est posé au milieu du camp, de la poussière rouge soufflait, des milliers de compatriotes se sont précipités vers nous. Beaucoup de gens me reconnaissent. Ils ont crié mon nom. Les gens se sont entassés, entourés. Les gardes protégeant Mme Marcos ont dû les stopper. Je me suis séparée de Mme Marcos pour être proche de mes compatriotes. Des gens se tenant la main, s'étreignant, pleurant, heureux et tristes avec des centaines de questions. Beaucoup de gens m'ont demandé de dire à Mme Marcos de soutenir ceci et cela... Beaucoup de gens m'ont mis des lettres qu'ils avaient écrites pour que je puisse les ramener et essayer de les envoyer à leurs proches. Juste comme ça, chaque fois que nous passons devant une ferme, plus de gens accourent. De plus en plus de personnes me suivaient.

Dans une tente du camp, une femme a applelé mon avec un cri retentissant jusqu' au ciel et a agité sa main fébrilement. Entendant le cri, Mme Marcos s'est arrêtée pour s'enquérir. La femme est restée assise dans la tente, ne se levant pas. (Tout le monde a été requis de se lever avant que la première dame ne vienne lui rendre visite, de se lever et de dire bonjour.)

L'assistante de Mme Marcos et un journaliste m'ont demandé de dire à la femme de se lever. En écoutant mon interprétation, elle expliqua maladroitement en se levant:

"Madame, j'ai mes règles; pas de tampons pour éponger le sang.
Je suis tellement sale que je n'ose pas..."

Lorsque la femme s'est levée, un essaim de mouches vertes a suivi, et elles ont continué à foncer sur le vieux journal couvert de sang sur lequel la femme était assise.

Après la distribution des cadeaux et des vêtements, c'était déjà la fin de l'après-midi.

Sur le chemin du retour vers l'héliport y avait un homme maigre et décharné qui se tenait seul. Quand je me suis approchée pour le voir, il a eu l'air perplexe, puis m'a soudainement étreinet en pleurant et en répétant:

"Chérie, pardonne-moi, pardonne-moi..."

Une autre personne est venue m'aider à retirer sa main. Une autre personne s'est approchée et a expliqué:

"Chère madame", cet homme est un peu dérangé, tout le monde dans le camp le sait. On dit qu'il est un ancien soldat avec une femme enceinte. Avant de franchir la femme avait peur d'y aller. Mais Il a insisté pour amener sa femme avec lui. Aux parages des eaux thaïlandaises le navire a fait naufrage et a été pillé par des pirates. Sa femme fut violée. Elle mourut! D'habitude, il est taciturne. Mais parfois, il passe par une crise, quand il rencontre une femme qu'il pensait être la sienne, il revient en courant pour l'embrasser, pleurer et s'excuser... »

J'ai regardé l'homme au cœur brisé marcher avec nonchalance.

Après trois heures de visite, les représentants du camp de Bataan m'ont remis une note en vietnamien, avec les demandes et pétitions des compatriotes, et m'ont demandé de les ransmettre à Mme Marcos. Les compatriotes m'ont aussi confié un grand nombre de lettres, destinées à leurs parents, qu'ils me demandent d'envoyer. Ces lettres remplissaient à ras bord un sac très lourd.

Le soleil s'est couché, la délégation quitte le camp. L'hélicoptère s'éleva dans une brume de poussière rouge.

Baissant les yeux, j'ai vu mes compatriotes courir après moi, essayant de me à dire au revoir. Petit à petit la foule s'appetissait.

Mon cœur s'est attristé quand j'ai vu que je volais vers le continent et que mes compatriotes restaient sur l'île, comme des prisonniers sur une île déserte

M'accompagnant dans l'hélicoptère était le sac de courrier des compatriotes à envoyer. Les sacs à main sont lourds, mais ce qui était plus lourd ce n'était pas le sac mais ma tête, lourde des images tristes que je venais de voir, des sons qui semblaient me transpercer le cœur. Le bruit des hélices de l'appareil a "explosé", mais mes oreilles pouvaient encore entendre les paroles des compatriotes me disant au revoir et le cri du malheureux fou. J'ai vu mes larmes tomber sur la pile de lettres de mes compatriotes dans mes bras.

Comme promis à mes compatriotes et à Mme Marcos, j'ai fait une liste d'articles essentiels pour soutenir le camp de Bataan, même si la liste était longue, je n'ai pas oublié d'ajouter des serviettes hygiéniques pour les femmes.

Retour à la patrie, terre des aïeux

La voici, la terre que je foule à mes pieds, ma patrie. Il faisait si chaud, c'était comme entrer dans un sauna. Mais en descendant les marches de l'avion, j'ai retrouvé en moi la joie de retrouver la chère chaleur, la chaleur familière du jour.

Dès mon arrivée à l'aéroport Nội Bài, de Hà Nội - d'où je suis partie il y a 41 ans - dans la foule accueillant les invités à la sortie de l'aéroport je l'ai tout de suite reconnu mon frère absent depuis quarante et un ans. En même temps, j'ai eu le sentiment de revoir à la fois mon père et mon frère tant il lui ressemblait. Chaque cellule de mon corps a explosé à la vue que je n'avais aperçue que dans un rêve.

Il est vieux, bien sûr, ses cheveux sont "couverts de rosée", son visage est plus fin qu'avant, de nombreuses rides lui donnent une apparence austère, mais c'est toujours lui - mon frère Lân.

Chemise blanche, cravate, bouquet de roses rouges à la main, il se précipite vers moi, me serre dans ses bras, son corps tremble comme submergé par l'émotion, il me soulève, m'embrasse. Fère et soeur se cramponnaient l'un à l'autre, comme s'ils avaient peur de se perdre à nouveau.

"Oh mon Dieu! Anh   Lân! Anh   Lân! murmurai-je sur son épaule.

"Chinh! Je t'attendais depuis si longtemps!" Je l'ai entendu sangloter.

Je ne sais pas si je dois rire ou pleurer. Il m'a tenu la main et ne l'a pas lâchée. Je suis heureuse de voir qu'après de nombreuses années de souffrance et d'épreuves, même si ses cheveux sont devenus sel et poivre, la main du vieux frère est toujours ferme, la même main qui m'a conduit sur cette terre depuis l'enfance.

Il était allé à l'aéroport avec sa femme et les filles pour me chercher

Dans la voiture, Lan, la femme de Lân, et Loan, sa première fille, se taisaient, personne ne prononçait un mot, respectant les moments d'émotion du frère et de la soeur.

Nous nous parlions à la hâte, parlions de toutes sortes de choses qui avaient été refoulées pendant tant d'années de séparation. Comme moi, il attendait un jour comme celui-ci.
Et ce jour est venu.

Dès que j'ai décidé de revenir, je lui ai indiqué en détail les endroits où je veux aller, les gens que je veux rencontrer.
"Ne t'en fais pas" m'a-t-il dit en quittant l'hôtel. "Tout a été arrangé exactement comme tu le souhaitais. Je reviendrai demain matin à huit heures, nous irons à Sơn Tây pour rendre visiter à la tombe de papa"

Au milieu de la nuit, le bruit de la pluie qui tombe me réveilla. Je regarde l'horloge: il n'est que trois heures du matin. Le bruit des gouttes de pluie frappant la fenêtre m'a fait sursauter. C'est bien ça la pluie de Hà Nội. Elle se différe de toutes les autres pluies que j'aie connues partout ailleurs où je voyageais/ traversais, mais c'est tellement familier.

De la fenêtre de l'hôtel Sofitel en regardant la route glissante en contrebas, j'ai été choqué: Suis-je vraiment à Hanoï?   Non, je ne rêve pas, je suis éveillée.

Une ombre d'antan m'est apparue... Par une soirée pluvieuse comme celle-ci, mon père m'emmenait voir le film *Les plus belles années de notre vie* au cinéma Philharmonique situé au bord du lac Hoàn Kiếm. Une autre vision s'est apparue, celle de la vieille maison au numéro 10 rue Lê Trực, avec l'ombrage parfumé du ylang-ylang de jadis... Je ne sais pas ce qu'il est arrivé à tout cela maintenant.

Des souvenirs comme un film muet m'ont ramenée vers mon enfance vivant dans une maison confortable à Kim Mã Gia Trang jusqu'à la dernière nuit où Lân quitta la maison pour se rendre dans la zone de guerre, et seuls le père et la fillle sont restés ensemble dans un chambre vide, éveillés toute la nuit en attendant l'heure du départ pour un voyage fatidique.

Au cimetière

C'est Aujourd'hui le jour de la visite des tombes. Loan, ma nièce et Truyền, son mari, sont chargés d'amener de toutes sortes d'encens, des lampes et de fruits. Le cimetière de Yên Kỳ est situé dans une région montagneuse de la province de Sơn Tây, à plus de 60 kilomètres au nord-ouest de Hanoï. Les tombes de mes parents et mon petit frère, sont toutes là. Pendant le trajet, mon cœur était mal à l'aise et agité. Je vais revoir mon père, même si ce n'est qu'une tombe. Mais c'était la tombe, la dernière demeure de notre père, que je n'avais jamais vue.

Le cimetière est très grand, les tombes sont allongées les unes à côté des autres, et s'étendent à perte de vue. À première vue, c'était sombre, très sombre. L'herbe sèche est brûlée en morceaux, friable, sans tache. Il y a des pierres tombales penchées, qui se bousculent, pas une seule trace d'encens. Je me suis dit que les proches des defunts dans ces tombes en lambeaux avaient dû errer quelque part. Ou était-ce un destin cruel qui les rejetait sur la terre, dans un endroit si lointain que ces âmes ne pouvaient pas connaître. Je pense à un dicton métaphysique selon lequel les vivants et les morts sont encore vaguement liés, liés par une certaine intuition spirituelle. Mais à cette heure, ici, devant le triste paysage du cimetière, je vois autrement. Je vois que la séparation a pris fin. Il n'y a pas corde invisible. Tout est oubli. Douleur tragique.. C'est comme ne pas vivre mais mourir!

La tombe de mon père vient d'être reconstruite, m'a dit Lân : "Quand mon père est mort, notre famille était très pauvre, la tombe n'était qu'un amoncellement de terre surmonté d'une stèle de fortune." La tombe venait d'être reconstruite deux semaines avant mon retour. Il ne voulait pas que je voie tombe la tombe de notre père en désordre

Marchant rapidement vers la tombe de mon père, j'appuyai des deux mains sur la stèle. J'avais l'impression de voir mon père juste devant moi et je le serrais dans mes bras.

"Papa, me voilà. Chinh est là, papa!" Je me suis agenouillée, alors. les larmes aux yeux. "Je suis là, papa!" je m'étouffe.
S'il te plaît, pardonne-moi de ne pas avoir été là pour toi quand tu avais le plus besoin de moi.

Lân posa sa main sur mon épaule.

"Nous sommes tous coupables envers papa, Chinh. Je suis plus coupable que toi."

Je suis restée ainsi pendant je ne sais combien de temps. Les images du passé refluaient comme une cascade. J'éprouve une vive douleur dans mon cœur, j'avais l'impression qu'il était resserré par des battements irréguliers. Sanglots. désintégration. Et ça ne s'explique pas.

Sur le chemin du retour, Lân m'a fait passer devant la prison Hỏa Lò, il disait:

"Papa a passé deux ans ici," et puis une petite pause avant de continuer "Après on l'a transferé ailleurs".

J'ai regardé la célèbre prison, qui a été surnommée "Hanoi Hilton" par la presse américaine et les prisonniers dans les articles ou les mémoires qu'ils ont écrits. Cet endroit a également accueilli deux célèbres prisonniers américains, John McCain et Pete Peterson.

Après son retour aux États-Unis, M. McCain a poursuivi une carrière politique et est devenu un sénateur célèbre, tandis que M. Peterson est devenu le premier ambassadeur américain au Vietnam après la guerre lorsque les deux pays ont normalisé leurs relations.. J'ai la chance de les avoir connus tous les deux.

Enfant, je n'ai jamais rien su ni entendu à propos de cette prison. Devant mes yeux était un haut mur de pierre, surmonté d'une longue criniere en fil de fer barbelé, chaque coin du mur a une haute tour de garde, la porte... sombre, froide. La prison dans laquelle vivait mon père est en train d'être démolie pour construire un hôtel international, dit-on. Il semble que les gens gardent encore quelques vieilles cellules comme reliques à visiter par les touristes.

"Puis-je entrer et voir, mon frère?" J'ai tiré la manche de la chemise de Lân. "Je veux voir où papa est détenu."
Lân secoua la tête et dit doucement:

«Ils ont laissé des cellules derrière eux. Mais sais tu dans quelle pièce il était détenu? Et ils ne permettent à personne de voir pour le moment.

"Maintenant, je te ramène visiter l'ancienne maison de notre père"

La voiture était loin de la prison, mais le bruit des "marteaux qui fracassaient" martelaient toujours après moi.

Notre ancienne maison

Dans l'après-midi, nous avons trouvé la vieille maison.

"La voici, maison numéro 10, rue Le Truc. Le reconnaissez-vous?"

Anh Lân m'a demandé quand nous nous sommes arrêtés au bord de la route pleine de marchandises Au magasin, il y avait une vieille femme qui vendait des vermicelles.

"Tiens, regarde bien." dit Lân. J'ai regardé mais je n'ai rien remarqué de familier jusqu'à ce qu'il me montre le coin arrière des petites boutiques. Encore une fois, il demanda:

"As tu vu la vieux portail en fer?"

Oh mon Dieu! La portail en fer forgé où mon frère et moi nous nous sommes séparés il y a 41 ans. Mes yeux piquent quand je vois la grille de fer. Il est toujours là, déformé, rouillé, inerte et ancienne. Il est toujours là, mais ce n'est plus ce qu'il était. La façade de la villa à deux étages dans le passé a été remplacée par une rangée de sept ou huit maisons au rez-de chaussée avec toutes sortes de magasins vendant des chaussures aux cages à oiseaux... Comment puis-je l'oublier, notre ancienne maison.

«Après mon départ, ma maison a été confisquée, Chinh. Ils ont installé des dizaines de familles". Lân a dit d'une voix égale, pas triste, comme s'il ne s'agissait que d'une petite vérité triviale, un destin humiliant contre lequel on ne pourrait rien faire.

En franchissant la porte de fer menant à la cour, je m'arrêtai soudain, surprise, comme si je voyais la vieille scène. La table de ping-pong au milieu de la cour, le son d'une balle de ping-pong qui va et vient, puis la voix, Mais cette personne est revenue aujourd'hui.

Est-ce que l'ombre sur le mur me reconnaît?

"Oui!" L'ombre a répondu: "Nous sommes un."

Oui, les souvenirs ne sont jamais perdus, ils ne sont cachés que dans la mémoire du cœur - un bunker caché et sûr.

Je ne me souviens pas combien de temps je suis restée là pour laisser mon esprit vagabonder vers un souvenir lointain, mais il était temps pour moi de partir. Je vais devoir repartir de cet endroit, car il ne m'appartient plus,. Peut-être n'est-ce qu'un souvenir?

Une petite fille qui occupe maintenant mon ancienne maison est venue se tenir derrière moi depuis je ne sais quand. J'ai demandé à la petite fille où elle dort dans cette chambre. De façon inattendue, l'endroit où elle se trouvait était le même endroit où je me trouvais autrefois. Du lit, je regarde souvent par la grande fenêtre, où la cime du l'ylang-ylang qui s'élève jusqu'au ciel bleu, où je laissais mon âme s'envoler avec mes rêves d'enfant.

C'est de la vieille fenêtre à la peinture, qui maintenant s'écaille, que je vivais heureux avec les matins paisibles pleins de chants d'oiseaux dans les arbres, comme s'ils voulaient m'inviter à courir hors de la pièce. Ils veulent que je sois "baignée" de soleil du matin, et le parfum des fleurs d'ylang-ylang flotte encore dans l'air, quand les gouttes de rosée de la nuit s'evaporent plus des feuilles. J'avais le sentiment que le parfum du ylang-ylang ne se dissoudrait pas avant de remplir ma poitrine d'un parfum doux et familier.

A cette époque, j'étais trop jeune pour comprendre que le rêve et la réalité sont des chemins qui ne se croisent pas souvent. Pour les pays avec de nombreuses guerres comme le mien, ces routes ne sont pas seulement de mauvaises routes, mais aussi des chemins du désastre et de la mort. Avant de me retirer, de quitter la chambre de mon enfance, Je la regarde encore comme si je regarde l'ombre de mon enfance.

En silence, je souhaite la paix pour les rêves de la petite fille!

Le vieil ami de papa

Aujourd'hui, je rends visite à mon parrain, M. Ngọc Giao - un écrivain vietnamien de premier rang, qui est aussi un vieil ami de mon père.

Un an avant la division du pays. L'ancienne maison de ma famille à Hanoï était autrefois un lieu où les amis de mon père, dont de nombreux écrivains et poètes, avaient l'habitude de se retrouver. Parmi ceux-ci, le plus proche de son père était l'écrivain Ngọc Giao, auteur de nombreux ouvrages littéraires à succès à Hanoï à cette époque. Après la prise du nord par les communistes, l'écrivain Ngọc Giao ne pouvait plus tenir tenir un stylo.

Il vit actuellement dans une maison à deux étages nichée dans une petite ruelle. Le fils aîné de M. Ngọc Ngoc m'a accueilli sur le perron de la porte. Lorsque nous sommes entrés ensemble dans le salon, il s'est tourné vers moi et m'a dit:

"Le vieil homme a sorti de grands vêtements à porter, est entré et ressorti et a attendu Chinh tôt le matin."

M. Ngọc Giao, 86 ans, est apparu dans l'escalier en costume et cravate, élégant, avec de longs cheveux argentés. L'écrivain ouvrit ses bras pour m'embrasser en pleurant.

"Chinh, ça fait déjà des années que je t'attends" dit-il en me regardant. "Tiens, tu vois." Il l'a sorti de sa poche et m'a montré une vieille photo de moi, prise quand j'avais 14 ans. Au verso de la photo se trouve l'inscription "Oncle Ngọc Giao, cher ami de papa".

"Après quelques minutes de jubilation, il m'a emmenée à l'étage, dans sa propre chambre, et m'a montré sa planche d'acajou à côté de la fenêtre.

"C'est là que ton père avait l'habitude de s'allomger." Il m'a dit. «Quand je suis sorti de prison, j'errais... j'avais faim... Une nuit pluvieuse, ton père est revenu en cachette pour mendier de la nourriture. Il a pointé: "Ton père en cachette de ce côté, quant a moi je suis couché de ce côté..."

Je me suis assise et j'ai appuyé ma main sur la planche de bois froide, où mon père était étendu, et j'ai ressenti une vive douleur dans mon cœur et des larmes ont continué à couler, dégoulinant sur la planche, où mon père était étendu...

En silence Tonton posa sa main sur la mienne,.

Je levai les yeux vers lui et demandai:

« Savez-vous pourquoi mon père était en prison?

L'oncle raconta tristement:

« À cette époque, la vie était très difficile, très triste. De nombreuses personnes sont au chômage, père et fils sont également au chômage, sont parfois embauchés pour travailler dans les champs, et souvent requis à travailler sur des chantiers. Un après-midi après une si longue journée de travail, papa et quelques amis se sont assis pour manger au restaurant. De petits enfants sur le trottoir, ont vu quelques grandes banderoles étalées dans la rue au-dessus avec les mots "Rien n'est plus précieux que l'Indépendance - Liberté - Bonheur", "Tous les gens s'unissent pour construire une vie prospère", a dit votre père à ses amis: "La liberté, quel bonheur! Les gens ont faim et sont pauvres, laissant leurs mères ici, mais de quoi sont-ils heureux!» Le commerçant l'a entendu, l'a signalé à la police, et le père et le fils ont été arrêtés et emmenés. je ne savais pas où pendant des années."

L'oncle Ngọc Giao raconte qu'après sa sortie de prison, mon père n'avait qu'un petit coin au pied de l'escalier de la maison de la rue Le Truc pour s'allonger, et ne savait pas quoi manger, car à cette époque, il n'y avait que des bons de rationement moyennant une attestation de domicile, mais comme ton père, etait sorti de prison, il ne savait vers qui se tourner... »

« C'était une période incroyablement difficile, ma fille. La tante et l'oncle devaient préparer du riz gluant et le vendre chaque matin pour nourrir la famille. Tonton a dit à mon père: ' À partir de ce moment, j'allais laisser un paquet de riz gluant dans la ruelle, tu peux venir le chercher."a poursuivi M. Ngọc Giao. "Le matin, mon père a dû marcher quelques kilomètres jusqu'à l'endroit où vivait la famille, a pris à la hâte un paquet de riz gluant qu'il était prêt à laisser dans l'allée derrière la maison, a l'endroit convenu, et est parti immédiatement, n'osant laisser personne voir de peur d'impliquer le propriétaire." Je me tus, il continua comme pour me consoler:

"La chose la plus importante que vous sachiez, c'est que votre père est un homme honnête et respectable. Je suis tellement fier d'être ton ami."

Mon parrain m'a pris la main et m'a dit: « Au bout d'un moment, je n'ai plus vu ton père venir chercher du riz gluant... » Il a continué en disant qu'il regrettait de ne pas pouvoir être avec son ami, quand il mourût en 1978.

« Ton père m'a toujours dit qu'il vous aimait, sa fille cadette. Ton père a dit qu'il comprenait ton âme, depuis que je suis enfant, il a deviné que tu devrais être une personne qui vit avec l'art, car j'aime la beauté, j'aime l'art depuis l'enfance. La dernière fois que nous nous sommes rencontrés avant sa mort, ton père a dit qu'il espérait vivre jusqu'au jour où il reverrait sa fille, mais il avait peur... qu'il ne pourrait pas surmonter la douleur de sa maladie... que s'il ne pourrait pas vivre jusqu'à ce jour. Il m'a dit *"'S'il vous plaît, dites a ma fille que j'ai essayé de vivre une vie propre et bonne parce que je pense à elle... Je lui ai dit d'écrire toutes les choses qui lui sont arrivées. qu'est-il arrivé à sa famille, à notre génération.."*

"J'attendais que tu reviennes depuis de nombreuses années.", mon parrain reprit la parole. Maintenant que je peux te dire ce que ton père m'a dit, je peux être assuré que j'attendrai le jour pour fermer les yeux et le revoir dans un autre royaume. »

Frère et soeur

J'ai passé la toute dernière soirée à Hanoï avec ma famille: Rencontre chez le mari et la femme de Loan et Truyền, Loan est la fille aînée de Lân et de sa femme. Ils ont également une deuxième nièce, Liên, qui vit à Saigon.

Plusieurs fois, je me suis dit d'interroger directement Lân sur les choses qui me hantent depuis de nombreuses années à propos de mon père et de lui. Mais encore une fois. Frère et soeur, heureux de se rencontrer, n'ont pas le temps de rouvrir la plaie. En attendant une autre occasion.

Comme il a été prévu, demain, Lân ira avec moi (et James Kimsey) à Quảng Trị, Huế và Sài Gòn. A Quảng Trị, nous allons rejoindre la délégation de VCF, composée notamment de Terry Anderson en provenance de New York, et de Sam Russell, représentant de l'association au Vietnam, pour assister à l'inauguration de l'école du 17è parallèle.

Adieu Hanoï pour la dernière fois, quand j'ai dû quitter Hanoï, je n'avais ni père, ni frère. Cette fois, lorsque l'avion a décollé, frère et soeur sont assis l'un à côté de l'autre, se tenant la main, regardant par la fenêtre, regardant le ciel de Hanoï. Les émotions montaient dans leurs cœurs, tous deux se souvenant des anciennes silhouettes. Si 41 ans auparavant, au départ de Hanoï, il y avait papa, frère et soeur. nos vies auraient tant changé tout autrement.

Arrivés à Đông Hà, frère et seur ont été assignés à partager une chambre double dans une maison d'hôte locale. Tard dans la nuit, après une réunion d'affaires conjointe avec la délégation du VCF, je suis retournée dans ma chambre, mon cœur battant la chamade de voir Lân dormir. Les mains croisées sur son front, son image est exactement celle de mon père dans le passé.

À sept heures du matin, avec nos compagnons, nous avons assisté à la cérémonie d'ouverture de la nouvelle école. L'école de deux étages et de 12 classes a été construite près d'un site souvent appelé la "zone démilitarisée" pour commémorer ceux qui sont morts pendant la guerre.

La délégation du VCF qui assistait à la cérémonie comprenait le journaliste américain Terry Anderson, qui a déjà été retenu en otage au Moyen-Orient. Avec moi, il est le co-fondateur, co-président du VCF. Était également présent ce jour-là James V. Kimsey, un vétéran américain qui a combattu au Vietnam, ainsi que d'autres membres de l'association VCF.

La nouvelle école est nommé en honneur de Lewis B. Puller Jr. Non loin de l'école, avait eu lieu la bataille féroce qui a pris les deux jambes de Lewis.

J'ai pensé que je devrais dire quelque chose à propos de Lewis B. Puller Jr., une légende des vétérans américains. Fils du général le plus décoré de l'armée américaine, le lieutenant de Marine Lewis B. Puller Jr. s' était porté volontaire pour combattre au Vietnam. Au cours d'une bataille à Đông Hà, Quảng Trị, il a été touché par une mine terrestre, qui avait amputé complètement ses deux jambes et gravement endommagé ses deux bras. Soldat handicapé vivant dans un fauteuil roulant, Lewis a obtenu son diplôme d'avocat et a écrit le livre *Fortunate Son: The Healing of a Vietnam Vet*. L'oeuvre se voit décerner le prix Pulitzer en 1992. (Le président Bill Clinton a personnellement félicité et invité Lewis à participer, mais il a refusé, préférant consacrer tout son temps aux projets des anciens combattants.)

Après avoir participé à la fondation du Vietnam Children's Fund, Lewis lui-même s'est porté volontaire pour se rendre au Vietnam en fauteuil roulant, est retourné sur l'ancien champ de bataille de Đông Hà, puis, avec ses amis, a décidé de construire ici la première école de VCF.

Un événement horrible auquel personne ne pouvait s'attendre était survenu alors que le projet commençait la construction à Quảng Trị. En Virginie, le 12 mai 1994, Lewis s'est tiré une balle dans la tête chez lui pour se retirer de la vie. Lewis est décédé à l'âge de 48 ans. Après 26 ans à combattre la vieille blessure douloureuse qui était toujours sur le point de se réveiller pour déchirer son cœur, le moment était venu où il ne pouvait plus la supporter.

Revenant à la cérémonie d'ouverture de l'école, plus de 200 villageois, des responsables locaux et des élèves en uniforme bleu et blanc se sont rassemblés pour attendre, prêts à assister à la cérémonie d'ouverture.

"Pour moi, vous êtes l'image typique de l'espoir d'un futur Vietnam. Je vous souhaite du succès dans les études, de la liberté et du bonheur dans un monde en paix",

En prenant la parole lors de la cérémonie d'ouverture, ainsi qu'en coupant le ruban et en plantant des arbres dans la cour de l'école, j'ai dit et prié pour que ce souhait soit exaucé. Je me sentais vraiment quand j'ai vu l'école spacieuse construite au dessus du terrain qui était autrefois la frontière séparant le nord et le sud. Je n'oublie pas non plus de remercier les patrons de l'école, amis d'autrefois qui se sont battus ici et qui reviennent aujourd'hui apporter une brique pour l'avenir des enfants.

Après l'inauguration de l'école, la délégation est retournée dans l'ancienne capitale de Huế. En fin d'après-midi, j'ai visité la pagode Thiên Mụ, où autrefois j'ai joué le rôle d'une nonne dans le premier film de ma carrière cinématographique, il y a 38 ans.

"Êtes-vous Kiều Chinh dans un film?"

L'homme qui vendait de l'encens et des lampes votifs devant la porte du temple me demanda, alors que je traversais les escaliers de la tour jusqu'à la rue. Voyant ma surprise, il sourit.

"Je me souviens de vous Je vous connaissais depuis que vous tournez dans le temple, tous les jours.vou m'avez toujours acheté de l'encens "

Le film dont l'homme parle ici est le "*Hồi Chuông Thiên Mụ*" réalisé en 1957, il y a presque quarante ans. Il s'est avéré que cet homme, sa famille depuis un demi-siècle, vit toujours en vendant de l'encens et des cierges devant la porte du temple

Hier soir à Huế, avec nos compagnons, nous assistons à un spectacle de musique traditionnelle de Huế chantant, récitant de la poésie sur une embarcation qui flotte sur la rivière des Parfums. Assis à côté de moi, Lân a été touché par l'ambiancee de la poésie et de la musique, car peut-être n'avait-il jamais pu en profiter de toute sa vie.

À la fin de la croisière fluviale, chaque invité reçoit un bateau en papier contenant une petite bougie, pour l'allumer soi même de ses propres mains et déposer le bateau sur la rivière en formulant un souhait. Frère et soeur allumèrent ensemble les bougies et larguèrent leur bateau.

"Qu'est-ce que tu vienss de souhaiter, Lân?" Je demande.

En regardant les bateaux en papier avec des chandelles scintillantes flottant sur la rivière la nuit, Lân m'a gentiment dit: "Je souhaite qu'après cette fois ci, tu reviennes et reste ici plus longtemps."

À onze heures du matin, nous sommes arrivés à l'aéroport de Tan Son Nhat, Saigon. J'ai quitte la ville il ya 20 ans, tant de choses ont changé. Il n'y a plus de terrain vague. Intercalées avec les vieux toits gris, se trouvent les nouvelles maisons aux toits de tuiles rouges. Au-dessus, des panneaux publicitaires de tous genres se disputent du terrain, Sur la route, les véhicules de toutes sortes encombrent chaque pouce de terrain. Le centre de Saigon est rempli de bruit et de fumée, les rues sont bondées de monde, de costumes de toutes sortes, de nombreuses personnes marchant dans la rue tenant des téléphones portables.

Marchant sur le trottoir bondé de Saigon, tout à coup un homme sans jambes assis sur un fauteuil roulant improvise avec de planches et des roues de velo s'est dirigé vers moi.

"Sœur." il a dit. "Je suis un vétéran de l'ancienne République, merci de bien vouloir m'aider." Mon cœur me faisait mal.

L'image du soldat mutilé m'a tourmenté à jamais sur le chemin de retour à l'hôtel.

Je suis retournée à mon ancienne maison près de l'hippodrome de Phú Thọ mais le nouveau propriétaire ne m'a
laissée la visiter. La porte fermée, sachant que j'étais l'ancienne propriétaire de la maison venant des États-Unis, j'ai voulu tout simplement revisiter de vieux souvenirs.

Le dernier jour à Saigon, Liên và Luân ont préparé un repas en offrande à nos grands-parents defuncts pour que mes frères et sœurs saluent leurs parents, et c'était aussi un repas pour m'accompagner en Amérique. Il est temps pour les deux frères de s'asseoir seuls et de revoir de vieilles histoires. Lân est venu seul me chercher et m'emmener dans une petite mansarde au dernier étage de la maion à trois étages sur la rue Pasteur appartenant à Liên. la fille cadette de Lân, et à son mari Luân.

« J'ai vécu seul ici depuis longtemps. Cette pièce est mon votre propre univers" disait Lân

La chambre était étroite, avec juste assez de place pour un petit lit et une armoire. Il y a une petite terrasse avec suffsam- ment d'espace pour permettre d'admirer la ville.

Frère et soeur étaient assis sur le lit, feuilletant trois vieux albums de photos de famille. L'histoire commence en regardant une photo de Lân quand il était enfant, vêtu d'un costume de velours, coiffé d'un béret, tenu dans les bras par son père. La photo était prise à Kim Ma Gia Trang.

"Je me demande depuis des décennies, après que mon frère et moi étions séparés, où avez-tu fait du vélo, où avais-tu dormi cette nuit-là, comment étais-tu le lendemain?" lui ai demandé doucement.

"Hiệp "le grand" et moi sont étions allés à bicyclette à Bắc Ninh, ont suivi le mouvement des étudiants patriotes à Hà Nội pour mener une guerre de résistance." Lân m'a répondu.

"Papa est resté pour me trouver, tu sais?" Je demande. "Combien de temps lui faudra-t-il avant de revoir papa?"

"Près d'un an plus tard, en octobre 1955, je retourne dans notre ancienne maison de la rue Lê Trực pour voir papa...". Il hésite.

"Mais la situation avait complètement changé, ma chère. Tinh a dû vous dire qu'à mon retour, que papa et moi nous étions allés en prison..."

Frère et soeur étaient silencieux. Au bout d'un moment, je le regardai:

"As tu rejoint l'armée, étais tu allé à la guerre ou es tu devenu membre du Parti?"

" Tu dois comprendre que tout le monde ne peut pas devenir membre du Parti ou devenir soldat."

Anh Lân et moi avons ouvert l'album sur une page avec une photo de notrre père portant une chemise blanche, montant sur le cheval Phi Ma, à côté d'une photo de papa portant un manteau et visitant la baie d'Ha Long avec des amis. J'ai demandé à Lân:

"Après deux ans dans la prison de Hỏa Lò, lorsque père était transféré dans le nouveau camp de prisonniers de Lào Kay, Yên Bái,, as tu pu lui rendre visite?"

" Je pouvais visiter qu'une seule fois."

Je lui ai posé des questions sur l'apparence de papa et sur le travail qu'il faisait en prison.

« La dernière fois que j'ai rendu visite à papa, il était très maigre, ses yeux 'sétaient enfoncées... ses doigts couverts d'égratignures... Papa travaillait dans « l'équipe du bambou ». effilochant du bambou pour tresser des paniers et corbeilles. Il sait juste ça. Puis ce fut à mon tour d'être arrêté. Il est resté à Hỏa Lò Lo pendant un an. Je devais travailler encore pendant trois ans.

Soudainement, Lân prit ma main et son visage a semblé avoir vieilli de dix ans.

"Allez Chinh! je ne puis plus répondre. Pendant la guerre, de nombreuses catastrophes sont arrivées à de nombreuses personnes, pas seulement à notre famille. Quarante ans de douleur ne se résument pas d'un coup. Je ne te pose plus de questions. Tout est fini. Je suis de retour, l'essentiel est que frère et sœur s'aiment toujours."

Je laissai ma main dans la sienne et lui dis d'une voix calme:

"Je te comprends, cher frère. Permets-moi simplement de te poser deux autres questions. tu dois savoir comment il est mort, qui était avec lui quand il est mort, qu'a-t-il dit avant de mourir?"

"Je ne peux pas dire toutes les années difficiles et changeantes... Papa avait mal, malade malade... affamé... j'étais sorti de prison, revenait de loin La vie était très difficile, je devais faire toutes sortes de choses pour survivre, pousser des chars à bœufs... Parfois, je devais vendre du sang pour me nourrir. Puis, quand Hanoï a été bombardée par les États-Unis, la famille a dû évacuer loin de la ville... C'était si dur, ma chérie. En 1978, papa est mort de dysenterie... il n'y avait pas de médicaments... il n'y avait personne. Papa était malade> Tôt le matin j'étais sorti dans la rue pour acheter du sucre candi pour qu'il mange avec son potage.. Quand j'étais revenu, papa est parti."

Après un long silence, Lân baissa la tête, attendant ma deuxième question. J'ai essayé de contrôler mes émotions et j'ai calmement demandé:

"Et en prison, qu'est-ce que tu dois faire?"

"On fait toutes sortes de choses pour rester en vie. Parfois faire des sandales. Parfois pour faire bouillir de la cire, faire des bougies..."

Je me suis soudain souvenue des bougies sur le bateau en papier transportant les souhaits de Lân et moi, largués dans l'eau de la rivière des Parfums. Je retirai ma main de la sienne, l'étreignis, puis l'embrassai. Des larmes coulèrent sur ses joues.

"Je reviendrai encore. Espérons que la prochaine fois il y aura Tinh et les enfants de retour. Frère et sœurs nous trois allons visiter la tombe pour brûler de l'encens et célébrer l'anniversaire de la mort de leurs parents. Nos enfants se rencontreront.

À deux heures du matin, j'étais encore éveillée, seule à faire ma valise. À cinq heures du matin, rendez-vous à l'aéroport pour rentrer aux Etats-Unis. Quand je suis entrée dans la zone d'isolement séparée, réservée aux passagers qui montent à bord de l'avion, je me suis retournée et j'ai vu Lân courir dehors, essayant de me poursuivre. J'ai couru vers lui. Frère et soeur pressaient leurs mains sur la cloison vitrée qui nous séparait, le regardant, des larmes me montèrentc aux yeux...

En 2004, anh Lân est décédé.

Cette nuit-là, j'étais à New York. Après une longue journée de rencontre avec la VCF, la fin de journée est un repas intime avant de se séparer. Pendant que tout le monde trinquait aux bonnes nouvelles et au succès de l'Association, mon téléphone sonna, je m'excusais pour prendre l'appel qui apporte la nouvelle. Après avoir entendu cela, mon visage est devenu pâle, tremblant, j'ai posé mon verre et je me suis levée de la table. Terry a demandé ce qui n'allait pas, j'ai pleuré: "Frère Lân, mon frère au Vietnam vient de décéder."

Terry me serre dans ses bras: "Je te raccompagne." Terry a pris mon bras et a marché pour retourner à l'hôtel au bout de de la rue où toute l'association VCF est descendue.

"O Lân! O Lân!" Après les retrouvailles en France pour nous trois, toi, Tinh et moi, tu m'as dit que tu voulais aller une fois en Amérique. J'ai fait toutes les démarches et rempli toutes les formalités nécessaires. c'était juste une question d'attente. Puis tu es parti. O mon frère! O mon frère!

Rencontre avec des vieux amis

Aussi lors de mon premier voyage de retour au Vietnam 20 ans après la fin de la guerre, j'ai volé du Nord au Sud, visitant Saigon, la vieille ville et des amis proches. Le premier repas de famille à Saigon a eu lieu chez le peintre Đặng Giao et sa femme, Đặng

Giao, ou Chu Vị Thúy la fille de l'écrivain Chu Tử Merci Đặng Giao/Chu Vị Thúy pour un délicieux repas de viande braisée avec des cornichons et bien d'autres plats cuisinés par vos mains habiles. Leur maison est très belle avec de peintures à la laque de Dang Giao. Mais surtout, je retrouve mes amis après plus de 20 ans de séparation. Il y a le peintre Choé Nguyễn Hải Trí, l'écrivain Nguyễn Đình Toàn et l'écrivain militaire Văn quân.

Se rencontrer est très touchant, il y a beaucoup de choses à se dire, à se raconter, des questions à se poser, certaines personnes sont décédées. Je me souviens encore quand je suis parti, M. Choé, grincheux, m'a accompagné jusqu'au bout de l'allée.

De retour aux États-Unis, six mois plus tard, j'ai reçu un cadeau de M. Choe, une peinture plus grande que le dessus de table. L'image n'est pas claire, à l'exception des grands yeux recouverts de blocs de peinture comme si l'artiste jetait des peintures colorées sur la toile. L'artiste a déclaré: "Il est parti, il ne reste que ses yeux et ses émotions mélangées."

Quelques années plus tard, les yeux de Choe sont devenus aveugles.Après beaucoup deformalités, sa famille lui a demandé d'aller aux États-Unis pour se faire soigner. Il a annoncé avec plaisir la nouvelle, lorsque la chirurgie oculaire sera terminée, les yeux seront à nouveau brillants, ira rendre visite à des amis, reprendra le pinceau.

Quelle miséricorde, Mme Chóe a accompagné son mari aux États-Unis, mais quelques jours seulement avant qu'il ne se rende sur la table d'opération, il est décédé. Impossible de voir des amis. Si triste, Mme Chóe a ramené le corps de son mari au Vietnam.

Quand il est parti, il était encore en vie, quand il est revenu, il a déjà rejoint l'éternité.

Un an après que M. Chóe ait dit au revoir à sa femme, ses enfants, ses amis et sa vie, j'ai eu l'occasion de retourner au Vietnam pour allumer de l'encens à l'occasion du premier anniversaire de sa mort, avec Mme Chóe et les petits-enfants.

Les vingt ans du film The Joy Luck Club

Le film The Joy Luck Club est un film basé sur le roman de l'écrivaine sino-américaine Amy Tan, et réécrit par l'auteur même en scénario de film du même nom avec la collaboration de Ronald Bass, qui a écrit le film oscarisé Rain Man. Cette production de Disney d'une durée de 130 minutes a été réalisée par Wayne Wang. C'est le premier grand film hollywoodien à mettre en scène le chaos de la séparation pendant la Seconde Guerre mondiale sur le sol chinois, à Guilin, Canton, la province limithrophe du Nord Vietnam,.

À cette époque cette région était encore cachée derrière un rideau de bambou.

Le livre et le film sont, à ce jour, considérés comme l'œuvre littéraire et cinématographique américano-asiatique la plus réussie. Le livre est devenu un "best-seller" dès sa première année, traduit en 35 langues et mis en scène dans de nombreux théâtres. Le film, dans sa première semaine de sortie aux États-Unis, a rapporté 17 millions de dollars. Ensuite, il a été reconnu par le National Board of Review Awards, dans la liste des dix meilleurs films mondiaux en 1993. Lorsque le film est sorti en vidéo, le nombre de distributions avait également atteint un niveau record. Grâce à la grande disffusion des films et des vidéos, j'ai souvent eu de nombreuses rencontres inattendues au cours de mes voyages.

Des "récompenses vivantes"

En 2007, lors de la foire internationale du livre, West Virginia Book Fair, qui s'est tenue à Martinsburg, Virginie-Occidentale, terre historique de la guerre civile américaine, j'ai été invitée à être le conférencière principale de la cérémonie d'ouverture. Dans la section Q&A (Questions & Réponses), j'ai reçu de nombreuses questions sur The Joy Luck Club.

Pendant que je visitais les stands de livres, tout à coup, un grande personne noire s'est arrêtée sur mon chemin et a souri et... m'a gratté l'oreille. Il m'a dit qu'il s'appelait Ringo et continua: "Je tiens à vous remercier d'avoir répondu à une question que je me posais depuis longtemps en regardant le film." La question qu'il a posée dans le Q&A (Questions & Réponses) était de savoir comment je pouvais jouer le rôle de la mère Suyuan lorsqu'elle devait quitter ses deux jeunes enfants.

Par la suite, Ringo a déclaré qu'il était un étudiant étranger agé de 20 ans, tout juste arrivé d'Afrique, étudiant à la célèbre école de cinéma et de théâtre de Martinsburg. Ringo a déclaré que c'était le film Joy Luck Club qui lui avait fait choisir cette majeure. Il s'est avéré que ce jeune homme noir avait une mère chinoise. Depuis l'enfance, il regardait souvent des vidéos avec sa mère, dès qu'il était adulte, Ringo voulait écrire, faire des films sur lui-même, sa mère et son fils, sa famille. Ainsi, lorsqu'il était allé en Virginie Occidentale pour étudier le cinéma, voyant la personage de Mme Suyuan en chair et en os, il a dû prendre le risque en me bloquer la route.

L'histoire de Ringo montre que non seulement pour les Chinois de la Chine continentale ou pour les peuples d'Asie, la vitalité du Joy Luck Club a transcendé toutes les frontières nationales, raciales et chronologique. Pour moi, transmettre l'inspiration aux jeunes de demain est la réalisation la plus remarquable des oeuvres artistiques. Le sourire charmant du jeune homme venu d'Afrique, et de beaucoup d'autres jeunes que j'ai rencontrés, sont les "récompenses vivantes" du film The Joy Luck Club.

L'Entainement Weekly, dans son numéro du 28 octobre 2004, annonçait: The Joy Luck Club a été élu au 22è rang sur les 50 films de l'histoire du cinéma mondial les plus lucratifs......en larmes! Et The trophy of tears (Le Trophée de Larmes) - a été décernée à Kiều Chinh.

La Camaraderie parmi l'équipe du Joy Luck club

C'est une façon de dire que l'intimité provient du film. Avec un casting de 64 personnages, 16 acteurs et actrices principaux, il est rare de voir une équipe de tournage aussi plus cohérente dans l'entente cordiale et la coopération intime que celle de The Joy Luck Club, depuis le tournage du film même jusqu'à sa projection par la suite sur les écrans.

Un jour de septembre 1993, cher Joy Luck Club m'a offert un anniversaire inoubliable. C'est à ce moment-là que toute l'équipe s'était réunie pour la présentation au Telluride Film Festival. A midi, un vieil ami du nom de Frank Vrecheck, président de Pacific Rim Films, Ltd., un célèbre cinéaste à Hong Kong, est venu au festival du film. Il a invité les artistes de The Joy Luck Club à en profiter du plaisir de l'équitation.

Des cavaliers erraient dans les belles montagnes du Colorado. Au milieu de l'excursion, il y a eu un moment où je me suis séparée du groupe, montant seule à cheval sur la colline. Le vent qui souffle dans mes cheveux et dans ma chemise me rappellent le bon vieux temps, quand j'étais jeune, je montais à cheval avec mon père et l'oncle Phúc dans l'immense orangeraie de Bố Hạ. À rappeler que j'avais aussi joué le rôle d'une princesse indienne en fuite lorsque la capitale a été attaquée par des rebelles, dans le film The Devil Within tourné en Inde en 1972. À se souvenir du cheval familier qui a a été laissé au Cercle Hippique sur la rue Nguyễn Du à Saigon en avril 1975. Saigon me manque.

J'ai arrêté mon cheval sur la colline et contemplais le ciel bleu et les nuages blancs. Je me suis sourie parce que aujourdhuit était un autre anniversaire loin de chez moi en tant qu'artiste errant, mais je ne l'ai dit à personne.

Le soir, alors que toute l'équipe de tournage était à l'hôtel pour une fête intime, le réalisateur Wayne Wang a soudainement demandé à tous les membres du groupe de s'asseoir les uns à côté des autres. Il y avait quatre mères, quatre filles. Il y a les auteurs

Amy Tan et son mari l'avocat Louis De Mattei dans un coin, en plus du réalisateur Wayne Wang, il y avait aussi le scénariste Ron Bass, ainsi que la productrice Janet Yang... Tout le monde était au complet. et on fait sortir un gâteau d'anniversaire et tout le monde a chanté "Joyeux anni-versaire à Kieu Chinh". Puis il y a eu des embassades et des baisers.

Mes deux mains tenaient une assiette avec un morceau de gâteau, les yeux fixés sur la bougie vacillante. Un an de plus. mon cœur est rempli d'émotions, reconnaissante envers tous, reconnaissante à l'art et à la vie.

Le Joy Luck Club est également présenté dans de nombreuses premières de films, organisées sur une grande échelle dans de nombreux endroits différents. Dans la région de Los Angeles, le lieu choisi pour lancer officiellement le film est Santa Monica, la ville de la terre dorée au bord de la mer bleue. La projection du film avait eu lieu dans un grand théâtre avec une armée de télévision et de presse attendant au bord de la route pour l'enregistrement et les interviews. Ensuite, il y a eu une réception dans un club privé, avec la présence de grands noms de Hollywood tels que la réalisateur Oliver Stone, l'acteur Richard Gere. L'hôte de la réception n'était autre que Annette Benning, l'actrice charmante et courtoise, épouse de l'acteur et réalisateur Waren Beatty, 15 fois nommée pour un Oscar. Elle a accordé une attention particulière à l'équipe du Joy Luck Club.

Après Los Angeles, c'est le comté d'Orange, qui comprend Little Saigon, la capitale spirituelle des Vietnamiens aux États-Unis. La première du film ici a été officiellement annoncée pour honorer l'actrice d'origine vietnamienne. Le jour de la projection du film, le quotidien The Orange County Register dans son numéro du 1er octobre 1993 a consacré une page entière au portrait de Kiều Chinh réalisé par le photographe Bruce Strong.

Après les avant-premières américaines du film, The Joy Luck Club a rapporté 17 millions lors de sa première semaine, les studios Disney ont offert à l'auteur Amy Tan, et aux actrices

Ming Na Wen et Kiều Chinh un voyage de luxe en Europe. pour présenter le film dans la salle de conférence qui porte le nom de la reine de la mode Coco Chanel.

Le groupe s'était ensuite envolée vers la Belgique pour assister au Festival Internationale du Film de Bruxelles.

A l'aéroport Charles de Gaulle, nous avons été accueillies par le représentant de Disney à Paris qui nous emmenat à l'hôtel Ritz. L'hôtel ne compte que quelques suites, chacune portant un nom célèbre, comme L'Opéra, Chaplin ou Chopin. J'ai choisi la chambre Chopin parce que quand j'étais jeune, rêvant à Hanoi, étudiant le piano, j'aimais la musique de Chopin, j'adorais les livres sur la vie et l'amour de Chopin et de l'écrivain George Sand.

Le lendemain était un jour de "travail". Assises à côté de moi a la table d'honneur étaient Amy Tan et Ming Na Wen, qui représentent Les films Disney et la secrétaire. La réunion a duré deux heures avec de nombreuses questions auxquelles nous avons répondu. Après la pause déjeuner, nous avions pris un goûter avec la presse, puis au rendez-vous dans la salle voisine pour des interviews télévisées. L'interview de chaque personne, puis l'interview des trois, a duré jusqu'à 17 heures juste avant la clôture.

Le lendemain, Ming Na était sortie seule, Amy Tan et moi nous étions invitées à visiter le musée du Louvre, également à proximité de l'hôtel Ritz. Mais Amy Tan n'a eu que deux heures, je suis restée jusqu'à la fermeture et j'ai toujours senti qu'une visite d'une journée au Louvre ne suffisait pas. Le Louvre est un ancien musée, construit en 1793, contenant ade nombreuses antiquités, peintures et statues parmi les plus précieuses au monde

Bien sûr, il est impossible de ne visiter ce musée sans passer par la Joconde, le tableau légendaire du peintre italien Léonard de Vinci. Et ne pas oublier, sur le chemin du retour, d'acheter une petite statue de Chopin, avec l'intention de la poser sur le piano dans le coin de la petite maison "Mon royame" à Studio City.

Au Ritz Hotel, mon endroit préféré pour s'asseoir est probablement The Hemingway Bar, un petit pub, car l'ambiance est très spéciale, véritable "Hemingway". Le pub a été construit en hommage à l'écrivain Ernest Hemingway: dans un petit coin se trouve une ancienne machine à écrire Corona, jetée à côté d'un vieux journal avec sa photo en première page; l'autre coin était un vieux phonographe jouant un disque, un grand cadre avec de nombreuses photos d'Hemingway à différentes époques de sa vie. Au fond de la pièce, loin du bar, dans un coin légèrement peu éclairé, il y avait une petite table et deux fauteuils en cuir noir, au mur était accrochée une photo de l'écrivain dans sa vieillesse.

J'étais entrée dans le pub. L"hôte, un vieil homme, voyant que j'étais seule, m'a demandé si je voulais m'asseoir seule au bar? Je regarde autour Toutes les tables ont été déjà prises. Seule la table dans le coin le plus éloigné semblait solitaire. J'ai demandé, "Puis-je m'asseoir là-bas?" "D'accord! Bien sûr!" Il m'emmenait là-bas en diisant: "C'est là que M. Hemingway s'assied chaque fois qu'il venait ici."

Il m'a tendu la carte des vins. Le menu a une photo d'Hemingway à gauche, une photo prise vers la fin de la vie avec une barbe, une image particulièrement belle, très virile, très artistique d'Hemingway dont les gens se souviennent encore, c'est aussi une peinture sur le mur. Au menu: Hemingway White Russian Cocktail, Hemingway Scotch Whiskey, Cognac... Je commande un Dry Martini!

Les Martini qui ont été apportés, des dessous de verres aux serviettes, portaient tous le nom d'Hemingway. La salle n'était pas bondée, mais il n'y avait pas de table vide non plus; tout le monde était poli, ne riait pas fort, parlait fort, mais nous donnait également une sensation de conversation chaleureuse. Siroter un Martini dans cette ambiance me rappelle les personnages des romans d'Hemingway interprétés au cinéma, par Spencer Tracy dans *The Old man and The Sea* (Le vieil homme et la mer); par Tyrone Power dans *The Sun Also Rises* (Le soleil se lève aussi); par Rock Hudson et Jennifer Jones dans *A Farewell to Arms* (Adieu aux armes); par Gregory Peck et Ava Gardner dans *The Snow of Kilimanjaro* (Les neiges du Kilimandjaro. Les héros qu'il a créés ont été inter- prétés par des acteurs dans des films dont j'étais tombée amoureuse il y avait un temps. Je m'attendrissais sur le destin d'un Ernest Hemingway de talent, qui s'était suicidé à l'âge de 60 ans. Je quittais le bar, comptant y revenir un jour.

Pendant mon voyage à Paris, j'ai également visité le village de Martell au cognac de réputation mondiale, sur l'invitation de Patrick Martell, le propriétaire. J'ai rencontré Patrick plusieurs fois à Los Angeles il y a dix ans, et depuis, chaque année, il m'envoie toujours une carte de Noël.

Comme prévu, le matin du 10 janvier 1996, une grande Citroën noire spéciale, conduite par un chauffeur en livrée et casquette noires était venue me chercher à l'hôtel Ritz. La voiture sortait de la ville; la magnifique route goudronnée qui menait au village Martell était bordée de beaux arbres plantés avec soin. Sur les deux côtés elle longeait des champs verts et lisses.

Un grand panneau indiquant Martell Village signale l'approche du lieu.

La voiture se garait devant un grand manoir, et un homme en costume s'avança pour ouvrir la portière de la voiture et prendre le sac de voyage dans ma main. Une femme dans la quarantaine vêtue d'une robe noire allant de la tête jusqu'aux pieds vint pour me saluer. Puis Patrick Martell s'est avancé du milieu derrière les marches, content de me revoir. Il s'est tourné vers la femme et disait qu'elle sera mon guide pendant mon séjour. Je ne suis ici que pour deux jours. Elle m'a conduite jusqu'à ma chambre privée, en montant de beaux escaliers en bois. La grande pièce avait une grande fenêtre donnant sur le jardin arrière. Comme il faisait noir déjà je ne pouvais rien voir dehors. Rendez-vous à 19h, elle viendra me chercher en bas de l'escalier, pour m'emmener à la salle de l'apéritif. Un serveur a sorti un plateau avec de belles bouteilles et verres en cristal, sans oublier du bon vin.

Après le dîner à deux (juste Martell et moi), nous retournâmes dans la salle de "dégustation". Les vins ont de nouveau été proposés. Rendez-vous demain matin à 8h pour du petit déjeuner puis visiter le domaine Martell.

Descendue de ma chambre le lendemain à 8 heures pour le petit déjeuner, je voyais que Patrick était déjà là avec trois autres hommes, qu'il me présenta comme ses employés.

Après le petit déjeuner, je suis allée visiter le village. Il y a environ trois mille employés qui travaillent ici, sans compter les members de leur famille. Des champs on passait à l'usine à souffler des bouteilles en verre; aux bouteilles de vin, puis à la fabrication du vin... et enfin à la visite de la cave. C'était une grande cave avec de grands fûts, un serveur tenait un plateau avec de nombreux petits verres pour gouter aux vins des différents fûts. Ici, l'air est frais, doux, un léger parfum flotte dans l'air lorsque nous levâmes un verre de vin pour le humer. Le bouquet est merveilleux.

Avant le départ, il y avait un grand coffret cadeau avec de nombreuses bouteilles de vin différents. Mais il y avait un paquet que Patrick m'a tendu, une boîte en velours bleu clair contenant une bouteille en or antique sur laquelle est inscrit "À Kieu Chinh - 11 janvier 1994 avec compliment." Signé: Patrick Martell. Bouteille de vin avec passeport: Cognac L'Or de Martell.

Après trois jours à Paris, nous étions de nouveau en route pour le Brésil pour assister au Festival du film brésilien, ou The Joy Luck Club sera projeté.

Merci à la famille Joy Luck Club.

Merci Disney Film de nous avoir offert un voyage rempli de beaux souvenirs.

Chez les mamans, quatre ans après la sortie du film, célébrant les 40 ans du cinéma Kiều Chinh, France Nguyen était encore venue se joindre à la fête, Lisa Lu a apporté des bijoux précieux.

Pour les plus jeunes amis, 13 ans plus tard, Kiều Chinh et sa fille se sont également envolées pour San Francisco afin d'assister à une cérémonie en l'honneur d'Amy Tan, qui appelait autrefois Kiều Chinh sa d'Asie de San Diego 2006, honorait Kiều Chinh avec le Lifetime Achievement Award, Ming Na Wen a été invitée à parler de Kiều Chinh. L'appelant toujours "Maman" comme la première fois qu'elles se sont rencontrées, elle déclara:

"Merci pour avoir partagé vos talents et pour avoir ouvert la voie à des actrices asiatiques comme moi"

Personnages et acteurs

Le Joy Luck Club est une histoire de quatre mères et quatre enfants, mais il faut 16 acteurs principaux pour recréer l'histoire entrelacée. Pour avoir les rôles principaux, le casting des acteurs a eu lieu dans de nombreux endroits, de New York, San Francisco, Los Angeles à Hong Kong et à Shanghai. Plus de 5,000 personnes, dont des acteurs célèbres, ont été pressenties.

Quant à Kiều Chinh, après avoir été sélectionnée, il y a eu une rencontre avec toute l'équipe de production comprenant le réalisateur Wayne Wang, deux scénaristes Amy Tan, Ronald Bass et le producteur Patrick Markey des studios Disney.

Je ne me suis jamais assise à une table de mahjong, et je ne comprends ni ne parle le chinois. Mais je dois parler des dialogues chinois que j'avais à apprendre à la va vite comme des nouilles instantanées. Je pensais que c'était un obstacle qui serait mentionné lors de la réunion. Mais non. Le réalisateur Wayne Wang a dit avec joie que nous tous connaissons bien Kiều Chinh.

Quelqu'un a même mentionné l'article de Richard Bernstein qui a interviewé Kiều Chinh dans son rôle d'une mère cambodgienne hurlante dans *Welcome Home*, le dernier film du réalisateur Franklin Shaffner. L'article de Bernstein met l'accent sur l'élément tragique de la vie d'une actrice réfugiée d'origine sud- vietnamienne qui a perdu sa mère et son père à cause de la guerre. L'article et les photos, intitulés L'art à la rencontre de la vie pour un artiste vietnamien, considère Kiều Chinh comme la personne qui apporte des émotions réelles à l'écran, occupait toute une page du numéro de New York Times de la fin de 1989, la même année de parution de The Joy Luck Club. Au cours de la réunion, lorsqu'on m'a interrogée sur le rôle de quatre mères - trois vivantes, une morte - si j'avais le droit de choisir, quel rôle choisirais-je. Je dis chaque femme est différente mais le personnage que j'aime le plus, qui me correspond le plus, c'est le rôle de la défunte mère Suyuan Woo. En entendant cela, Amy Tan souria à tout le monde et tout le monde hocha la tête.

Les acteurs jouant les mères sont tous des acteurs asiatiques devenus mondialement connus. Avec une solide distribution d'acteurs travaillant sans interruption pendant quatre semaines, la majeure partie a été la mise en scène et filmée à San Francisco. Adieu à la paisible San Francisco, le film ne comporte que deux scènes de la mère et de la fille de Suyuan, mais c'est la partie la plus épineuse, car elle doit se faire en Chine continentale, derrière le rideau de bambou.

Selon le calendrier de tournage, l'équipe de production experte est allée de l'avant. Kiều Chinh devait se réunir à Guilin pour jouer seule dans la scène de Mme Suyuan courant partout. Après cela, l'équipe s'envolera pour Shanghai pour filmer la scène finale: Ming Na qui joue le rôle de Miss June va venir des États-Unis, et les trois sœurs qui ne se sont jamais rencontrées se reconnaissent, grâce à l'ombre de leur mère décédée.

Le vol a rencontré une tempête

Le vol qui m'a emmenée de Hong Kong à Guilin était au milieu d'une tempête et a dû atterrir à un certain aéroport de Guangzhou pour attendre des nouvelles. L'aéroport provincial est petit, vide, quelques agents de sécurité portant des uniformes militaires, leur regard incommode et austère, lancé froidement de part et d'autre. Après de nombreuses heures d'attente, les passagers ont été appelés à faire la queue pour recevoir un paquet de nouilles instantanées, puis à faire la queue à nouveau pour pour recevoir un paquet de nouilles instantanées, puis à faire la queue à nouveau pour recevoir un verre d'eau. L'eau n'est pas encore bouillie, juste tiède, il faut tremper les nouilles, essayer de manger pour avoir des forces car je ne sais pas combien de temps je dois rester assise ici. Il faisait tard dans la nuit quand on m'apprit que je devais passer la nuit dans cet endroit étrange.

Les passagers ont reçu l'ordre de faire à nouveau la queue, en attendant l'appel de leur nom par la sécurité de l'aéroport pour monter dans la voiture, nous amenant à un hébergement éloigné et solitaire. Il s'agit d'une rangée de maisons avec de nombreuses petites pièces, faiblement éclairées.

La première nuit seule dans l'étrange pays de la Chine rouge, la pluie a pris d'assaut dehors, le vent hurlant a martelé la fenêtre.. La pluie glaciale qui tombait sur le toit m'a rappelé beaucoup les choses de jadis.. Papa me manque, maman aussi et puis mon enfance. Je me souviens de mon enfance. Papa! Papa! La nuit dans le vent et dans la pluie. Je me surprends en train d'appeler mon père, je l'entends, il m'appele. Parfois, j'ai l'impression de vivre encore dans une maison confortable avec mon père et ma mère à Kim Mã Gia Trang. Parfois, je me vois dans des nuits orageuses, seule, effrayée, tantôt proche, tantôt lointaine. C'est comme ça par intermittence. Jusqu'à ce que je me réveille aux coups frappés à la porte, me sommant à monter dans la voiture pour l'aéroport. Il faisait jour et l'orage s'est accalmé.

Le tournage d'un film

Le vol continue. Le passager qui est assis à côté de moi est un jeune homme, vêtu d'un blouson rouge avec les mots Film Crew imprimés dessus. Voyant que je ne comprenais pas le chinois, il est immédiatement passé à l'anglais. il ma dit qu'il est en route vers Guilin pour faire un film, puis m'a demandé si je voulais jouer dans ce film, car il pourrait m' embaucher. Il a dit qu'il touche une solde en plus des trois repas par jour; un petit déjeuner, un déjeuner et un dîner. Le studio doit embaucher jusqu'à 2.000 figurants pour jouer. Ne soyez pas timide. Les travaux commenceront demain matin. Avant l'atterrissage, l'aimable équipier du film m'a également donné un bout de papier indiquant le lieu de rendez-vous pour le tournage, ajoutant qu'il sera là demain matin. Je l'ai remercié, lui ai formulé le meilleur de mes souhaits, et exprimé l'espoir de nous revoir.

Tout le monde est content d'avoir pu amener l'actrice de l'aéroport à l'hôtel en toute sécurité. Après un copieux déjeuner-réunion en compagnie d'une importante délégation de tournage venue des USA. J'étais la seule actrice à jouer à Guilin pendant les jours a venir. De Amy Tan, Patrick Markey, Wayne Wang, à l'équipe d'experts, tous ont travaillé dur pour préparer la mise en oeuvre demain. Wayne Wang passait en revue tous les détails depuis les grands aux tout petits, avant la fin de la réunion, il prend soin de rappeler à tout le monde de s'habiller convenablement.

J'ai dû apporter des couvertures très moelleuses, des coussins chauffants, pour m'enrouler autour du corps en guise de protection, car je passerai toute la journée à filmer à l'extérieur, dans la montagne où le vent sera très froid.

Le lendemain matin, sur les lieux de tournage, il y avait de la fumée, il y avait du feu. Des convois de camions militaires transportant des troupes armées japonaises attendaient. Des milliers de figurants en costumes des années 40 étaient assis sur le bord de la route. L'équipier en chemise rouge, rencontré hier dans l'avion, s'occupe maintenant à organiser les figurants. Quand il me reconnaissait, debout de l'autre côté de la rue, il a levé la main pour me faire signe. Me voyant immobile, il s'était accouru, mais les réalisateurs-adjoints l'ont devancé. Ils me tendaient une charrette en bois pour pousser les jumeaux. Le réalisateur Wayne Wang s'est approché pour me serrer dans ses bras, nous nous nous souhaitons une bonne journée. J'espère que l'équipier de tournage en chemise rouge comprend ce qui s'était passé et ne m'en voulais pas, car vraiment, je n'avais pas eu l'occasion de m'expliquer.

Parce que c'était une grande scène avec une foule nombreuse, Wayne Wang a dû utiliser quatre équipes de tounage avec quatre caméras différentes pour enregistrer des vues aux angles différents. Alors que le feu et la fumée s'élevaient, les camions ont commencé à gronder sur la route, le réalisateur cria: Action! J'ai poussé le lourd chariot en bois transportant les jumeaux et je courus dans la foule. Le convoi des soldats japonais percute violemment. Des deux côtés de la route, les meubles étaient éparpillés et un maison était en feu.

La scène d'émeute reconstituée était plus grande que ce à quoi je m'attendais. Il y avait du feu, il y avait de la fumée, il y avait un convoi de troupes japonaises armées de fusils menaçants. Il y a des milliers de figurants. Il y a une scène supplémentaire qui ne peut être érigée par aucune force, c'est la toile de fond spectaculaire des pics calcaires déchiquetés qui s'élèvent dans le ciel. Dans le froid sans précédent de regarder l'ensemble du champ de bataille, j'ai compris pourquoi cette scène devait se produire ici et nulle part ailleurs.

La grande scène de guerre est terminée, je félicite le réalisateur d'avoir terminé la grande scène la plus difficile comme prévu. Wayne me remercia mais dit "pas encore". La chose la plus difficile à faire ce n'est pas avec la foule mais avec le silence. Là c'était la scène où Mme Suyuan a dû abandonner ses deux enfants. Il va falloir aller plus loin, plus tôt pour attraper le lever du soleil, filmer sera plus dur et jouer plus dur.

Donc selon le programme prévu, le lendemain il fallait se lever tôt, partir tôt, apporter un appareil de chauffage portatif pour se protéger du froid et une bâche en nylon qui sert d'abat

vent. La voiture qui devait faire un long trajet était arrivée à 5 heures du matin, le soleil ne s'était pas encore levé. Voyant que l'équipe d'experts qui est allée quelques heures plustôt était assise au même endroit, disant qu'elle ne pouvait rien faire. La raison en est qu'au niveau du vieil arbre, le lieu choisi pour le tournage, était entouré d'un rassembllement de villageois avec des bâtons empêchant ainsi l'équipe de tournage de travailler. Des huées bruyantes résonnaient au loin. Le producteur Patrick est sorti de ce côté et a montré le permis de tournage délivré par le district et la province, signé et scellé correctement, mais ils n'ont pas précisé là où il faut aller ensuite pour obtenir la licence pour filmer. C'est un arbre appatenant à un village qui est habilité à accorder l'autorisation. Ces gens veulent juste de l'argent, quelques milliers de dollars. Beaucoup de gens ont même demandé encore plus d'argent pour les voitures de l'équipe de tournage garées devant leur maison.

Les négociations entre les deux parties n' étaient pas encore terminées. Le soleil s'était déjà levé trop haut pour le tournage. il était temps de capter les rayons du petit matin tombant sur la souche d'arbre où Mme Suyuan dit au revoir à ses enfants jumeaux, dont le directeur avait besoin. Wayne a dit qu'il n'y avait pas de lumière, donc pas de tournage.

Le temps a soudainement changé, ce nouveau soleil a soudainement disparu, des nuages sombres apparaissent, la pluie tomba à verse. Patrick m'a enveloppée dans une bâche en plastique et m'a aidée à sortir du chemin de terre détrempé par la pluie jusqu'au parking. Tout le groupe s'est retiré dans le vent froid et la pluie qui transperçaient la peau.

Après une autre journée passée à négocier le prix, l'équipe est revenu tôt le lendemain matin.

Seulement deux exclamations

Patrick m'a de nouveau conduit à travers le petit chemin jusqu'au point de tournage. Des deux côtés de la route, des maisons et des gens regardaient par les fenêtres.

Au pied de l'arbre, tout est prêt, la caméra est en place. On peut jouer maintenant. Mais pas encore. Attendez que la lumière atteigne le bon endroit. J'ai regardé la souche d'arbre, rejouant le rôle de la mère de Suyuan dans mon esprit.

La guerre approche, les bombes tombèrent partout. Bébés jumeaux, mis dans la poussette. La mère seule poussait la poussette pour emmener le bébé. Courir partout. Le chariot est tombé en panne sur le bord de la route. La mère a étreint deux jeunes enfants et courait vers l'arbre. Épuisée, elle savait qu'elle était sur le point de s'effondrer. Un monsieur avec une mallette est apparu près de l'arbre. La mère a soulevé deux bébés dans ses bras vers lui, appelant à l'aide. Il est parti. Mère se tourna vers l'arbre. L'arbre ne s'en va pas. Avant de s'effondrer, elle lui a donné son bébé.

C'est le flash-back de la mère de Suyuan. C'est tout. Afin de faire quelques minutes du film, nous avons dû passer beaucoup de temps de travail acharné. Quant aux acteurs, il n'y a pas eu de conversations difficiles. Seulement deux voix. Appelez à l'aide et dites-moi au revoir. Le cri de la mère de Suyuan en cantonais, je l'ai mémorisé depuis longtemps et je viens de le réciter.

Un autre vent glacial souffla. Ce n'est pas encore le moment. Mais comment déterminer le moment où le rayon de lumière frappe le bon endroit? Il n'y a aucun moyen pour évaluer ces choses là. Le réalisateur devait donc venir ici lui même, pour attendre, observer, et évaluer. Pourquoi ce faisceau-éclair de lumière fugace est-il si important? Je me souviens des mots de Wayne l'autre jour, la chose la plus difficile ne consiste pas à filmer la foule bruyante, mais le silence.

J'ai demandé au réalisateur comment il voulait que je joue cette scène. Il a dit "Kiều Chinh le sait, agissons à sa manière". Puis il a solennellement ajouté, le dernier cri n'a pas besoin d'être en cantonais. Parlez dans la langue que vous voulez. Wayne a ajouté: La caméra sera prête, la lumière sera allumée pour commencer à jouer, je ne crierai pas Action.

Tout le monde autour était silencieux. Wayne est silencieux. Je garde le silence. Vous pouviez presque entendre votre cœur battre, votre souffle sortir de la fumée et du froid.

De derrière les montagnes calcaires au lointain, soudain une lumière est apparue.

Sur les feuilles d'un vieil arbre, un rayon de lumière a clignoté. Jouant le rôle de Mme Suyuan, j'ai tenu mes deux enfants dans mes bras. Un homme est venu avec une mallette, je lui ai amené mes deux jeunes enfants, j'ai crié au secours en cantonais. Il est parti. J'ai levé les yeux vers la lumière à travers la voûte d'arbres, et j'ai prié pour la sécurité de mes enfants. Quand je les déposais sur l'arbre, j'entendis mon père m'appeler, puis des larmes ont coulé sur mes joues et un cri plein de larmes aussi est sorti de mon cœur, "ma fille!"

Je tremblais toujours, mes mains serrant la souche d'arbre, mes yeux grands ouverts, essayaaient de voir à travers le brouillard des larmes. Puisque je n'entendais pas le mot "Coupez!" comme à l'habitude, je restais juste là, comme ça, immobile, jusqu'à ce que deux bras s'enroulent tranquille-ment autour de mes épaules. Sachant que c'était le réalisateur, je lui ai demandé doucement si j'avais besoin de tourner des "Takes" supplémentaires? Wayne disait que non, non. Il n'ya pas moyen de faire mieux. Apparemment, Wayne ne s'adressait pas à moi, mais à lui-même.

Fin de journée

Je ne sais pas quelle heure il est. Somnolente, je me suis réveillée quand on frappa à la porte. La porte s'ouvrit, seul est apparue le sourire amical d'Amy Tan. Dans un câlin heureux, elle a demandé pourquoi je n'étais pas au bar la veille quand, toute l'équipe avait trinqué du vin pour célébrer, en attendant mon arrivee pendant toute une éternité. Fatiguée, disais-je. Amy me tient la main, allons au restaurant, tout le monde attend. Allez, repas d'adieu avec Guilin. Fatiguée, dis-je en secouant la tête.

Amy s'arrêta, me regarda et posa sa main sur mon front. "Pourquoi es tu si chaude? La fièvre est forte."

"Ouais, de la fièvre depuis la nuit dernière, parfois chaude, parfois froide, je n'ai pas pu dormir toute de la nuit."

"Pourquoi ne me dis-tu pas d'appeler un médecin? Cependant, ce matin, je suis encore allé filmer tôt.

Qu'est-ce que je devrais dire. Après tant de choses urgentes, comment pouvez-vous regarder Wayne, Patrick dans les yeux pour dire que je suis malade et que je ne peux pas travailler, donnez-moi un jour de congé. Des milliers de personnes se sont mobilisées, l'équipe de tournage composée de centaines de personnes s'inquiète des allers-retours. Mme Suyuan prend un jour de congé signifie que tout s'arrête. L'horaire des vols, le prochain horaire de tournage. Comment s'arranger? Doit être en bonne santé, il n'y a pas d'autre moyen.

Amy Tan a dit qu'elle appellerait un médecin.

J'essaie de rire, et disais non. Ne pas appeler. C'est bon. J'ai pris du Tylenol. J'ai besoin de dormir pour reprendre des forces. Dites à tout le monde de se rassurer de bien manger. Je vais à Shanghai demain.

Le Film Vượt Sóng / Journey From The Fall

Depuis mon départ du pays en 1975, ce n'est qu'en 2005 - 30 ans plus tard - que j'ai pu jouer dans un film vietnamien tourné à l'étranger par une jeune équipe de tournage, le film *Vượt Sóng* (Franchir les vagues) ou L'exode après la chute (Traduit de son titre en anglais).

Vượt Sóng a été réalisé par Trần Hàm et Nguyễn Lâm, et produit par Alan Vo Ford. Le film a été tourné en Thaïlande et certaines scènes d'intérieur ont été tournées en Californie. Dans le film, je joue le rôle d'une vieille grand-mère aux dents noires, avec son petit-fils (interprété par Nguyễn Thái Nguyên) et sa belle-fille (interprétée par Diễm Liên). Ils traversent l'océan en quête de liberté. Le fils (joué par Nguyễn Long) a été envoyé dans une prison de rééducation, puis est mort au Vietnam avec son codétenu (Mai Thế Hiệp).

Pendant le tournage en Thaïlande, je n'ai pas pu m'empêcher de penser à la scène de la prison de mon père et de mon frère Lân, et les scènes ou moi je flottais sur la mer orageuse m'ont rappelé les millions de personnes qui ont ont franchi les frontières, et traversé les mers; les "boat people" vietnamiens.

Vượt Sóng est un film vietnamien à succès à l'étranger, qui a été bien accueilli par les compatriotes vietnamiens du monde entier. Le film a remporté de nombreux prix de grande valeur (28 prix en tout) au Festival du film de Sundance. Avec le réalisateur Trần Hàm, nous avons accompagné Vượt Sóng dans les festivals de cinéma tels que Sundance, Utah; C.A.A.M, Californie; Calgary, Canada...

Je suis fière de travai*ller a*vec la jeune génération, ils ont tellement de talent, ont suivi des formations spécialisées. ils me donnent beaucoup d'espoir pour l'avenir du cinema vietnamien.

Au Festival du film de San Diego, Kiều Chinh a reçu le Lifetime Achievement Award. Le film Vượt Sóng a remporté le prix du Meilleur film.

Les Vingt cinq ans au cinéma de Kiều Chinh

Peu de temps après, précisément en 1983, des amis parisiens organisèrent les "25 ans de cinéma Kiều Chinh. Revenir à Paris cette fois, c'était pour moi très émouvant. J'ai rencontré des amis du monde du cinéma qui étaient séparés depuis 1975 comme Gilberte Lợi, propriétaire de Cosunam Films, M. Quách Thoại Huấn, propriétaire d'Orient Cinéma, restaurateur et Night Club Palais d'Argent Saigon, et quelques amis dont le réalisateur et acteur Eric Lê Hùng, Long Cương, le violoniste Lê Thành Đông, etc.

En particulier, le programme culturel dirigé par le musicien ethnocologue Trần Quang Hải avec la participation de l'artiste chevronnée Bích Thuận, M. Michel My jouait de la cithare, aux côtés d'autres artistes et peintres célèbres de Paris tels que M. Lê Tài Điển, Phạm Tăng...

J'ai été touchée lorsque j'ai reçu la plaque de bronze commémorant "les 25 ans de cinéma Kiều Chinh" présentée par Nguyễn Long Cương au nom du comité d'organisation avec des mots sincères. J'ai également été surprise et touchée de voir les Parisiens présents en grand nombre. Et la joie immense de revoir tant de parents après tant d'années de séparation, comme les Đức-Tuyết, le frère Chương, Brigitte Kwan et bien d'autres que je regrette de ne pas pouvoir tout énumérer

A cette occasion, j'ai retrouvé ma famille, Tinh ma soeur ainée et mon oncle, le docteur Nghị qui m'a présentée à un médecin du nom de Đ. L'oncle Nghị n'a pas n'a pas épargné d'éloges pour son jeune médecin qui est aussi son élève et son associé. Il m'a dit qu'il voulait que j'épouse Monsieur Đ., un intellectuel célibataire tout de douceur.

Quant à l'oncle, il s'occupera de mon mariage et m'offrira une maison à Paris. Il a dit qu'il voulait que sa nièce ait une vie plus digne et plus confortable!

Peu de temps après, le Dr. Đ venait me rendre visite aux États Unis. Il m'a également demandé officiellement de m'épouser et m'a proposé de vivre à Paris six mois par an, puis de revenir aux États-Unis pendant six mois pour vivre avec mes enfants et petits-enfants.

Les conditions et les circonstances étaient très bonnes, mais malheureusement mon cœur n'y trouvait pas d'asile!

Plus tard, Tĩnh me racontais que l'oncle Nghị s'était fâché avec moi parce que j'avais obstinément refusé de l'écouter. Peut-être qu'il ne comprenait pas ce que je voulais.

LES PHOTOS
DE LA TROISIÈME PARTIE
L'Exil

Autel des ancêtres dans la maison avec des photos des parents biologiques et des beaux-parents.

Famille, le premier Noël, le temps de s'installer en Amérique dans un immeuble à North Hollywood.

La cérémonie de la fille aînée Nguyễn Mỹ Vân mariée à Đào Đức Sơn, le fils aîné Les grands-parents du docteur Đào Đức Hoành.

Le mariage du fils aîné, Nguyễn Hoàng Hùng, a épousé Nguyễn Bích Trang, la deuxième fille de pharmacien Nguyễn Hùng Chất.

Avec 3 enfants et deux chiens (Polo et Bogie) dans le jardin arrière de la maison de Studio City.

L'Exil | 295

Stephen Dao embrasse et embrasse sa grand-mère.

Chiot Bogie

Avec le docteur Nguyễn Văn Ngịi, le frère de ma mère, est venu me rendre visite de France à la maison de Studio City.

Avec ma soeur Tĩnh après tant d'années de séparation

David et Lisa, les deux enfants de Tinh, sont allés à la gare de Marseille chercher tante Chinh.

Dîner en famille chez Mme Tinh. De gauche à droite : Jean Claude, David et sa femme, Christian, Chinh, Lysa et Pauline Tinh.

Lân, Tĩnh et Chinh pour la première fois 3 frères et sœurs se sont rencontrés à Marseille France

Le petit-fils Hoang Hung s'est envolé pour la France depuis la Californie pour rencontrer l'oncle Lân et Tĩnh (frères et sœurs de la mère) pour la première fois

Tĩnh et Chinh avec quatre enfants de l'oncle Nghi: les docteurs Luc, Johan, Patrick et Christine.

Retrouvailles familiales en France avec les enfants de Mme Tinh et de l'oncle Nghi à l'occasion du mariage de David, le fils de Mme Tinh.

Avec frère Lân, après 41 ans de séparation.

Pleine d'émotion, Kieu Chinh posa sa main sur la tombe de père Cửu.

Un coin de la prison Hỏa Lò.

Regarde à travers une fenêtre à barreaux dans une cellule de prison Hỏa Lò.

Avant la prison Hỏa Lò (Hanoi Hilton).
Père Cửu et frère Lân ont été autrefois emprisonnés ici.

À l'ancienne maison, 10 Lê Trực, Hà Nội,
maintenant complètement changée.

Avec mon père adoptif, l'écrivain Ngoc Giao, ami proche de mon père.

Avec mon oncle, l'ambassadeur Nguyen Van Quang, retrouvé en 2000.

*Visite mon oncle, docteur Nguyễn Văn Thành à Hà Nội
(Photo: Daniel A. Anderson, OC Register).*

Avec le poète Ngan Giang

Les réalisateurs Le Mong Hoang et Le Dan et l'acteur Kim Cuong ont accueilli Kieu Chinh au Vietnam pour la première fois en 1995 à l'aéroport de Tan Son Nhat.

Avec les amis artistes après 20 ans. De gauche à droite: les peintres Dang Giao, Choe, Kieu Chinh, l'écrivain Nguyen Dinh Toan, l'écrivain Van Quang.

La voiture de Cuong, dans un accident, a brûlé.

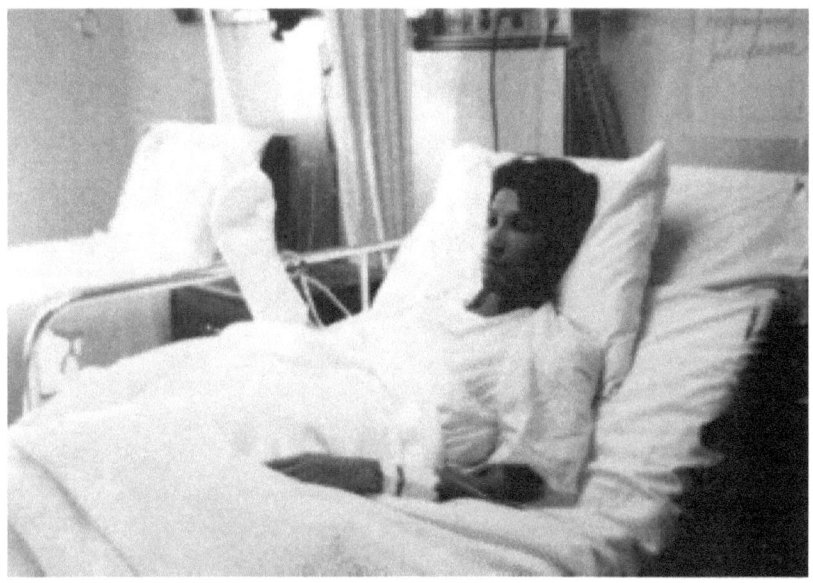

Avec les longues journées, Cuong est allongé sur son lit d'hôpital pour se faire soigner avec le bras droit suspendu.

Tuan Cuong et Kieu Chinh rendent visite au maître zen Thich Nhat Hanh à Loc Uyen.

Tuấn Cường, Kiều Chinh, Ý Lan et petit fils TouTou, Nguyễn Lê Nam.

Avec mon fils Hoang Hung près du feu chaud de la saison de Noël

Tuan Cuong a pris une photo de son fils, Nguyen Le Nam a étreint sa grand-mère Kieu Chinh

Couple Luan et Lien. Lien est la fille de Lan qui est venue en Amérique rendre visite à la famille de Kieu Chinh. De gauche à droite Cuong, Van, Lien, Chinh, Luan et Hung, se tiennent devant la maison à Huntington Beach.

À l'anniversaire de Tuan Cuong, il y avait l'oncle Tony Lam Quang, Te et sa femme Tuyet, petit-fils Luong Minh Chau, petits-enfants Nhan et Y Lan avec leurs enfants.

Réunion de famille chez Kieu Chinh:
beau-frère Nguyen Giap Ty, belle-sœur Mao et enfants de Toronto,
Te-Tuyet, la belle-sœur de Kieu et son fils Nguyen Chi Ton.

La grande famille se réunit pour fêter les 80 ans de Nguyen Nang Te.

Avec quatre petits-enfants bien-aimés:
Stephan Đào, Aimée Nguyễn, Nguyễn Lê Nam, Jean-Paul Nguyễn.

Stephen Dao (petit-fils), est diplômé de l'Université Chapman

Jean-Paul Nguyen (petit-fils) est diplômé de l'Université MSOE.

Père, Paul Hung Nguyen et mère, Jan Bich Trang Nguyen et grand-mère Chinh célèbrent la journée de Jean Paul Nguyen, diplômé en tant qu'ingénieur de l'Université MSOE

Tuấn Cường et Ý Lan félicitent leur fils Nguyen Le Nam pour l'obtention de son diplôme en présence de sa grand-mère, Kieu Chinh.

Aimée Nguyen (petite-fille) est diplômée de l'UC Berkeley.

Pratique du tir à l'arc pendant les vacances avec le petit-fils Jean-Paul. Il est mon entraîneur.

Sur le terrain de tir à l'arc.

Carrière Cinématographique À L'étranger

La chaise nommée Kieu Chinh sur le studio Hollywood.

L'Exil | 317

Une photo spéciale: Avec acteurs et actrices de la minorité à Hollywood
(Kieu Chinh assis au premier rang à gauche)

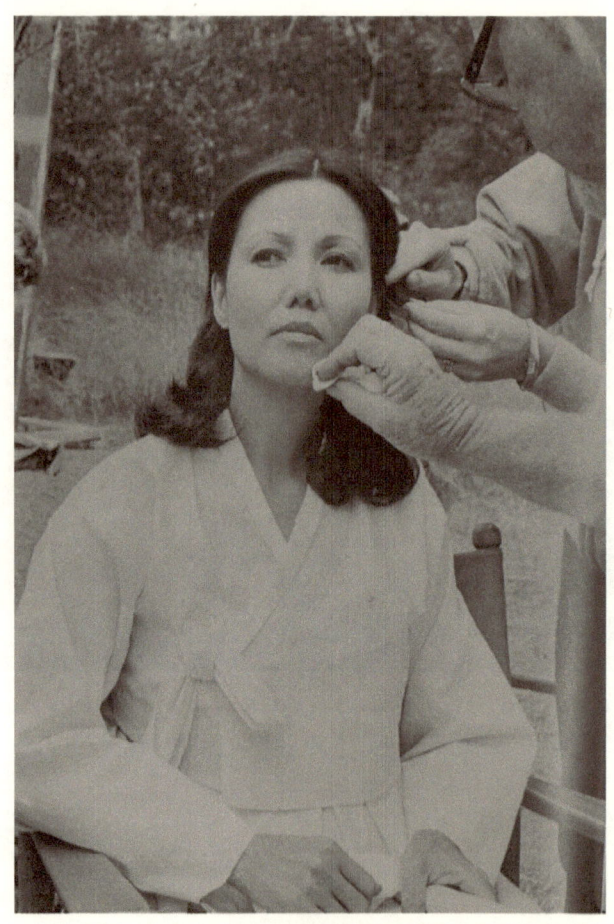

Sur un plateau de cinéma Hollywood pour l'émission télévisée M.A.S.H.

Avec acteur Alan Alda dans la série télévisée M.A.S.H., 1977.

Une scène du film "The Letter" avec actrice Lee Remick.

Kieu Chinh avec l'acteur Robert Conrad, la vedette des films cow-boys
(Éloge à Kieu Chinh pour son rôle dans le film Fly Away Home -
publié dans un journal américain)

Avec acteur Ed Ashner, le temps de faire la série télé "Fly Away Home"

Avec acteur James Hong, un acteur d'origine chinoise, un Asiatique qui joue dans la plupart des films à Hollywood

Avec acteur Ricardo Montalban dans la série télévisée Fantasy Island.

Avec acteur John Forsythe dans la série télé Dynasty

Avec Gurinder Chadly, réalisateur de What's Cooking

Entretien télévisé avec Richard Chamberlain

Avec la rôle de conseiller technique sur le plateau de tournage de Hamburger Hill.

Sur le terrain de tournage de Hamburger Hill. (Getty Images)

Dans "Call to Glory" produit par ABC Television, Kieu Chinh joue Mme Ngo Dinh Nhu. La Première Dame de la République du Vietnam, l'actrice japonaise S. Shimoto, en tant que président Ngo Dinh Diem et Greg Nelson, en tant qu'officier américain

Avec la rôle de mère Laotienne, conduisant ses enfants sur la route d'évacuation dans le film The Girl Who Spells Freedom.

Avec acteur Nicolas Cage dans le film City of Angels

Avec acteur Cambodgien Haing S. Ngor. Les deux ont agi en tant que mari et femme dans des films et de nombreuses émissions de télévision, et dans la vraie vie, ce sont deux amis proches. Il était à l'origine un médecin, a remporté un Oscar pour le film The Killing Field.

Une scène du film Welcome Home, réalisé par Franklin J. Schaffner, tourné en Malaisie.

Avec acteur Kris Kristofferson dans le film "Welcome Home", tourné en Malaisie par le célèbre réalisateur Franklin Shaffner.

Avec le réalisateur Franklin J. Schaffner sur le tournage de Welcome Home.

Avec le réalisateur Wayne Wang sur le lieu de tournage de The Joy Luck Club à Guilin, en Chine.

Une scène du film Joy Luck Club: Kieu Chinh joue Suyuan, une mère qui a dû abandonner ses deux jeunes enfants sur la route.

Les quatre paires, mère-fille, du film The Joy Luck Club.
De gauche à droite: Kieu Chinh, Ming-Na-Wen, Tamlyn Tomita, Tsai Chin, France Nuyen, Lauren Tom, Lisa Lu, Rosalind Chao.

L'équipe du Joy Luck Club, au Sundance Film Festival, qui a offert à Kieu Chinh un anniversaire surprise.

Ming Na-Wen, Amy Tan et Kieu Chinh tiennent une conférence de presse dans la chambre de Coco Chanel, Hôtel Ritz, Paris.

Avec écrivaine Amy Tan, auteur du roman The Joy Luck Club, au Musée du Louvre, Paris

Avec l'actrice Tippi Hedren à la première du film Le Joy Luck Club à Hollywood.

Avec Richard Gere au Armand Hammer Museum, Westwood, après la première de The Joy Luck Club.

Janet Yang (productrice de The Joy Luck Club), Kieu Chinh & actrice France Nuyen

Avec Ming-Na Wen jouant la fille de Kieu Chinh dans le film The Joy Luck Club

L'Exil | 335

Sur scène au TIFF Film Festival avec Ron Bass (Oscar du scénariste)

Une partie de la famille de The Joy Luck Club, de gauche à droite: Janet Yang (productrice), 1 amie, Russel Wong (acteur), Amy Tan (femme auteur), Kieu Chinh, Lauren Tom (femme acteur), Ron Bass, Wayne Wang (réalisateur)

Un article du People Magazine disait: Loin de Hanoï, le film The Joy Luck Club simulait de près la vie de Kieu Chinh.

Le film The Joy Luck Club a été remarqué par de nombreux journaux tels que NY Times, LA Times, etc.

Kieu Chinh joue Suyuan, une mère chinoise pendant la Seconde Guerre mondiale, qui a dû abandonner ses deux enfants alors qu'elle était en fuite.

22 The Joy Luck Club

Kieu Chinh, Ming-Na Wen (1993, Hollywood) The stories of four Chinese women and their difficult relationships with their daughters are explored in director Wayne Wang's relentlessly emotional adaptation of Amy Tan's novel. A chick flick through and through, the movie switches between the mothers' early lives in restrictive Chinese society—dealing with child marriage, domestic abuse, and infanticide—and the Asian-American daughters' present-day lives as they face loveless marriages, racist in-laws, and a major lack of connection with their moms. **KLEENEX MOMENT** The trophy of tears goes to the deceased Suyuan (Chinh), as a flashback shows how she had to abandon her twin baby girls by the road while fleeing the invasion of Kweilin.

L'Exil | 339

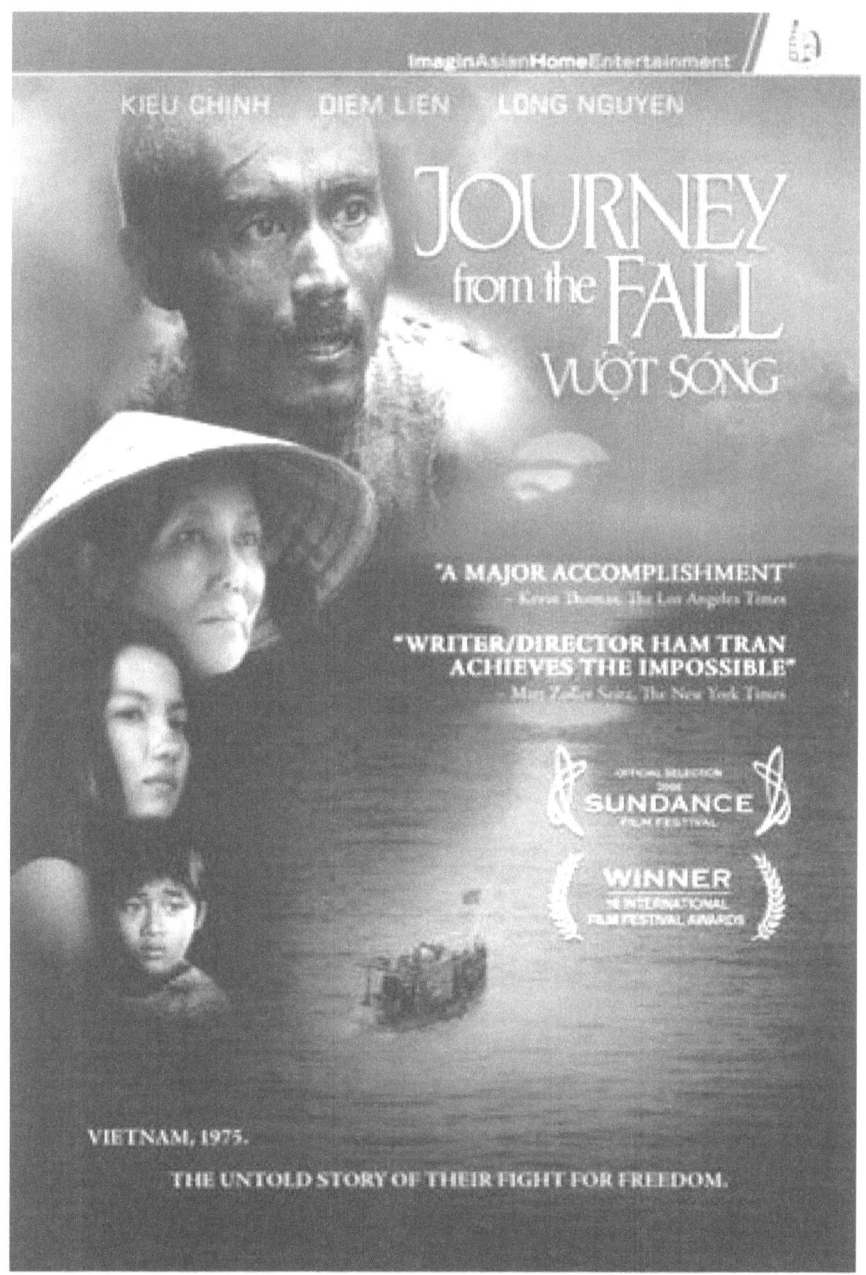

Affiche du film *Vượt Sóng* du réalisateur Trần Hàm.

Kieu Chinh joue une grand-mère aux dents noires dans le film Vượt Sóng.

Dérivant sur le vaste océan dans le film Vượt Sóng.

Avec réalisateur Trần Hàm sur le plateau en Thái Lan.

*Avec l'acteur Jason Momoa dans Tempted, tourné en Australie.
Réalisé par Maggie Greenwald*

Affiche du film Tempted, alias "Returning Lily".

Kieu Chinh sur le plateau à Hawaï avec le réalisateur, le producteur et le casting de Ride The Thunder.

Avec Richard Bolkin, producteur et auteur du livre Ride The Thunder

Avec Cedric The Entertainer dans l'émission The Neighborhood

*Kieu Chinh dans le drama NCIS LA avec acteur et actrice:
Eric Christian Olsen & Da niela Ruah.*

Avec le réalisateur Andrzey Wajda, dans la pièce Sansho The Bailif sur la scène de la Brooklyn Academy of Music, Broadway, New York.

Avec des acteurs et actrices qui jouent dans la pièce Sansho The Bailif, mise en scène par Andrzey Wajda.

*Ở Toronto International Film Festival
(photo par Getty Images)*

Ở Sundance Film Festival

À Asian World Film Festival
(photo par Getty Images)

*Affiche du film
Mission Overseas tourné
en Thailande*

*Affiche du film
Ngọc Viễn Đông*

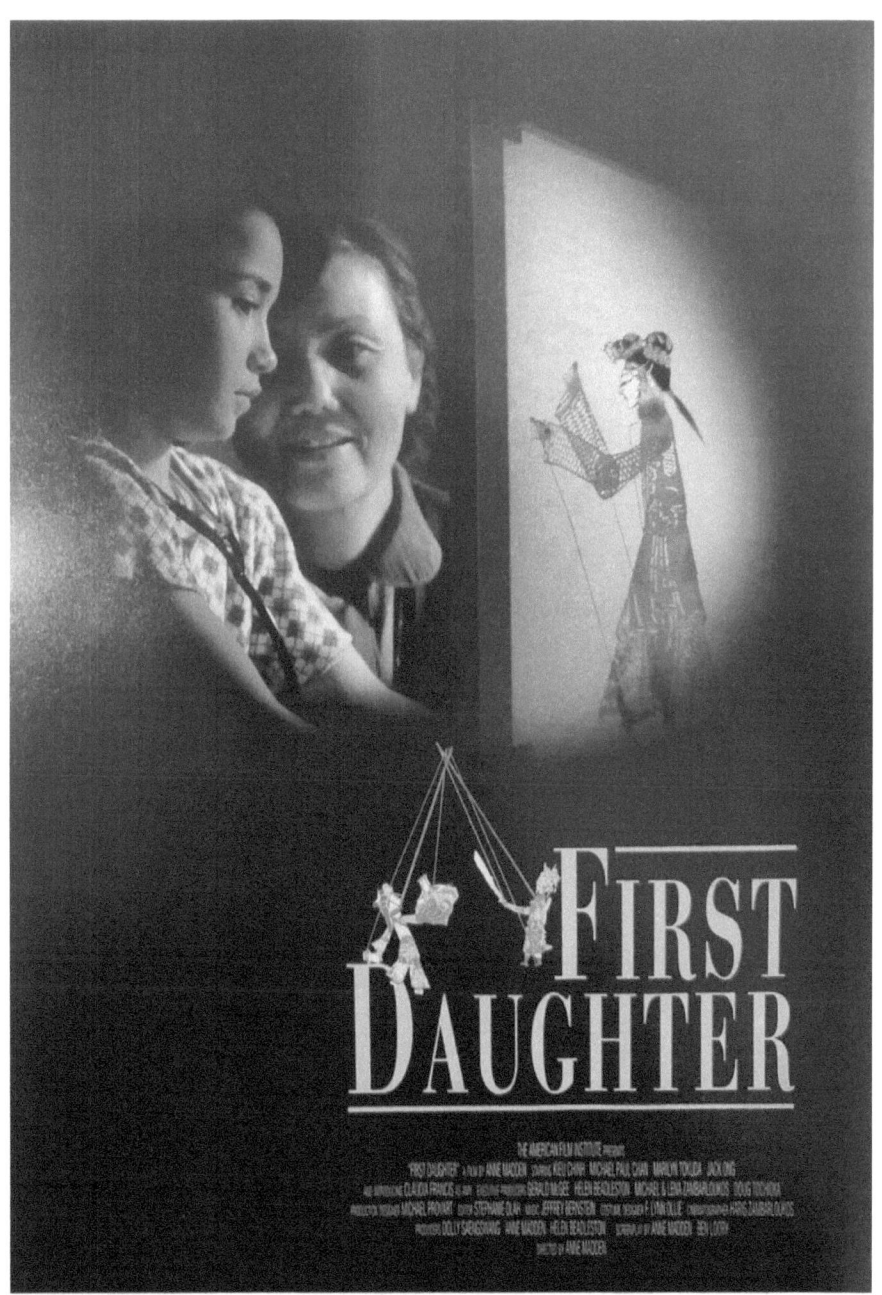

Affiche du film First Daughter realisé par Anne Madden.

Affiche du film *Catfish in Black Bean Sauce* réalisé par Chí Mười Lô.

L'Exil | 351

Affiche du film Face réalisé par Bertha Bay-Sa Pan

Prix: Woman Warrior Award.

L'Exil | 353

Prononçant un discours lors de la remise du prix du Réfugié de l'année 1990, au Congrès des États-Unis, Washington DC.

Recevant le prix du réfugié de l'année 1990, au Congrèse des États-Unis, Washington DC

Des amis ont célébré les trente ans de carrière cinématographique de Kieu Chinh sur la scène du Performing Art Center, Costa Mesa, Californie.

Nguyễn Long Cương, acteur dans le film Chúng Tôi Muốn Sống. Il Estdevenu le célèbre monteur de film français, qui remet la planche 25ème anniversaire du Cinéma Kieu Chinh à Paris.

Avec Patrick Perez, réalisateur du documentaire: « KIEU CHINH, A Journal Home »

Réalisateur Patrick Perez et Kieu Chinh reçoivent le Emmy Award pour le documentaire « Kieu Chinh: A Journey Home » réalisé par Patrik Perez de Fox Television « Priez pour la réunion de toutes les familles séparées par la guerre sur la terre ».

Kieu Chinh a reçu le prix du patrimoine américain 2005 décerné par l'American Immigration Law Foundation.

Kieu Chinh fait partie des cinq acteurs et actrices internationaux qui ont reçu le prix spécial du Festival du film Internazionale Delle Donne, en Italie.

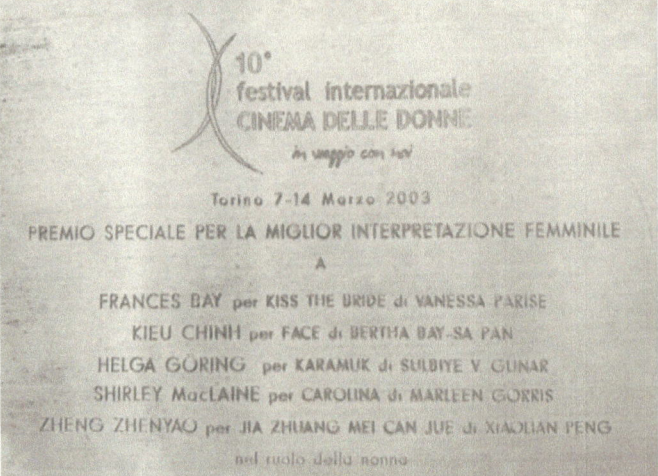

À l' Emmys Award

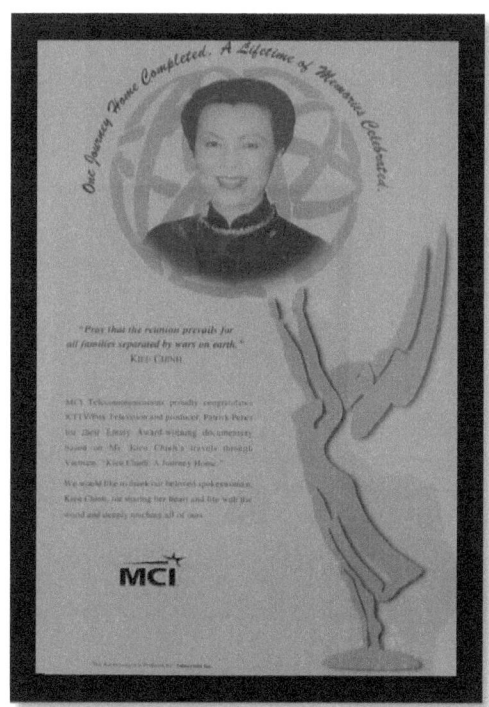

MCI Telephone Company a félicité le Documentaire Kieu Chinh: A Journey Home » - réalisé par Patrick Perez, Fox TV - a remporté les Emmys

Au Festival du film de San Diego, Kieu Chinh a reçu le Lifetime Achievement Award et le film Vượt Sóng a remporté le prix de la meilleure image. De gauche à droite: Tuan Cuong, acteur; Kieu Chinh; Lam Nguyen, producteur; Tran Ham, directeur; et Alan Vo Ford, producteur.

Kiều Chinh reçoit Lifetime Achievement Award de San Diego Asian Film Festival en 2006. De gauche à droite: Stephen Dao, Kiều Chinh, Grace Park, Paul Hùng Nguyễn, Ming Na Wen, Tuấn Cường.

Avec Stephen Đào au GLAAD Festival.

Devant la caméra de la presse sur le tapis rouge GLAAD Festival, New York.

Le sénateur Lou Correa rend hommage à Kieu Chinh avec un Congressional Record Award.

Recevant le prix Pioneer de JTC pour les femmes de couleur.

Kieu Chinh est l'un des cinq acteurs & actrices à avoir reçu le prix Fog Awards Lifetime Achievement Award. De gauche Jackie Chan, Sonil Thapa, Kieu Chinh, Bappi Lahri, Martin Sheen.

Avec George Jojo Chamchoum, président du Festival des films du monde asiatiques (AWFF) lors de la cérémonie de remise du Life Achievement Award pour Kieu Chinh.

QUATRIÈME PARTIE
Les Étapes De Ma Vie:
 1. *Conférencière*
 2. *Les médias*
 3. *Activités caritatives*

Discours prononcé devant le mur de granit noir à Washington DC

À la cérémonie de la Journée des Anciens Combattants du novembre 1993, M. Jan Scruggs - président et fondateur du Vietnam Veterans Memorial Fund – m'a invitée à prononcer une allocution de célébration et à lire les noms d'un certain nombre combattants américains tués au Vietnam qui figurent sur la liste des 58.000 personnes gravées sur le mur de granit noir à Washington, D.C.

La cérémonie s'est déroulée solennellement, avec drapeaux, garde d'honneur, orchestre, trompettes majestueuses et tambours, représentant toutes les armes. Toute une forêt de gens était présente, se tenant debout solennellement, se recueillant. Les invités, du président aux invités d'honneur ont été invités à prononcer un bref discours et chacun à lire un certain nombre de noms gravés sur le mur de granit noir.

Lorsque les médias m'ont interviewée, ils ont demandé:

"Dites-moi ce que vous avez ressenti lorsque vous avez prononcé le discours et qu'une larme est sortie."

Je réponds:

"En prononçant les noms Johnson, Smith... dans mon cœur, je ne peux m'empêcher de penser aux Trần, aux Lê, aux Nguyễn ... Plus de deux millions de Vietnamiens sont également tombés pendant la plus longue guerre de l'histoire américaine. J'espère qu'un jour je pourrai faire quelque chose pour les honorer, en particulier les enfants innocents."

Quand je suis descendue de l'estrade, de nombreux anciens américains étaient venus me prendre dans leurs bras. Quelqu'un a pleuré. Je suis à la fois touchée et impressionnée par ces soldats blessés dont les cheveux sont maintenant devenus blancs, certains en fauteuil roulant, d'autres s'appuyant sur des cannes, ... des amputés... toujours en tenue militaire.

J'ai été présentée à deux personnalités: La première est Lewis B. Puller Jr. *(le jeune)* un célèbre vétéran du Corps des Marines (fusilliers marins) qui a été amputé des deux jambes. Il est en fauteuil roulant et plusieurs doigts lui manquaient de ses deux mains . Il est également l'auteur d'une biographie, *Fortunate Son* (Le fils chanceux) qui a reçu le prix Pulitzer.

Lewis B. Puller Jr.est le fils d'un célèbre officier supériedeux mainsur de l'armée américaine - le général Lewis B. (Chesty) Puller qui a reçu le plus de médailles dans l'histoire de l'armée américaine.

La deuxième est le célèbre journaliste Terry Anderson. Il a été pris en otage et mis en prison pendant plus de six ans de guerre au Proche-Orient. Sorti de prison, de retour aux Etats Unies, il a écrit livre intitulé *Den of Lions* (Le repaire des lions).

Après cela, j'ai pris rendez-vous pour les rencontrer individuellement afin de leur présenter mon desiderata: Faites quelque chose leur avais-je dit, pour honorer les plus de deux millions de Vietnamiens qui sont morts pendant la guerre du Vietnam.

Texte Supplémentaire

(Ci-dessous, est la tradution du texte intégral en anglais du discours a prononcé par Kiều Chinh au Mur de Pierre Noire):

En tant qu'Américaine d'origine vietnamienne, qui s'est réfugiée deux fois, qui a perdu ses parents, ses frères et sœurs, presque tous à cause de la guerre, qui s'est débattue avec d'innombrables questions et pensées contradictoires, permettez-moi de partager avec vous quelques-reflexions sur la guerre du Vietnam – a partir de ce mur de granit noir qui se tourne vers le passé.

En me joignant à la célebration du 10ème anniversaire du mur, je récitais les noms des morts, les noms des soldats tombés sur le champ de bataille, je me tiens ici, devant le mur, gravé des noms de plus de 58.000 soldats américains morts pendant la guerre, et me suis rendue compte que toutes les raisons menant à la guerre avaient disparu.

Je lève les yeux vers le mur et je vois toute l'humanité sur cete terre comme une seule entité. Cette entité commune à l'humanité, est comme une personne qui grandit pas à pas, tantôt saine et sage, tantôt malade et imprudente, souffrant d'une douleur auto-infligée.

L'une des blessures de cette souffrance auto-infligée a été la guerre du Vietnam.

Cette blessure n'est pas petite. Regardez les deux côtés de l'océan Pacifique. D'un côté, un pays d'à peine 320.000 kilomètres carrés a été ravagé, un peuple divisé. Et de l'autre côté, de nombreuses générations américaines divisées, elles aussi. Plus de 58.000 soldats américains sont tombés et plus de deux millions de personnes - soldats, civils, personnes de tout âge sont mortes dans le malheureux pays, choisi par l'histoire pour être le champ de bataille. Cette blessure est encore douloureuse pour des millions de personnes, des décennies après que le silence a prévalu sur les armes à feu.

Les vétérans du Vietnam, de retour du champ de bataille avec des blessures physiques ou mentales, poursuivent leurs combats, non pour en infliger davantage mais pour les panser en participant avec des civils américains à la construction du Mur du Mémorial des Vétérans du Vietnam.

En une décennie, cinq millions de visiteurs s'y sont rendus. Et sûrement des millions d'autres viendront.

Le Mur des Vétérans du Vietnam n'est jamais un monument aux morts, mais a l'espoir que la blessure guérira. C'est là que les morts rappellent aux vivants leur espoir pour un monde plus pacifique.

L'histoire montre que tous les murs érigés dans l'intention de diviser et blesser l'humanité ont fini par s'effondrer. Mais le Mur qui a rassemblé les gens pour la guérison, au sens du Mémorial des Vétérans du Vietnam, restera pour toujours car il est fait non seulement de pierre mais aussi d'esprit, non seulement pour rester sur terre mais aussi pour vivre dans le cœur des humains.

La terre, notre maison commune, n'est pas encore exempte de péril, mais est de plus en plus menacée par des armes encore plus terribles.

Puisse le message du mur sur la guerre du Vietnam rappeler aux générations futures à apprendre, à protéger la terre pour que l'humanité grandisse dans un corps intact, sain et pacifique.

Vers l'établissement du Fonds pour l'enfance du Vietnam (VCF)

Faire quelque chose pour honorer plus de deux millions de Vietnamiens qui sont morts pendant la guerre du Vietnam.

Pour trouver la réponse à cette question, la première personne à qui je me suis adressée était Lewis B. Puller, Jr.

Par un après-midi d'"hiver, j'ai rendu visite à Lewis à Fairfax, en Virginie. La maison à un étage est située sur un grand terrain avec de nombreux grands arbres. En hiver, les arbres s'endorment. Les feuilles mortes couvrent le chemin.

Une femme ouvre la porte et m'a invitée à entrer. Lewis était assis sur fauteuil roulant, au milieu du salon, une grande pièce, avec un parquet, mais très peu de meubles. Le fauteuil roulant est arrivé, Lewis m'a salué et m'a présentait sa sœur ainée, qui venait l'aider, lui apporter les repas. Sur la petite table en bois devant la cheminée j'ai vu une bouteille de vin, une assiette de cracquelins au fromage, des raisins... Il n'y avait qu'une seule chaise detinée aux invités.

La sœur aînée a demandé à Lewis s'il avait besoin d'autre chose avant de partir. Lewis lui a demandé d'ouvrir la bouteille pour moi, de prendre deux verres et son livre, *Fortunate Son*, pour me dédicacer.

J'ai demandé a sa soeur de nous prendre en photo ensemble. Aprés elle est sortie en fermant la porte. Nous nous sommes assis près de la cheminée, un feu de bois crépite et les verres de vin sont posés sur la table.

Après avoir posé des questions sur la santé de chacun, notre discussion s'est tournée vers le Vietnam, le pays où Lewis a laissé deux jambes et de nombreux doigts. Mais ces blessures physiques n'étaient pas aussi graves que les blessures morales qui ont changé la vie de Lewis.

Au cours de la conversation, il nous arrive a parler de nos pères; celui de Lewis et le mien. Bien sûr, le père Lewis, était un général avec une glorieuse carrière militaire et il est mort dans la gloire. Mon père, en revanche, était un père malheureux qui a été mis en prison et mourut de faim.

Lewis tourna le fauteuil roulant sur le large plancher en bois et roula vers la porte de derrière. Lorsqu'il était revenu, des bûches de bois de chauffage reposaieent sur ses genoux. je me suis empressée je me baissais pour soutenir les bûches Nous ajoutons du bois de chauffage à la cheminée. Le feu illuminait le visage de

Lewis, le soldat blessé. Il avait un beau visage d'intellectuel. Ses cheveux tombaient légèrement et ses yeux étaient tristes derrière des lunettes claires. Je lâchai:
"Mon père est aussi très beau." Lewis m'a regardée sans rien dire. Nous tombâmes tous les deux dans un long silence. L'image du père de chacun de nous fait scintiller dans les yeux, apparaissant comme le souvenir d'un passé pénible à endurer, mais qui suscite beaucoup de fierté en nous, les enfants qui survivent.

Je rappelai l'histoire du Mur de granit noir gravé des noms de 58.000 soldats américains tués au combat, et dis à Lewis: "Je souhaite faire quelque chose pour honorer les plus de deux millions de Vietnamiens qui ont perdu la vie dans la même guerre..."

Lewis tendit sa main qui n'avait plus que deux doigts et la posa sur la mienne, "Une si noble pensée, comptez sur moi."

Quelques jours plus tard, quand j'appris que Terry Anderson ferait une présentation à Las Vegas, j'ai pris l'avion pour rencontrer Terry et sa femme, Madeleine Bassil.

J'ai présenté à Terry l'idée qui me brûlait l'esprit depuis longtemps: "Je souhaite faire quelque chose." Terry tomba d'acord tout de suite

Grâce à sa grande réputation et à une large publicité, il a convoqué d'importantes réunions à l'American Press Club à Washington, D.C., attirant l'attention de nombreuses personnalités célèbres, des médias. Pour ma part, j'ai invité Jack Wheeler, qui était l'ancien président du Vietnam Memorial Fund, l'organisation qui a construit le Mur memorial en granit noir.. Jack est un avocat expérimenté avec une richesse de relations, contact qui, je pense, est très nécessaire et utile à la formation de notre association, Vietnam Children's Fund.

En outre, Jack a également invité Mme Marcia Landau à joindre l'association. Elle a servi dans le cabinet du président Ronald Reagan en tant que directrice des communications chargée du programme de leadership des vétérans du Vietnam.

Terry et Jack ont également fait venir l'honorable Edward Timberlake, pilote de F-4 Phantom et ancien sous-secrétaire d'État aux Anciens Combattants dans le cabinet de George H.W.

Bush. De plus, nous avons également invité de nombreuses personnalités telles que Mme Joy Carol, Mme Patricia Derian, M. William B. Richards, Tom Kennedy Anthony Acamando... Tous ont soutenu et rejoint l'association avec enthousiasme.

Après de nombreuses réunions qui menèrent à l' élection du conseil d'administration visant à établir officiellement l'association, les résultats du vote sont les suivants:

– Lewis Puller, Kieu Chinh, Terry Anderson: cofondateurs, coprésidents.

– Jack Wheeler: président.

– Marcia Landau: secrétaire et directrice des médias.

Les autres sont membres.

Le Vietnam Children's Fund, avec son conseil d'administration et ses membres qui sont de grands noms aux États-Unis, a travaillé avec enthousiasme, et attirait beaucoup l'attention du public. Des journaux importants tels que le Washington Post, l'USA Today... ont tous rapporté la nouvelle.

Tous les membres vivent à Washington, D.C. ou New York, Je suis la seule americaine d'origine vietnamienne, vivant en Californie. Particulièrement au Vietnam, l'association a Sam Russell. C'était lui qui a dessiné la maquette de l'école pour VCF et contrôle tous les travaux de construction, avec l'assistance de Mme Lan Viên, son adjointe. Mme Lan Viên a été instrumentale dans la formation de notre association, le Vietnam Children's Fund

Retour au Vietnam pour la deuxième fois

En janvier 2000, je suis retournée à Hanoï. J'étais accompagnée du journaliste John Gittelson et du photographe Daniel A. Anderson du journal Orange County Register.

De retour cette deuxième fois, mon objectif principal est de couper le ruban pour inaugurer la septième école du Fonds pour l'enfance du Vietnam (VCF), construite dans le village de Nhân

Chính. La construction de l'école est rendue possible grâce aux mérites de Sam Russell, représentant de l'Association, et de l'ingénieur Lan Viên, qui s'est occupée des procédures et de la construction. Leur mérite est remarquable. Sans eux, le VCF n'aurait pas été en mesure d'accomplir ces tâches. Ils ne craignent pas le travail acharné, ont travaillé avec sacrifice et altruisme. Merci Sam et Lan.

Quand j'étais arrivée là-bas, j'ai découvert que Nhân Chinh était le nouveau nom du village de Mọc/ Cự Lộc, Hà Đông, province de Hà Đông, qui est le ville natale de mon grand-père paternel.

Assistaient à la cérémonie d'inauguration, outre les enfants - qui seront des élèves de l'école - il y avait aussi de nombreux villageois et quelques personnes âgées.

En buvant du thé dans la salle de réception d'un temple voisin, un vieil homme m'a dit que cette école avait été construite sur l'ancienne terre de M. Phán Phan, un homme célèbre du village Mọc Cự Lộc. Il est mort depuis longtemps.

Après cela, l'armée française est revenue au village pour occuper et raser la maison de M. Phan. Et ils ont fait des casernes sur ce terrain.

Quand j'ai entendu cela, j'ai été tellement touchée! Il s'est avéré que c'était la terre de mon grand-père. La maison qui a été rasée par les soldats français est l'endroit où mon frère et moi avons vécu avec notre grand-père. Ce vieil homme a dit qu'il connaissait le fils de Phán Phan nommé Nguyễn Cửu, parce que sa maison était située derrière la maison de mon grand-père, et qu'il n'avait que quelques années de moins que Papa Cửu.

J'ai dit au vieil homme:

"Oh mon Dieu! Merci, vénérable monsieur, M. Nguyễn Cửu est mon père."

Le vieil homme m'a regardée comme s'il ne pouvait pas croire ce que je venais de dire, mais quand il s'était rendu compte que je disais la vérité, il n'a pu que me serrer dans ses bras et pleurer. "Oh mon dieu, ce sont les descendants de M. Phan. Merci d'avoir suivi les traces de votre père ici pour reconstruire l'école du village. Les villageois ici sont tous reconnaissants à M. Phan, très reconnaissants à M. Phan, qui avait fait construire le portail du village et avait apporté de nombreuses autres contributions. Maintenant, elle retourne pour continuer ses oeuvres vertueuses".

J'ai éclaté en sanglots, mon grand-père m'a manqué, mon père m'a manqué.

J'ai supplié au vieil homme de ne pas m'appeler grande dame.

Pendant le reste de la journée passé avec lui, j'ai entendu beaucoup d'histoires qu'il racontait, sa voix se mêlait aux rires des enfants dans la nouvelle cour de l'école. C'est une école spacieuse à deux étages avec huit salles de classe, en plus de deux salles pour les enseignants, les directeurs et deux toilettes séparées pour les garçons et les filles. L'école dispose également d'un terrain de jeux et de nombreux arbres à ombrage.

La scène de l'inauguration était animée, les personnes âgées vêtues d'un ao dai (tunique) et turban, les enfants s'étaient alignés dans la cour de l'école pour les accueillir. À la fin de mon discours d'ouverture, j'ai souhaité à tous une bonne étude et un bel avenir.

Puis, au jour de l'an, j'ai apporté des cadeaux à offrir aux enfants . Les cadeaux proviennent de ma famille en Amérique. Avant de me rendre ici, j'ai informé mes enfants de mon travail, et leur ai demandé d'apporter chacun un cadeau aux enfants à l'occasion du Têt. Vân (ma fille aînée) a donné 200 paquets rouges porte-bonheur, chacun contensnt deux dollars, Hùng (mon fils aîné) a donné 200 imperméables fins emballés dans des sacs en plastique, qu'on peut mettre dans sa cartable à main. Pour les études, Tuấn Cường faisait un don de 200 trousses en plastique à fermeture éclair, contenant crayons, stylos Bic à bille, règles et gommes. Et mon cadeau comprend 200 sacs à dos,

Peut-être n'y a-t-il jamais eu dans leur vie un jour aussi heureux que le jour de l'ouverture de cette école. Les enfants ont chanté pour moi et formulé des souhaits de bonne santé et de longévité à "grand-mère". En les voyant heureux, mon cœur était également rempli de joie. En fin de journée, j'ai pu assister à une « fête du Têt » avec les parents des élèves et les anciens du village.

Avant de partir, j'ai allumé de l'encens pour m'incliner devant l'autel de mon grand-père et mon père au temple du village.

La voiture est partie, laissant derrière elle mon cher village Mọc. Je sais que je suis loin, très loin du village Mọc, mais la nostalgie du village montera en flèche au fur de l'éloignement physique.

Lors de ce voyage de retour, à part les fonctions officielles de l'association VCF, qui consistent à inaugurer l'école Nhân Chính, le reste de mon séjour à Hanoï était consacré à ma famille. J'ai rencontré mon cher frère, Lân et ses enfants. Je ne manquais pas non plus de visiter les tombes de mes parents. Loan, la fille de Lân et Truyền avaient minutieusement préparé les offrandes qu'ils amènent au cimetière.

Extrêmement émouvante aussi était la visite à la maison privée de mes grands-parents à Gia Lâm, Gia Quất, ville natale de ma mère, à l'autre côté du pont de Long Biên. J'ai aussi rendu visite à tonton Nguyễn Văn Thành, le frère cadet de ma mère. Lorsque je l'ai revu, le souvenir de son image traquée par les Japonais m'avait profondément émue.

À cette époque, il habitait chez moi car il était la personne la plus proche de mon père. Lorsque les Japonais ont envahi la ruelle, l'oncle Thành a sauté par-dessus le mur avec son épée, se retournait pour dire à mon père: "Tu vas sortir par un autre chemin!" À cette époque, je le considérais comme un héros.

L'oncle Nguyễn Văn Thành était un célèbre chirurgien. Il a vécu sous terre pendant la bataille de Điện Biên Phủ. On peut dire qu'il est le seul chirurgien du front. Avec la bataille qui était ménée jour et nuit à la surface, il vivait en profondeur sous terre. Pauvre tonton, avec les bruits des canons qui tonaient sans cesse au-dessus de lui, il a fini par devenir sourd pour de bon.

Une autre personne que j'ai pu visiter était l'"oncle Quang, le jeune frère de ma mère. Tonton Nguyễn Văn Quang était le premier ambassadeur du Nord Vietnam en Russie, puis dans de nombreux autres pays du monde. Il parle couramment le russe, le français et de nombreuses autres langues étrangères. Quand j'étais arrivée chez lui, tonton Quang déjà bien habillé, m'atten dait. Ensuite nous sommes allés à l'autel des ancêtres garni d'offrandes et de fruits, et avons prié en brûlant des bâtons d'encens.

Puis vint M. Nguyễn Văn Tụng, le cousin de ma mère. Quand il est revenu à Saigon de Hong Kong, il a eu l'occasion de collaborer avec les professeurs Lê Bá Kông et Lê Bá Khanh pour enseigner l'anglais à l'école Dziên Hồng. Plus tard, il était parti dans le Nord et devint le porte-parole à la radio communiste. Spécialisé dans la propagande anti-américaine il incitait les soldats américains à déserter à la Tokyo Rose japonaise, car il parlait très bien l'anglais. Quand il rencontra sa nièce, moi et les deux journalistes américains, il était tout de suite passé au ton de propagande, comme s'il travaillait encore toujours à la radio!

J'ai aussi rendu visite à la poétesse Ngân Giang, une amie proche de mon père depuis son plus jeune âge. J'ai entendu tellement d'histoires déchirantes, surtout le jour où le Nord et le Sud se sont scindés en deux, deux personnes pressés de se retrouver dans un cadre désolé, perdu... sans se rencontrer. Elle me relit le verset qu'elle a laissé à mon père:

Tu viens me chercher, tu ne me trouves pas
Je te cherche cher ami, mais tu es déja parti
Hé mon ami! Hé mon ami! Où es-tu?...

Tellement émue, je ne me rappelle pas tout le poème. Imaginant l'état d'esprit de mon père à ce moment-là, mon cœur se resserra et les larmes me montèrent aux yeux. J'aime tellement mon père! Il avait dû se sentir abandonné, impuissant et perdu, sans aucune présence chère à ses côtés...

(Lors de sa visite aux États-Unis pour faire une présentation médicale à l'UCLA, le docteur Nguyễn Văn Nghị m'a raconté un fait intéressant: c'est mon père Cửu qui a présenté son amie la poétesse Ngân Giang à son beau frère Nguyễn Văn Thành. C'était grâce a papa Cửu que Ngân Giang et Nguyễn Văn Thành étaient devenus mari et femme.)

J'étais descendue à l'hôtel Hanoi Hilton Opéra juste derrière le quartier du Grand Opéra à Hanoï. Sur le chemin du retour, en passant au bord du lac Hoàn Kiếm (de l'épée restituée). il y avait de la foule. Tout le monde semblait se déverser dans la rue pour dire adieu à la vieille année, et accueillir la nouvelle. Il y avait une foule fourmillante. Les boutiques autour du lac Hoàn Kiếm se rivalisèrent à jouer toutes sortes de musique bruyant. J'ai l'impression d'être égarée dans un endroit étrange! Je n'ai jamais vu Hanoï avec ce visage auparavant. Je n'ai jamais vu un tel Vietnam!

Des feux d'artifice commencèrent à exploser. Les gens applaudissent. C'est la veille du Nouvel An (Giao Thừa). Les pétards explosaient de plus en plus fort à chaque fois. Le ciel s'éclabousse de couleurs. Des pétards explosèrent, en continu partout, de près et au loin.. À la surface du lac ce sont des milliers d'étoiles qui dansent, se reflètent dans l'eau, Les pétards explosent! ils explosent de plus belle! Mon cœur s'est mis à battre fortement quand j'ai vu un homme courir après une petite fille en criant très fort:

"Tiens la main de papa! Tiens-moi la main sinon tu vas
t' égarer maintenant!"

Je lève les yeux vers le ciel:
Mon Dieu, mon père et sa fille s'égarèrent. Pendant combien de temps seraient -ils égarés? Égarés à jamais!" Papa! Papa!

Lors de ce voyage, deux journalistes américains, John Gittelsohn et Daniel A. Anderson du quotidien The Orange County Register, m'ont suivi partout où j'allais, chaque personne que je rencontrais. Ils étaient aussi silencieux que deux ombres, témoins de tout ce qui se passait. Le plus grand journal du comté d'Orange a publié un article spécial de 16 pages sur mon retour au Vietnam, avec un reportage du journaliste John Gittelson et des photographies du photographe Daniel A. Anderson: Un reportage special du Orange County Register Special Report.

Les blesures de guerre

Mon retour au Vietnam pour aider VCF à construire des écoles pour les enfants a provoqué de manière inattendue un événement traumatisant. Au début de l'an 2000 lorsque M. John

McCain s'était présenté à la présidence des États-Unis, je l'ai rencontré à Washington D.C., lors d'une fête à laquelle assistaient ses supporters, dont M. James V. Kimsey. J;étais l'invitée de James, assise à la même table que John McCain. Lorsque James me présenta et que j'ai brièvement parlé de moi, le directeur de campagne de M. McCain.m'a demandé présenter M. McCain lors de sa visite à la communauté vietnamienne de Little Saigon le mois prochain. Il avait aussi déclaré qu'avant, dans une interview, M. McCain avait utilisé le mot "Gooks" pour désigner certains gardiens de prison communistes (lorsque McCain avait été fait prisonnier au Nord-Vietnam) mais avait eu de nombreux malentendus: certaines personnes pensent que M. M. McCain faisait référence au peuple vietnamien en général. Il veut faire dissiper ce malentendu et se rendra dans la capitale vieetnamienne des réfugiés pour démentir.

J'ai été invitée à dire la déclaration d'ouverture "Bienvenue, M. McCain, le héro de guerre de 'Hanoi Hilton'" héros prisonnier de la prison de Hoa Lo, surnommé Hanoi Hilton. C'est aussi là que mon père et mon frère ont été emprisonnés pendant de nombreuses années".

Un après-midi au début mars, John McCain va rendre visite à la communauté vietnamienne de Little Saigon, en Californie. Une tribune a été érigée juste en face du quartier de Phước Lộc Thọ sur la rue Bolsa, à Little Saigon, la capitale des réfugiés vietnamiens. Bolsa est la route principale de Little Saigon, à partir du tronçon entre les deux routes principales Brookhurst et Magnolia, les véhicules de toutes sortes sont interdits. Des milliers de gens se sont rassemblées, inondant la région de Phước Lộc Thọ Tho pour accueillir M. McCain. Une très haute tour-échafaudage étaitt réservée à l'usage des medias, a été érigée en face à la scène.

Je suis arrivée tôt, j'ai été invitée à m'asseoir au fond de la scène, en attendant l'arrivée de McCain. On m'a remis le discours d'ouverture et j'étais sur scène. Toutes les lumières des dizaines de chaînes de télévision de toutes nationalités: vietnamiennes, américaines, mexicaines, japonaises, coréennes, etc...se braquaient sur moi! C'était si éblouissant que je ne pouvais pas voir les gens en bas de l'estrade, je n'entends que le bruit de la foule. Je pensais que c'était des applaudissements de bienvenue, et je m'étais inclinée. Le bruit devenait de plus en plus assourdissant, j'étais sortie au milieu de la scène pour saluer à nouveau et je m'avançais devant le micro. Avant de pouvoir dire bonjour au public, j'ai entendu un grand cri qui monte de la foule d'en bas:

"À bas le Communisme! À bas la Communiste Kiều Chinh! À bas!"

Et, beaucoup, beaucoup de voix hurlantes ont suivi, accompagnées d'un claquement fort de quelque chose. J'étais abasourdie, je n'ai rien compris, je n'ai pas eu le temps de réagir quand deux grands Américains en chemise bleue - j'ai été prévenu que les gens en chemise bleue sont des agents spéciaux, probablement des agents du FBI - qui s'occupent de la sécurité de M. McCain — montèrent sur la scène. Ils se sont approchés de moi, m'ont pris la main en disant:

"Sortons d'ici!"

Ils m'ont conduit au milieu de la foule bondée qui criaint:

"À bas Kiều Chinh, la sympathisante des communistes!"

Tout mon corps tremblait, mes jambes n'étaient plus stables. M. Phạm Minh, un jeune ami, a couru pour me prendre la main et m'a fait sortir de la foule. Soudain, une femme s'est approchée, m'a donné un coup de poing dans la poitrine et cria:

"Communiste! Sortez d'ici et allez vivre a coeur joie avec les communistes"

Un policier américain s'est avancé, m'ouvrant la voie pour sortir. M. Andrew Hall, chef de police, de la ville de Westminster m'a conduite dans sa voiture de police jusqu'a chez moi à Newport Beach. Au milieu de cette nuit là, j'étais choquée quand j'écoute la station de radio Live In America, et entends mon nom dénigré avec un langage des plus vulgaires et profanes que je n'aie jamais entendus jusque là de ma vie. Ils ont même laissé les auditeurs téléphoner leur station pour me maudire. Quelqu'un me compare à la Kiều de Nguyễn Du: la Kiều de Nguyễn Du s'était prostituée pour sauver son père, et cette fille de Kiều Chinh s'est prostituée pour le diable communiste!

Tôt le lendemain matin, M. Vũ Quang Ninh directeur de Little Saigon Radio, est venu me rendre visite et me réconforter. M. Ninh est un grand frère pour moi, comme M. Mai Thảo, M, Hoài Bắc Phạm Đình Chương, etc. On s'aime et se voit très souvent. Maintenant, deux frères Mai Thảo et Hoai Bac ne sont plus là, M. Vu Quang Ninh est venu dire qu'il y avait une station de radio qui émettait la nuit, qui m'appelait par mon nom à la radio avec toutes sortes d'obscénité, C'était surtout après mon retour au Vietnam avec les deux journalistes américains qu'ils ont incité l'esprit anti-communiste pour que les auditeurs appellent la radio pour, m'insulter et me condamner.

J'ai dit à M. Vũ Quang Ninh:

"Je ne sais pas. Je n'écoute jamais cette station, ni la radio au milieu de la nuit. Hier soir, je n'ai pas pu dormir et j'ai écouté cette station pour la première fois... Incroyable!

Il me réconforte:

"Ne sois pas triste, ma communauté est encore très grande. Tout le monde ne pense pas de la même manière.

Voyant mon silence, il continua, comme un frère aîné ordonnant à sa soeur cadette:

"Eh bien, à partir de maintenant, vous ne pouvez plus écouter cette radio. Où? Où est elle la radio? Ramenez-la-moi."

Je l'ai regardé, l'un des "frères" du groupe d'amis les plus proches, et ça ma touchée:

"Cette radio je viens de l'acheter."

"Je vais vous la racheter pour le double du prix d'achat"

J'ai essayé de réprimer la tristesse infinie qui se répandait dans mon cœur, j'ai dit en plaisantant quelque chose pour réduire la tension dans l'atmosphère:

"Eh bien, vous aller retourner chez vous bredouille car Messrs. Mai Thảo và Hoài Bắc l'avaient déjà achetée."

Entre frères et sœurs on s'aime, c'est aussi simple que ça!

Tout d'abord, je pensais que seul un petit groupe de la communauté vietnamienne était au courant de l'incident qui m'était arrivé. Personne ne s'attendait à ce que l'incident devienne une grosse affaire jusqu'au moment où la chaîne de télévision américaine numéro 9 s'y était aussi intéressée. Elle a

envoyé le journaliste David Jackson et une équipe de tournage chez moi pour un interview.
David m'a demandé comment je me sentais quand mes compatriotes s'opposaient comme ça ? Qu'est-ce que j'ai pensé ? Et, y a-t-il quelqu'un à blâmer?

Je me rappelle lui avoir répondu:

"En tant que femme sensible, ma peau n'est pas épaisse, un tel incident me rend très triste. En tant qu'artiste, je ne fais pas de politique. j'ai de la rancune contre la guerre! Mais je n'ai de rancune contre personne, les individus du collectif des réfugiés vietnamiens. Je déteste la guerre. Je pense que la longue guerre a laissé trop de blessures. Il y a des blessures dont la médecine peut guérir l'hémorragie. Certaines blessures se guérissent d'elles-mêmes avec le temps. Mais il y a aussi des plaies dont ni les médicaments ni le temps ne peuvent arrêter l'hémorragie.

David m'a demandé à nouveau et j'ai continué:

"En tant qu'êtres humains, chacun a sa patrie et ses compatriotes. Chacun souhaite faire quelque chose de bien pour sa patrie, pour ses compatriotes. Certaines personnes dirigent leur effort vers le passé. D'autres travaillent pour le présent. Quelqu'un d'autre pour l'avenir. J'appartiens à la troisième catégorie, tournée vers l'avenir et intéressée à l'éducation. Au Vietnam Children's Fund, je suis la seule vietnamienne, les autres sont tous des américains, la plupart sont des anciens combattants au Vietnam. Nous n'avons qu'un seul but: construire des écoles primaires dans des endroits déchirés par la guerre, aider les enfants à acquérir une éducation, à apprendre à lire, à écrire et à acquérir de bonnes connaissances pour un avenir meilleur. . »

Quelques jours plus tard, dans la rue Bolsa, juste en face de la zone commerciale animée de Phước Lộc Thọ, une ou deux personnes en uniforme militaire ont brandi une pancarte plus grande qu'une natte avec les mots: « Opposez-vous fermement à Kiều Chinh pour avoir soutenu le parti communiste. Il y avait une autre camionnette, avec les mêmes slogans de protestation affichés à l'arrière, qui faisait le parcours de long en large sur la rue Bolsa, jour. après jour. "Ils" ont même appelé les entreprises où je travaillais sur la publicité commerciale, leur disant de ne pas m'engager pour représenter l'entreprise parce que j'étais communiste. Même à contre coeur, pour des considérations financières, ces entreprises, prétextant quelques excuses, ont finalement dû annuler mon contrat de travail.

D'autre part "Ils" ont dit à la communauté de me boycotter et de boycotter également les produits que je représente. Jour et nuit "ils" ont continué à me diffamer sans hésitattion, à condamner le Vietnam Children's Fund pour avoir construit des écoles aux fins d'aider les enfants communistes dans leurs études.

Voyant la situation devenir si tendue, j'ai demandé la convocation d'une réunion avec l'Association VCF, et ai proposé de démissionner afin que l'Association puisse continuer l'œuvre caritative projetée. Cependant, M. Terry Anderson, un ancien journaliste qui avait été emprisonné pendant de nombreuses années par des terroristes au Moyen-Orient, co-fondateur et co-président de l'Association, n'accepta pa ma démission. Terry éleva même la voix et souligna:

« Nous sommes des vétérans des US Marines, des soldats qui ne quittent jamais leurs camarades sur le champ de bataille!

M. James V. Kimsey, un ancien combattant qui avait combattu au Vietnam, fondateur de l'American On Line et membre honoraire de l'Association, a déclaré:

"Cela n'a aucun effet sur l'association..."

Il m'a dit qu'il n'était pas nécessaire de démissionner, et a souligné qu'il me soutiendrait dans n'importe quelle démarche que je crois devoirs faire pour protéger mon honneur.

Merci mes amis. Je ne ferais rien pour protéger mon honneur! Je garde le silence.

Je ne veux pas déranger ou demander de l'aide, pas même à ma famille et à mes amis.

Je pense qu'il vaut mieux les laissez-tranquilles.

Donc, pendant près de deux ans, je n'ai pas eu de travail. Les anciens contrats publicitaires ont été annulés. Presque deux ans sans nouveaux contrats!

A cette époque, j'hsbitais dans une belle maison en haut des collines de Newport Beach. L'après-midi, lorsque le soleil se couche, les derniers rayons du jour se transformèrent en de magnifiques tableaux de couleurs. En regardant la mer, bien au-de là de l'horizon, je trouve une image majestueuse du Créateur, extrêmement belle. C'est sur le long balcon qui longe la largeur de la maison où pendant les après-midis que je peux vivre des moments de bonheur et de paix avec la nature. Ici, j'ai pris d'innombrables photos des après-midis dorés. Ici, je n'entends pas le bruit de la ville, mon âme est sereine, une sensation de détente et de paix m'entoure,
Parfois, les nuages sont bas, dérivant dans ma vision, j'ai l'impression d'être dans les nuages, et emportée légèrement par le vent..

La maison que j'aime tant, avec tant d'efforts pour la décorer et l'embellir moi-même, j'ai pensé qu'elle serait l'endroit "où nous vivrons" pour le reste de nos vies. Mais non! Après les événements qui s' étaient produits, je ne peux plus garder cette maison que j'aime. J'ai dû quitter cette zone, aller dans un autre endroit.

À cette époque, je sortais aussi rarement, car chaque fois que je vais au marché ou au restaurant, je trouve des regards indiscrets dirigés vers moi avec un air bien moins sympathique qu'auparavant, je me sens mal à l'aise. Un jour, mon ami Trần Dạ Từ et sa femme Nhã Ca m'ont invitée à sortir pour dîner. Nous étions allés au restaurant Viễn Đông dont le propriétaire est un vieil ami que nous avions connu à Hanoï: M. Tony Lâm Quang est aussi le premier Vietnamien d'outre-mer à entrer dans la politique américaine. Près de notre table où nous étions assis, il y avait quelques hommes, que je surprends à me regarder chaque fois que je levais les yeux. Est ce que c'est exprès ou pure coïncidence, je m'en fiche. Chose bizarre, c'est que quand nous nous sommes levés pour partir, les hommes se sont levés aussi. Le couple Từ-Nhã dit que quelqu'un devait vouloir causer des problèmes à Mme Chinh ici (entre nous on s'appelle M. er Mme pour plaisanter). Nhã Ca disait:

"Eh bien, nous devons acccompagner Mme Chinh jusqu'à sa voiture!"

Juste comme ça, ces gens m'ont aussi suivi jusqu'à l'endroit où j'ai garé la voiture, et s'étaient arrêtés pour poser des questions, mais pas des questions que nous avons suspectées:

"Bonjour, Mme Kiều Chinh. Nous sommes frères de la famille Trần . Aujourd'hui, nous sommes si heureux de vous avoit rencontrée ici par hasard. Tout à l'heure, au restaurant, nous n'osions pas vous déranger pendant votre repas... Madame, je m'appelle Trần Quang Thuận, and voici Trần Quang Hải... Nous admirons beaucoup votre travail dans la construction des écoles pour enfants pauvres au Vietnam. Nous vivons tous les deux à l'étranger, mais nous espérons avoir l'opportunité de construire une école pour notre village. S'il vous plaît, aidez-nous. Nos frères et sœurs feront la collecte des fonds pour demander à votre association de construire une école. Nous avons hâte de vous revoir et d'aller à l'avant avec nos projets.

Les paroles honnêtes et le comportement posé de Messrs. Thuận et Hải m'ont rassurée, me rendent confiante et très heureuse. Après cela, nous nous sommes revus et j'ai été présentée aux autres membres du clan des Trần: Dr.Trần Quý Nhu, Trần Quốc Lễ. Nous sommes enfin devenus des amis proches. J'ai été chez M. Hải pour dîner et discuter davantage sur les détails de leur projet. Ensuite, j'ai même été invitée à un grand anniversaire de la famille des Trần, avec un grand nombre de parents.

Un an plus tard, l'Association VCF a terminé la construction d'une école pour la famille Trần dans le village de Văn Ấp, commune de Bồ Đề, Hà Nội.,

Plus tard, après la mort du Dr Nhu, sa femme, le docteur Mộng Đơn, nous a demandé de construire une école à Pleiku, où le docteur Nhu était un médecin militaire qui avait servi pendant un certain temps, et était connu des nombreux médecins de famille dans cette Région. Quelques années plus tard, à une autre occasion de retour à Hanoï, j'ai été accueillie par la famille Trần. Trần Quốc Lễ, Trần Quốc Túy et sa femme m'ont invité à rester dans leur maison familiale sur la rue Hàng Giấy, dans le vieux quartier de Hà Nội. Et les frères Lễ et Túy m'ont également invité à visiter l'école que le VCF avait construite pour la famille Trần dans le village de Văn Ấp, commune de Bồ Đề.

J'étais très émue et heureuse de voir l'école spacieuse et bien entretenue, les enfants et les familles du village se rassemblent joyeusement, surtout de voir la sollicitude et la solidarité des membres de la famille Trần qui se comprennent et s'entraident malgré leur éloignement géographique.

Chaque nouvel an, la femme de Thuận, qui est la belle soeur aînée, prépare des corniichons, la femme de Hải ajoute des bánh chưn, des boudins de porc et viennent me rendre visite pour me les offrir.

Lễ m'appelle de temps en temps: "Cette semaine, Thu Minh (sa femme) et moi nos prenons quelques jours de congé, nous allons préparer un dîner pour vous et votre famille ainsi que pour Thuận et sa femme. Je vais vous chercher avec ma voiture".

Une autre fois, Lễ dit:

"Ça fait longtemps qu'on ne l'a pas vue, allons lui rendre visite, allons tous manger végétarien au restaurant Bồ Đề Tịnh Tâm"

Ces gens m'ont donné une récompense émotionnelle réconfortante. M. Vũ Quang Ninh a tout à fait raison, le travail de Kiều Chinh peut gêner une minorité, pour une raison quelconque, et pourtant il y a aussi beaucoup d'autres personnes, peut-être une majorité silencieuse, qui partagent complètement son idée et la soutiennent sans réserve. C'est aussi une grande consolation pour moi après les événements tristes et malheureux qui m'étaient arrivés jusque là.

James V. Kimsey, un ami devoué du Vietnam

Officielement pour les Américains, l'association VCF avec un conseil d'administration et les premiers membres, a été officiellement reconnue sur papier. Des réunions ultérieures ont eu lieu dans des lieux de réunion internationaux tels que le Press Club à Washington, D.C. L'association avait invité des personnes qui s'intéressent aux questions de pénurie d'écoles pour les enfants du Vietnam, et notamment des anciens combattants américains ayant combattu au Vietnam.

L'un des premiers donateurs de l'association était James V. Kimsey, un ancien officier de l'armée américaine. Il est le fondateur et président de l'AOL - America Online. Il a parrainé la première école de VCF à être construite à Đông Hà, Quảng Trị, juste sur la 17è parallèle, qui était la ligne de démarcation entre les deux Vietnams du Sud et du Nord.

Parmi les futurs parrains du VCF on peut compter Fred Smith, un ancien pilote d'avion de chasse qui avait participé à la guerre du Vietnam. Il est maintenant Président-directeur général de FedEx. Depuis 2016, j'étais retournée cinq fois au Vietnam pour couper le ruban d'inauguration des écoles dont la 51èm;e, financée par FedEx. était construite à Quang Nam.

J'ai gardé un souvenir inoubliable d'un voyage de retour au Vietnam, en jet privé. À bord se trouvaient M. James V. Kimsey et son ami, le général en retraite Jack Nicholson, qui a servi pendant la guerre du Vietnam. Ils étaient partis de Washington, D.C. pour venir me chercher à Los Angeles. De la nous nous envolâmes vers Hanoï.

En plus de l'équipage, nous n'étions que trois dans ce jet privé. . Après un dîner arrosé de vin, l'hôtesse nous a préparé le lit. Le vol fluide et tranquille m'a bercée dans une bonne nuit de sommeil.

Après de nombreuses heures de vol, la voix du pilote me réveilla: "Nous sommes sur le point d'atterrir à un aéroport en Russie pour faire le plein d'essence, Il n'est pas besoin de sortir de l'avion. Dans 20 minutes, l'avion décollera et s'envolera directement vers Hanoï. L'avion descend lentement, je tire la jalousie du hublot pour regarder dehors.

C'est tellement beau, la neige est blanche partout, les forêts recouverts de neige blanche apparaissent. Je pense à la scène dans le film *Docteur Jivago*, où Omar Sharif chevauchait sur la route enneigée pour retrouver Lara. J'ai rapidement sorti l'appareil photo et cliqué rapidement, courant de la fenêtre à droite vers la fenêtre à gauche, capturant des scènes lointaines et proches.

Lorsque l'avion s'est arrêté et a coupé le moteur, j'ai vu des phares des deux côtés braquées sur l'avion. La porte de l'avion s'est ouverte et quatre hommes armés, en uniformes militaires sont entrés et ont pointé leurs armes sur nous. La cinquième personne sans arme a demandé: « Qui vient de prendre la photo ? J'ai rapidement levé la main: "Moi." Nous étions tous les trois debout devant les canons des fusils. L'homme sans arme nous a demandé, tous les trois à apporter nos passeports, l'appareil photo que je viens de cliquer et de le suivre. Le général Nicholson disait que nous étions des citoyens américains, l'avion n'était là que pour faire le plein, nous n'avions aucune intention de sortir de l'avion – pour entrer en Russie. Le pilote est sorti et a présenté les papiers. On m'a demandé pourquoi je prends des photos, pourquoi? J'ai répondu, parce que la scène est si belle, comme dans le film Docteur Jivago, je suis un artiste, j'aime prendre des photos en guise de souvenirs. C'est tout. Alors il a pris mon passeport et l'appareil photo. À peu près 10 minutes plus tard, il est revenu, rendant les passeports et mon appareil photo, don't le film a été confisqué.

Il s'étai avéré que j'ai pris des photos des fusées cachées derrière ces beaux buissons enneigés!

À propos de Kimsey, je me rappelle les autres souvenirs. Chaque fois que j'allais à Washington, D.C. il envoie une voiture pour venir me chercher à l'aéroport. La première fois, il a dit: "Kissinger viendra te chercher." En entendant cela, j'ai dit: "Quoi? Est-ce que tu plaisantes?" Il a répondu: "Non, pour être honnête, le nom de mon chauffeur est Kissinger, pas celui du secrétaire d'État Henry Kissinger."

Le chauffeur Kissinger est un ancien capitaine laotien hâlé. De petite Taille, ce tireur d'élite et lanceur de couteaux est à la fois chauffeur et garde du corps. Il porte des bottes, met un poignard à gauche et un pistolet à droite sur les côtés latérales de ses bottes.. La Rolls Royce qu'il conduit est toujours propre.

James Kimsey a une façon de parler douce, polie, mais aussi pleine d'esprit. Une autre fois j'étais allé à Washington, il m'a invitée à déjeuner, il a dit qu'il viendrait me chercher à midi. J'ai demandé s'il n'était tard, car à cette heure là il doit y avoir un embouteillage monstre entre l'hôtel où j'étais descendue et son bureau sur l'avenue Pennsylvania, Peut être dois je quitter l'hôtel plus tôt? Il a dit que tout ira bien. Juste 5 minutes avant midi je montais en haut sur le toit de l'hôtel, il y avait un hélicoptère pour me prendre et me déposer, dans 5 minutes sur le toit de son bureau.

Son bureau est au dernier étage d'un immeuble avec une cour carrée donnant sur la façade de la Maison Blanche. Une petite table à manger a été dressée, une nappe blanche, une bouteille de vin blanc, il sait que je n'aime pas la viande, donc c'etait la salade de homard qui figurait au menu du jour.

Je me souviens avoir déjeuné chez James, un beau grand manoir dont il avait lui-même supervisé la construction, sur un terrain juste à côté de la rivière Potomac à McLean, l'enclave chic de la Virginie. En plus de sa maison principale, il a également acheté l'ancienne maison de Frank Lloyd Wright, le plus célèbre des architectes américains. Toute la largeur de la maison est un mur de verre, construit sur un terrain élevé, surplombant les Grandes chutes (Great Falls) du Potomac, où son débit d'eau est au plus fort. Il a utilisé cette maison comme maison d'hôtes, une fois que j'y étais.

Un soir, James m'a invitée à une représentation spéciale au Kennedy Center. Après le spectacle, nous dinions à la Terrace Restaurant situé dans les locaux de l'immeuble. Alors qu'il traversait le couloir, il y avait un mur sur lequel était inscrit le nom de James V. Kimsey, il expliqua qu'il avait fait un don de 10 millions de dollars pour la construction du Kennedy Center. Puis, avant d'arriver à la Terrace Restaurant on passait par un café décorée d'une facon très artistique, aves des initiales KC Café. Pour plaisanter James disait que "cette place devrait vous appartenir."

Le lendemain, j'ai assisté à un déjeuner avec le sénateur John McCain, pour l'entendre parler de sa candidature à la présidence. James était un fervent partisan de John McCain.

Le jour où nous avions diné à la maison d'hôtes de James, il n'y avait que le général Jack Nicholson, sa femme et moi. On passait une soirée chaleureuse au coin de la cheminée au feu crépitant, sa secrétaire particulière avait sorti une bouteille de vin.

Chers amis, nous nous souhaitons une bonne santé et espérons vous revoir bientôt. C'était la dernière fois qu'on s'était vu.

Le 5 mars 2016, j'étais retournée à Washington, D.C. pour assister aux funérailles de James V. Kimsey à la cathédrale St. Mathieu. Les participants étaient très nombreux, venant de nombreuses régions du monde. Après le service de prière à l'église, il y a eu une cérémonie "d'adieu" pour James chez lui pour sa famille et quelques amis proches. Chaque personne était invitée à parler pendant quelques minutes. Beaucoup de gens parlent des réalisations glorieuses de James et mentionnent les belles femmes célèbres dans le monde que James avait connues, de la Reine Nor à l'actrice Bo Dereck. Lorsque le fils de James m'invita à partager mes sentiments par la suite, je disais: Oui, je sais que James a rencontré beaucoup de belles femmes et dans des endroits luxueux, pourtant j'ai été témoin d'une scène d'une beauté indescriptible, c'est-à-dire le retour au Vietnam en 1995, après l'inauguration de la première école de l'Association VCF à Dong Ha, a 17ème parallèle, parrainée par James lui-même. James m'a demandé de venir à Danang comme son interprète pour une personne qu'il avait fait chercher à l'avance.

Ce jour d'avril, la chaleur du centre du Vietnam était accablante, une voiture nous a emmenés sur une petite route a l'entrée d'un village, nous sommes descendus de la voiture qui s'était garée dans le champ, pour nous attendre. Au bout d'un moment, j'ai vu une silhouette venir de loin sur une route très étroite bordée par les rizières. James a couru pour étreindre, soulever cette personne, je l'ai rapidement suivi et constatais qu'il s'agissait d'une religieuse catholique âgée. Elle était très menue. Les deux parlaient deux langues différentes et je travaillais comme interprète. James lui a demandé comment va le "Septième", comment va l'enfant de Mai, comment est l'état de l'orphelinat... La vieille dame a répondu que Septième et la petite Mai sont tous des adultes maintenant et ont quitté l'orphelinat. La religieuse ajoutait qu'il leur reste deux orphilinats que James avait construits pendant la guerre, lorsqu'il était soldat. Ces orphelinats sont maintenant tombés en désuétude après de nombreuses années sans entetien et le nombre d'orphelins augmente de jour en jour.

James l'a serrée dans ses bras avant de se séparer, lui a rempli la poche avec 3.000 dollars et lui a promis d'envoyer encore 15.000 dollars à son retour aux États-Unis pour construire des locaux supplémentaires. Ils se séparèrent, la religieuse pleura, James lui tint la main comme si la mère et le fils devaient se séparer à nouveau après de nombreuses années de séparation.

Après mon discours, il y avait un silence dans la salle, encore attentive. Ray, le plus jeune fils de James, était venu m'embrasser pour me remercier. Puis il m'a pris la main pour m'ame- dans le coin où se trouvait une statue de Bouddha sur un piédestal en bois, surplombant la rivière Potomac. Ray a dit, c'est un cadeau de "vous", mon père vit ici. C'est la où il s'assied tous les jours.

Je m'étais séparée du général Jack Nicholson et du chauffeur Kissinger. Je ne reviendrai probablement jamais dans cette maison. Adieu James.

Tremblement de terre à Northridge

Du Brésil, de Paris, je suis retournée à Los Angeles, j'étais arrivée à la maison à 1h30 du matin. Je posais le buste de Chopin que je tenais dans mes mains pendant tout le vol, sur le piano à l'angle de la maison. J'allume la lumière pour voir. il très beau.

Mais après un long vol, j'étais tellement fatiguée que j'ai traîné toutes mes valises jusqu'à la chambre à coucher. Dormir d'abord, songer à demain plus tard. Je me suis endormie tant j'étais fatiguée. Soudain, la maison trembla, vacilla, gronda en mouvement, me jetant du lit au sol. Les lumières à l'intérieur et à l'extérieur sont éteintes. J'ai paniqué. Je pensais que j'étais encore dans la chambre de l'hôtel Ritz en France: j'ai crié " au secours, au secours..." J'ai tâtonné, attrapé mes valises, me rendant compte seulement maintenant que j'étais chez moi, mais pourquoi il fait si sombre? il n'y avait pas de lumière dehors, la terre a bougé, toute la maison a tremblé, un terrible fracas se fait entendre comme si la maison s'était effondrée.

Arrêtes-toi! Tremblement de terre, tremblement de terre! Il faisait trop sombre, mais parce que c'était dans la chambre et que je connaissais le chemin dans la maison, j'ai réussi à sortir de la porte et j'ai vu quelque chose la bloque. Il s'est avéré que le piano du coin du salon était venu ici en courant.

J'ai crié à l'aide, la maison ne vibrait plus, mais il faisait nuit noire et je ne voyais rien. J'ai entendu frapper à la porte et il y avait une lampe de poche qui luisait dans la maison. J'ai essayé de sortir, d'enjamber les objets tombés dans la maison pour atteindre la porte. C'était Jeff, le jeune voisin d'en face qui me cherchait. Je serrai Jeff dans mes bras et frissonnai. Jeff m'a dit qu'il m'emmène chez lui, sa femme et ses enfants sont tous là, pour me rassurer et alléger ma peur. Jeff attrapa ma main et m'éloigna des lieux. Il n'y avait pas de lumière dans la rue, toute la ville était plongée dans l'obscurité.

Dans ma tête, je m'inquiétais juste sur le sort de mes enfants. Il y a-t-il un tremblement de terre là où ils vivent ? Le téléphone est injoignable. Il commence à faire jour, je commence à voir la rue, je regarde ma maison; le pilier en briques rouges avait percé le toit et la cheminée qui se trouvait là auparavant, s'effondra sur la voiture. qui s'est légèrement aplatie.

Je remercie Jeff et sa femme, et rentre chez moi. La scène dans la maison ressemblait à un champ de bataille. Des meubles éparpillés, des tableaux accrochés au mur sont tombés.

Après tout, la vitrine contenant une collection de dizaines de théières antiques a été ouverte et brisée. La statue de Chopin étreinte dans mes bras depuis Paris, hier soir encore sur le piano est tombée en morceaux, dans la cuisine les plats cassés ont été éparpillés, les placards de la cuisine ont tous été ouverts, les bouteilles et flacons ont été jetées par terre. J'ai trouvé une radio à piles pour écouter les nouvelles. "Tremblement de terre de Northridge, enregistrant un ordre de grandeur de 6,7 sur l'échelle de Ricther.

Les après-midi qui ont suivi, pendant tout un mois, je n'ai pas osé dormir chez moi, de peur du noir. Comme une mère folle, j'ai porté toutes sortes de choses autour du cou, des lampes de poche, des sifflets... des vêtements chauds à manches longues, des chaussures Bata (de tennis), et je suis allée dormir chez Hùng.

Il y avait un détail que j'ai presque oublié; le grand tableau accroché à la tête du lit est tombé, le verre s'est brisé sur le lit. Heureusement, j'ai été déjà jetée hors du lit. Sinon...

C'était le tremblement de terre de Northridge à 4h30 du matin le 17 janvier 1994 qui a duré 20 secondes, la ville était ruinée, 72 personnes sont mortes, des milliers ont été blessées.

Festival international du film de Toronto (TIFF)

2018 est l'année où le cinéma international honore The Joy Luck Club, le film d'origine asiatique le plus brillant d'Hollywood. Ce qui suit est un reportage sur place du Festival international du film de Toronto par Tôn Thất Hùng, qui a organisé de nombreux événements culturels célèbres à Toronto, au Canada. Mise en ligne le 13 septembre 2018, à la même date et heure que l'émission honorant le film The Joy Luck Club.

Le Festival international du film de Toronto (TIFF) est le plus grand festival du film en Amérique du Nord, classé deuxième au monde après Cannes. Cette année, le TIFF avait un programme spécial pour célébrer le 25ème anniversaire du film The Joy Luck Club.

Théâtre de luxe d'Elgin avec un tapis rouge étendu, des dizaines de stations de télévision attendant de faire des reportages, des interviews, des conférences de presse avec les réalisateurs et l'équipe. L'actrice Kiều Chinh a attiré beaucoup d'attention lorsqu'elle est apparue et que tous les médias se sont tournés vers elle.

Environ mille cinq cents spectateurs, dans lesquels les jeunes téléspectateurs de la nouvelle génération ont ri avec le film, dans de nombreuses scènes, ont pleuré avec Kiều Chinh à travers des scènes de familles séparées par la guerre. Jusqu' à ce jour, la star de cinéma féminine Kiều Chinh a eu 61 années consécutives jouant dans de nombreux films produits par des studios célèbres de Saigon à Hollywood; des États-Unis au Canada et d'autres pays asiatiques tells que Hong Kong, Singapour, la Thaïlande et les Philippines,. Elle est une actrice en exil, son destin et sa vie ont traversé de nombreuses guerres.

Kiều Chinh est arrivée à Toronto, au Canada, en tant que réfugié le 30 avril 1975, étant le premier réfugié vietnamien au

Canada. Quarante-trois ans plus tard, la ville de Toronto et elle sont toujours très amoureuses l'une l'autre. Elle revient souvent sur les plateau de tournage; en tant que conférencier, donnant des interviews à la télévision et à la presse qui participent au Festival du Film. Cette fois ci c'est à l'occasion du 25ème anniversaire du célèbre film The Joy Luck Club.

L' IFFT se déroule exactement sur 10 jours avec plus de 340 films du monde entier projetés en moyenne aux environs de 34 films par jour. Pourtant, le 13 septembre 2018, tous les médias se concentraient uniquement sur l'équipe du film avec le réalisateur et Kiều Chinh Chinh. L'image de The Joy Luck Club, réalisé par Wayne Wang, Kiều Chinh, Tsai Chin, Tamlyn Tomila, semblait occuper la majeure partie du temps sur les émissionss de la télévision canadienne ce jour-là.

La partie Q&A (Questions & Réponses) s'est terminée il y a 30 minutes, mais le public ne voulait toujours pas partir. Nous avons demandé à voir Mme Kieu Chinh, l'agent de sécurité a dit qu'elle était allée à la porte latérale pour les acteurs. Je courais rapidement pour l'attraper.

Il était très difficile de se frayer un chemin pour la rencontrer, j'ai dû demander aux journalistes et au public de me laisser aller à l'avant parce que j'étais un "membre de la famille" qui avait besoin de voir Mme Kiều Chinh. Le public occidental l'a admirée, ils ont dit qu'elle était si belle, ils ont demandé à prendre des photos avec elle. Ils ne nous ont donné que quelques secondes pour prendre une photo rapide avec elle. Les grands gardes du corps en uniforme noir l'ont rapidement emmenée hors de la foule vers la limousine qui l'attendait. Elle ne semblait pas vouloir y aller, mais le convoi (chaque acteur avait une voiture à sa disposition) devait rouler en même temps. Elle a baissé la vitre de la voiture, des spectateurs de toutes les couleurs de peau ont couru après elle pour prendre des photos. J'ai vu deux filles noires pleurer en courant pour prendre des photos de Mme Kiều Chinh. Elles m'ont dit que le personnage que jouait Miss Kiều Chinh leur rappelait leur patrie, il y avait aussi la guerre, la fumée, le feu, la séparation...

Récemment La presse britannique, américaine et canadienne, ainsi que le public qui assistait à la projection du film aujourd'hui, ont demandé une séquelle du film The Joy Luck Club. Nous espérons aussi de voir cette séquelle bientôt.

Tôn Thất Hùng

Mes quinze ans de conférencière

Depuis mon arrivée aux États Unis en 1993, en plus des films, j'ai aussi une nouvelle vocation de "conférencière de métier"; celle qui fait des conférences moyenant une remunération.   Dans cette speécialité l'agent qui me représente est le Greater Talent Network (GTN) dont le siège principal est à New York. Le GTN m'a envoyée prendre la parole dans de nombreuses universités américaines, de Cornell au Central Michigan, de l'UCLA à l' USC, de la Philadelphie à San Diego... J'ai même été invitée à prendre la parole au siège de grandes entreprises comme Pfizer. York, la Kellog Food Company... Et lors des événements culturels comme à la foire du livre en West Virginie En particulier, la conférence lors de la Journée des femmes d'Amérique qui s'est tenue dans la capitale de l'État de Californie peu après le 11 septembre s'est produite à New York, dont j'ai été l'oratrice d'ouverture devant plus de 3.500 déléguées professionnelles de toutes les professions. Cette conférence est considérée comme influente aux États-Unis.   L'oratrice de clôture de ce congrès était l'ancienne Première ministre du Pakistan, Mme Benazir Bhutto.

Comme toujours, quand je suis "réservée" pour parler, je me prépare à fond, bien avant le jour de la conférence   Le 11 septembre 2001 - à la veille du jour prévu pour la conference - le groupe terroriste Al-Qaïda attaqua le World Trade Center à New York, et le sujet joyeux des succès féminins d'aujourd'hui sur lequel j'avais écrit est soudainement devenu hors du sujet. Alors je n'ai pas parlé selon le texte préparé mais avec mes sentiments, avec mon cœur, et après la conférence toute la salle s'était levée et avait applaudi. Les conférenciers d'ouverture et de clôture ont tous parlé de la lutte contre le terrorisme.

Peu de temps après, j'ai été atterrée et émue quand j'apprenais que Mme Bhutto avait été tuée par des terroristes au Pakistan.

Habituellement, ces conférences sont réservées un an à l'avance, ce qui laisse suffisamment de temps pour préparer les discours car certains sujets nécessitent un séjour d'un an à la bibliothèque. Par exemple, la conférence à la foire internationale du livre, le West Virginia Book Fair, qui a eu lieu les 2 et 3 novembre 2007, à Olde Town, district de Martinsburg. Cette région est connue la terre révolutionnaire de l'époque de la guerre civile américaine. Devant tant d'auteurs célèbres, je ne suis pas écrivain. Ce jour-là, j'étais l'oratrice d'ouverture et l'oratrice de clôture était Mme Doro Bush, fille du président George H.W. Bush

La foire présente 40 auteurs "best-sellers" tels que Loraine Despres, l'auteur de la série télévisée *Dallas* ; Bob O'Connor, lauréat du meilleur livre en 2006 ; Doro Bush Koch, auteur de *Mon père, le président*

Parmi les auteurs internationaux qui ont participé, il y avait Korky Paul de Londres, l'auteur de *The Fish Who Could Wish*, et qui est également un célèbre cinéaste britannique des dessins animés. Ma "conférence", en plus du discours d'ouverture de la foire du livre, comprenait également un thé de causerie avec des écrivains, des historiens, des conteurs, des journalistes, des cinéastes, à la bibliothèque publique a Old Town dans le comté de Martinsburg.

Toujours dans ce site historique, j'étais le conférencier principal à la West Virginia Theatre Conference Mountain Masquerade, parlant aux professeurs et aux étudiants du Département de cinéma et de théâtre. Ensuite, j'ai accepté l'invitation d'être le conférencier principal de The Theatre Conference Organization en mars 2008, devant un public de 1.500 personnes, dont des professionnels du cinéma et du théâtre des États-Unis.

Au cours de mes 15 années en tant que conférencière, j'ai eu l'occasion de parler dans des centaines d'universités, d'organisations publiques et privées, mais jusqu'à présent, il y a trois occasions qui m'ont laissé la plus profonde impression; à savoir, en 1992, devant Le mur de granit noir (Vietnam War Memorial) où sont gravés les noms des 58.000 soldats américains tués au combat au Vietnam; en 2001 à la convention Woman Day of America; et en 2007 à la foire du livre de West Virginia (Virginie-Occidentale).

Le Musée Smithsonian:

Le panneau routier indiquant Little Saigon que l'on trouve couramment dans le comté d'Orange vient d'être ajouté, non pas sur l'autoroute mais dans le musée. En allant dans la direction du panneau, on voit l'héritage historique de 30 ans d'Américains vietnamiens aux États-Unis.

Avec le panneau "Little Saigon, Next Right" placé devant le S. Dillon Ripley Center, le Smithsonian Museum à Washington, D.C. a ouvert une exposition sur l'héritage des Américains d'orgine vietnamienne à partir du 20 janvier 2007.

Après avoir depassé le panneau "Little Saigon" dans la zone d'exposition, les spectateurs verront des images accrochées des deux côtés du mur racontant l'histoire des Américains d'origine vietnamienne aux États-Unis. En évidence est une photo d'une jeune fille vietnamienne, vêtue d'une robe jaune, tenant un drapeau jaune et un drapeau américain lors d'un défilé à l'occasion de la fête de l'indépendance américaine.

Le Dr Vũ Phạm, de son nom vietnamien complet Phạm Hồng Vũ, est le directeur du projet du patrimoine des Américains d'origine vietnamienne du Smithsonian. Il a dit que c'est une image unique qui représente le sens de l'exposition. Surmontant les tragédies du passé, la communauté de 1.5 million d'Américains d'origine vietnamienne devient de plus en plus forte.

Après l'évacuation lors de la chute de Saigon ce fut le voyage des boat people vietnamiens: Images de bateaux en lambeaux après la traversée en mer, dont des photos de personnes mortes sur des bateaux. Ensuite, l'image d'un Amérasien, des photos et des expositions racontent le parcours des Américains d'origine vietnamienne depuis avril 1975: des hélicoptères récupèrent les évacués de Saigon, puis des images de réfugiés atterrissant dans des camps de réfugiés comme Indian Town Gap, Pendleton, etc. De l'autre côté se trouve un petit coin affichant des scènes de la vie courante dans les camps de réfugiés; un lit de camp qui tient lieu de lit et des vêtements en train de sécher, d'après une photo prise par un réfugié alors qu'il était dans le camp.

Je pensais que les Vietnamiens aux États-Unis ont fondé ensemble de nombreuses communautés de vietnamiens dans tout le pays.

"Cette exposition montre aux Américains et aux générations futures que les Américains d'origine vietnamienne ont changé le visage de l'Amérique." dit le Dr Vũ. Chaque année, le système de 19 musées du Smithsonian est visité par 25 millions de personnes.

L'exposition sur le patrimoine américano- vietnamien est menée dans le cadre du programme du patrimoine américain d'Asie-Pacifique du Smithsonian, dirigé par le Dr Franklin Odo, un historien d'origine japonaise. Avant la journée d'ouverture, le Smithsonian a organisé une grande réception dans l'après-midi du vendredi 18 janvier, avec la participation de 400 invités vietnamiens et américains, parmi lesquels figuraient de nombreuses personnalités célèbres du monde politique comme le sénateur James Webb.

Le sénateur Webb et son épouse, Mme Hong Le Webb, une femme d'origine vietnamienne, ont porté un nouveau-né pour assister à la réception d'ouverture de l'exposition. M. Webb est également écrivain et ancien combattant des Marines pendant la guerre du Vietnam. Il parlait et écrivait couramment le vietnamien avant d'épouser une Vietnamienne.

Parmi les vétérans américains de la guerre du Vietnam figurent M. James V. Kimsey, fondateur d'America Online ; Jan C. Scruggs, président du Fonds commémoratif des anciens combattants du Vietnam qui a construit le Mur.

Le vétéran du Congrès, le japonais Michael M. Honda, présent à la réception, s'est particulièrement intéressé à l'exposition sur l'héritage vietnamien américain.

Depuis les années 1990, un autre japonais célèbre, M. Norman Mineta, a activement mis en place le Smithsonian Asian Pacific American Program (APA), avec de nombreuses activités visant à renforcer le rôle des Américains d'Asie-Pacifique dans l'histoire américaine. Le projet vietnamien américain est actuellement mené dans le cadre du programme APA. Il s'agit d'un programme spécial pour explorer la culture, La richesse des perspectives et de l'expérience des Américains d'origine vietnamienne.

Au cours des trois dernières décennies. Il est actuellement prévu de terminer un Manuel d'histoire vietnamien-américaine pour les universités, destiné à élargir la compréhension des étudiants américains de la place des Vietnamiens-Américains dans l'histoire des États-Unis.

Après 30 ans d'installation aux États-Unis, la communauté vietnamienne a plus d'une génération de maturité et de succès dans de nombreux domaines. Parmi 13 personnages vietnamiens typiques dont les images sont exposées au Smithsonian, Kiều Chinh est le seule actrice de cinéma.

La cérémonie d'ouverture de l'exposition sur le patrimoine vietnamien américain Le 20 janvier a consacré une émission spéciale pour présenter et dédicacer le livre *Kieu Chinh, une Vietnamienne Américaine*.

Kiều Chinh à Hollywood

(Extrait du compte-rendu du lancement du livre *Kiều Chinh, une américaine d'origine vietnamienne*).

Le professeur Nguyễn Ngọc Bích, l'un des membres fondateurs de l'exposition, a présenté au Dr Vũ H. Phạm, directeur du projet américain vietnamien Smitha sonian, le livre dont il a lui-même écrit le titre. écldaré qu'il était ravi lorsque Kiều Chinh a accepté de contribuer son histoire et ses photos au Vietnam American Heritage Show au musée Smithsonian.

Le livre Kiều Chinh, vietnamien américain est sorti en même temps que l'ouverture de l'exposition parce que le contenu du livre et l'exposition étaient étroitement liés dans chaque chronologie. Phạm Hồng Vũ a déclaré: "L'histoire de sa vie du Vietnam aux États-Unis est unique et représente une période spéciale de l'histoire vietnamienne américaine."

Née à Hanoï, Kiều Chinh a émigré seule dans le Sud en 1954. De 1957 à 1975, Kiều Chinh a joué le rôle principal féminin dans 22 films tournés au Vietnam, aux Philippines, à Singapour, en Thaïlande, à Taïwan et en Inde, dont de nombreux films américains tournés. en Asie comme A Yank in Vietnam, avec Marshal Thompsons ; Opération CIA avec Burt Reynolds...

Avril 1975, Saigon est tombé, septembre 1975, trois mois après son arrivée aux États-Unis, Kiều Chinh a reçu son premier rôle dans "l'émission télévisée" Joe Forrester et seulement deux ans plus tard jouait le rôle principal féminin, co-vedette avec Alan Alda dans M*A*S*H, une "émission télévisée" populaire aux États-Unis.

"Elle a tant de talents, Hollywood doit avoir une place pour elle." l'acteur Alan Alda a dit à propos de Kiều Chinh et il a raison.

Depuis son premier rôle dans Joe Forrester en 1975 jusqu'aujourd'hui, Kiều Chinh est apparue en continu dans plus de 100 films sur le grand écran ainsi que sur le petit écran de toutes sortes. En 1993, elle assume le rôle principal féminin dans *The Joy Luck Club*, et le réalisateur Wayne Wang a parlé de Kiều Chinh en ces mots: "C'est un honneur de travailler avec une si grande actrice. Vous avez apporté grâce, style et courage au Joy Luck Club".

Dans la liste des 50 films qui ont fait pleurer le plus de public dans l'histoire du cinéma, Entertainment Weekly a classé The Joy Luck Club au 22è rang et a écrit: "Le trophée des larmes revient à la défunte Suyuan (Chinh)." Suyuan est le nom du personnage principal du film joué par Kiều Chinh, une mère chinoise qui a dû abandonner ses deux jeunes enfants dans la rue à Guilin.

Du rôle d'une amante coréenne pendant la guerre dans Love and War de M*A*S*H en 1977, vingt ans plus tard, Kiều Chinh est aussi une mère coréenne pendant les émeutes de Los Angeles (Riot film, 1997). L'actrice d'origine vietnamienne, surmontant toutes les barrières de race, de langue et d'âge, a joué le rôle de personnages féminins de toutes les ethnies en Asie-Pacifique dans le cinéma mondial, d'une princesse de l'Inde (Devil Within, 1972) au rôle d'une gérante de ferme d'origine Samoane à Hawaï (Tempted, 2003), et aussi une déesse japonaise dans la pièce Sansho The Bailift, réalisée par Andrzey Wajda, le maître mondial du théâtre sur la scène à la Brooklyn Academy of Music, New York.

À partir de mars 2007, le film "Journey From The Fall" réalisé par Trần Hàm est projeté partout aux États-Unis. Dans ce film, Kiều Chinh incarne une grand mère vietnamienne des boat people. Le Festival du film asiatique de San Diego en 2006 a décerné le titre de meilleur film pour "Journey From The Fall" et a honoré Kiều Chinh avec le Lifetime Achievement Award. Parallèlement à sa carrière cinématographique, Kiều Chinh est également une militante sociale et a été honorée par l'Assemblée nationale des États-Unis lors de la Journée des réfugiés la première année, 1990. Depuis 1993, elle a été conférencière dans de nombreuses activités culturelles et universités. Avec le journaliste Terry Anderson, elle est co-fondateur du Vietnam Children's Fund, qui a construit 51 écoles pour les enfants vietnamiens dans les zones déchirées par la guerre.

Les documents historiques sur l'évacuation en 1975

Après des mois de préparation pour la visite, surnommée Operation New Beginning, une délégation de l'Association vietnamo-américaine pour la préservation de l'histoire et de la culture (VAHF) s'est rendue à Guam pour recevoir un certain nombre de documents portant sur l'histoire et la culture vietnamienne et américaine. Plus de 150.000 réfugiés vietnamiens étaient passés par Guam après la chute du Sud-Vietnam en 1975. Ces documents ont été archivés et transférés au VAHF depuis le bureau du gouverneur de Guam, M. Felix P. Camacho.

La délégation était composée de 17 personnes. En plus de six membres du comité exécutif de l'association et de deux invités, il y avait aussi la participation de l'actrice Kiều Chinh, conseillière et membre honoraire de l'association ; M. et Mme Tony Lâm, ancien membre du consel municipal de la ville de Wesminter ; M. James Reckner, directeur du Vietnam Center ;M. Dương Phục et Mme Thanh Thủy du conseil d'administration de Saigon Houston Radio, et bien d'autres personnalités de la communauté vietnamienne d'outremer.

Le discours de l'actrice Kiều Chinh au Women's Club de Guam a touché le public. La vie de réfugiée à deux reprises de l'actrice, qui est considérée comme une légende dans les cercles cinématographiques vietnamiens et américains, a été racontée avec une voix chaleureuse qui inspire et suscite une véritable émotion auprès du public . Après la conférence le gouverneur Camacho et de nombreux spectateurs étaient venus embrasser cette artiste de talent pour lui témoigner leur admiration.

(Extrait du compte rendu de Triều Giang).

Tippi Hendren

Tippi Hedren, marraine du manucure Vietnamien

Avant de parler de Tippi Hendren, ma marraine, une chère amie depuis de nombreuses années, permettez-moi de remonter dans le temps à l'année 1975, lorsque des centaines de milliers de réfugiés vietnamiens ont risqué leur vie pour partir après que Saigon a changé de propriétaire, et s'étaient installés dans des pays libres comme les États-Unis. Ici, il y a des dizaines de camps de réfugiés ouverts pour accueillir les nouveaux arrivants, et Hope Village à Sacramento, en Californie, en est un. Plus de 500 familles des premiers réfugiés vietnamiens aux États-Unis sont venus y résider temporairement, en attendant un parrainage privé des agences et des églises. Tous vont alors quitter le camp, suivre leur parrain ou marraine et s'éparpillèrent un peu partout. Où aller, quoi faire, comment, personne ne sait! À cette époque, de nombreux Vietnamiens ne parlaient pas couramment l'anglais. Traditionellement au Vietnam, beaucoup de femmes n'ont jamais travaillé en dehors de leur maison, elles n'ont pas l'habitude de parler anglais. Ils ne savent pas non plus ce que c'est que travailler en Amérique.

Dans les visites et les conversations avec elles, la plupart d'entre elles ont fait part à Tippi de cette préoccupation. Tippi les a compris, et à partir de là, l'idée lui vient d'aider les femmes et les jeunes filles vietnamiennes, de la première vague de réfugiés, à devenir des manucuristes. Après cela, Tippi organisa les cours d'introduction. L'instructeur est un ami de Tippi.

La première classe comptait 20 étudiantes. Après avoir terminé le cours, elless sont guidées et aidées à passer l'examen pour obtenir une licence de pratique. Après cela, les étudiantes en manucure de Hope Village (Village Espoir) ont pu toutes trouvé facilement un emploi. Puis de fil en aiguille la première invite la seconde, c'est ainsi que le nombre de Vietnamiennes choisissant le métier de manucure augmente de jour en jour, de plus en plus fort. La plupart des propriétaires de salons de manicure à travers l'Amérique du Nord sont des vietnamiens. Le développement du manicure que Tippi avait initié prit un essor miraculeux. Ce qui a sucité la curiositê de la presse et du cinéma américains à se pencher sur ce phénomène. À l'unanimite ils ont surnommé Tippi la "Mère du manucurisme vietnamien". En effet, si ce n'était pas à "Mère" Tippi d'accoucher, de guider le chemin, sûrement, il serait difficile pour les réfugiés vietnamiens d'avoir un grand succès dans l'industrie du manucure dans ce pays, comme nous l'avons vu, aujourd'hui.

A l'occasion du 40ème anniversaire de l'évacuation, Mme Kim Dung et quelques amies de la première promotion de manicures, Mme Thuần Lê, Ái Lan, Vũ Thị Lan, Vũ Thi Anh, Đặng Chiêu Hy, Tôn Thất Diệu, Nguyễn Thị My, Từ Cát, Mỹ Hạnh, avaient tenu une réunion/retrouvailles dans les locaux du quotidien Người Việt. À cette occasion, certains anciens de Hope Village 1975 étaient également venus pour remercier et honorer Tippi Hedren.

Le 23 septembre 2015, à Beverly Hills, la Beauty Changes Lives Foundation et Creative Nail Design (CND), une entreprise leader de produits pour les ongles, ont honoré Tippi Hedren, avec une large participation de l'industrie du manucure americano-vietnamien. Dr. Tam Nguyen, un prothésiste des ongles à succès, propriétaire du Beauty College, une école de formation de manucures, et moi avons été invités à parler de Tippi.

Spécialement, après cette célébration, dans une ambiance imbue d'émotion, Mme Jan Arnold, co-fondatrice de la société CND a annoncé la création d'une bourse pour l'industrie de manucure vietnamienne, baptisée "Tippi Hedren Nail Scholarship"(Bourse Tippi Hedren pour le manucure). Le fonds de cette bourse était officiellement initié avec un don du CND, s'élevant à 184,000 dollar US!

N'importe quand, n'importe où, chaque fois qu'on m'invite à parler de l'actrice Tippi Hedren, la mère de l'industrie vietnamienne des ongles aux États-Unis, une sœur ainée qui me protégeait et me soutenait à l'époque où je vacillais encore sur un pied incertain. Je suis si fière et émue que j'ai envie de pleurer.

Tippi Hedren, marraine

Chaque année, depuis 1990, aux États-Unis, le 31 octobre est choisi comme "Refugee Day" (La journée de refugiés). Les réfugiés ont la possibilité de devenir citoyens des États-Unis doivent être reconnaissants et fiers de tous ceux qui ont contribué à l'édification de ce grand pays.

Tous les Américains ont été, d'une manière ou d'une autre, à un moment donné de l'histoire, des réfugiés.

Du bateau en lambeaux après avoir navigué à travers les vagues de l'océan, les boat people des temps anciens ont trouvé le rivage. Dès qu'ils se sont intégrés, ce qu'ils doivent faire est d'amener leurs proches dans un nouveau pays pour se réunir.

Le premier réfugié à venir sur ce continent, qui en est aussi le parrain. Une personne donne la main à une autre, une génération donne la main à une autre. À travers toutes les frontières du monde, des races, les bras tendus à travers les océans. Jusqu'à ce que tout le monde se retrouve selon les paroles de Michael Jackson: We Are The World.(Nous sommes le monde)

Cette tradition a créé les États-Unis d'Amérique.

Lors de la Journée de la déclaration des réfugiés de la première année du 31 octobre 1990, j'avais l'honneur de prendre la parole au Congrès des États-Unis, et de réfléchir sur ce sujet. Et aussitôt, l'image de Tippi Hedren, ma marraine m'est apparue.

Depuis 1964, la guerre du Vietnam s'est étendue., l'armée américaine est directement impliquée dans la guerre. À cette époque, Saigon n'avait pas de station de télévision. Au-dessus de la ville, avec des avions de chasse et de transport qui rugissaient, dans l'après-midi, il y avait un avion spécial qui volait lentement, histoire de diffuser des programmes télévisés pour l'armée américaine, dont la série Combat. La télévision vietnamienne est née ici.

À cette époque, dans un simple studio d'enregistrement, en tant qu'animatrice d'une émission télévisée, j'avais l'honneur de recevoir et d'interviewer des artistes américains venus au Vietnam dans le cadre du programme USO pour distraire les soldats américains. C'est ici, une fois en 1965, que je recevais des invites d'honneur venus d'Hollywood: Johnny Grant, Joey Bishop, Danny Kay, Diane McBain et Tippi Hedren. Tous sont des acteurs de cinéma célèbres. En particulier, Tippi Hedren est actuellement le sujet principal de la presse cinématographique mondiale: le rôle principal féminin dans The Birds (Les Oiseaux) un chef-d'œuvre de Alfred Hitchcock le roi des films d'horreur.

Ayant appartenu au même monde du cinéma, Tippi et moi on s'était rapidement lié d'une amitié douce et sincère. Elle était particulièrement ravie de mon cadeau d'adieu: une robe en soie rouge de Hà Đông, et une paire d'éléphants en céramique de Biên Hòa.

En 1969, lorsque je me rendais à Hollywood pour assister à la première de *Dr. Zhivago*, lors d'un repas pris ensemble à Hollywood, j'ai revu Tippi, j'ai aussi rencontré son mari Noel Marshall, producteur du film *The Exocist*, le célèbre film de fantômes.

En avril 1975, au milieu de la ruée vers l'évacuation lorsque le Sud-Vietnam était tombé, j'ai quitté Saigon avec un seul sac à main contenant mes papiers d'identité. En un clin d'œil, j' êtais devenue une apatride inconnue aux mains vides. Pour entrer aux États-Unis, il faut avoir un parrain. Le seul moyen était de demander de l'aide aux vieux amis.

Avec les numéros de téléphone hollywoodiens encore dans mon carnet, j'appelai William Holden, que je connaissais depuis le Festival du film d'Asie à Taipei en 1965. Malheureusement, il allait à la chasse quelque part d'où on ne savait jamais quand il allait revenir. J'ai appelé Marshall Thompson, avec qui j'ai partagé la vedette dans A Yank in Vietnam en 1963; Burt Reynolds, co-vedette de l' opération de la CIA de 1965 ; puis Glenn Ford, qui s'était lié d' amitié avec moi lors de sa visite au Vietnam en 1968. Tous ne pouvaient pas parler directement, je laissais des messages sur le répondeur, mais pas de rappels.

Et ainsi, in extremis jusqu'aux dernières pièces qui me restaient pour payer le téléphone, je composai le numéro de Tippi Hedren. À l'autre bout du fil, c'est Tippi qui a répondu. Toutes les deux nous étions folles de joie et essouffées quand on s'était reconnu.

Quelques jours plus tard, j'ai reçu mon billet d'avion, mes documents de voyage pour les États-Unis et un télégramme spécial de Tippi: "Food For The Hungry a le plaisir d'inviter l'actrice de cinéma Kiều Chinh à Sacramento pour assister à une cérémonie d'accueil pour les 500 premières familles vietnamiennes qui venaint de s'installer aux États-Unis.

Le télégramme m'est parvenu au milieu de ma plus grande détresse. Les quatre mots "actrice de cinéma" ne doivent être répétés qu'en guise d'excuse pour aider ma demande de visa pour les États-Unis, mais ils m'ont aussi renvoyée à ma vie antérieure.

Au téléphone, j'ai appris que Tippi travaillait désormais aux côtés du Dr. Larry Ward, en tant que vice-président de Food For The Hungry, une organisation caritative, chargée de l'accueil et de l'installation des déplacés vietnamiens qui viennent d'arriver à Sacramento.

« Chinh donnes moi une main. Nous ferons du bénévolat ici pendant quelques jours, avant de rentrer ensemble à la maison." Je viens te chercher à l'aéroport et t'amener directement à Hope Village, dit Tippi.

En choisissant le camp de réfugiés comme lieu de rencontre, Tippi m'a donné l'opportunité de commencer ma vie de réfugiée par des journées au service de mes compatriotes, même si c'était aussi petit que d'aider à préparer (servir) les repas, à ranger les tabourets, etc. à coordonner les vêtements, aider à traduire, guider dans la préparation des formulaires et papiers officiels ou écouter et partager simplement nos espoirs, nos peines et nos soucis . Grâce à cela, j'ai retrouvé mes forces moi-même, avoir plus de sens dans la vie pour le reste de mes jours.

Je me souviens de la première cérémonie de salut au drapeau de la République du Vietnam qui s'est tenue dans le camp temporaire de Hope Village. Des milliers de personnes se sont arrêtées au commencement de l'hymne national. Lorsque le drapeau jaune à trois bandes rouges a été hissé dans ce pays étranger, dans la foule se trouvaient le général Nguyễn Văn Chức, les lieutenants-colonels Lê Xuân Vinh, Nguyễn Bá Khuê les journalistes et écrivains Đỗ Ngọc Yến, Trùng Dương, etc. D'autres soldats, même sans leurs uniformes militaires qui ont été remplacés par des vêtements civils, se tenaient toujours au-garde- à vous et saluaient selon l'étiquette militaire. Suite à la cérémonie des saluts aux couleurs, sur présentation de Tippi elle-même, j'ai dû dire quelques mots pour souhaiter la bienvenue aux gens, exprimer mes sentiments, remercier... Et je n'ai pas pu retenir mes larmes.

C'est à partir de Hope Village à Sacramento que des milliers de Vietnamiens sont devenus des résidents californiens, devenant les premiers à travailler dans l'électronique à San José, qui est devenue plus tard la Silicon Valley, la capitale électronique du monde. À la même époque, également d'ici, les premières

Vietnamiennes furent envoyées par Tippi pour apprendre l'art du manucure conduisant progressivement les Vietnamiennes à maîtriser l'industrie du "nail" aux Etats-Unis.

De nombreuses années plus tard, plus d'une fois dans de nombreux endroits différents, en amenant des personnes âgées malades à l'hôpital, en conduisant seul pour aller chercher des cadeaux de Noël pour les enfants pauvres, ou au milieu d'une visite aux camps des réfugiés d'Asie du Sud-Est, je me suis soudain surprise à chuchoter: « Merci Tippi, merci Tippi"

Très tôt, presque en même temps que sa carrière cinématographique, à partir des années 60, Tippi consacre toute son énergie aux oeuvres humanitaires. Pour apporter du secours avec de la nourriture et des médicaments, Tippi a effectué des vols à travers le monde, en particulier dans le tiers monde démuni. Sécheresse, famine en Éthiopie, au Bangladesh, au Pérou ; catastrophe volcanique à Managua ; victimes de la guerre au Vietnam, au Nicaragua... Tippi a appris à voler et elle a été copilote d'un DC3 transportant du secours aux enfants affamés en Afrique. C'est aussi Tippi qui, en juin 1979, a personnellement vécu et travaillé sur le S.S. Akura en patrouille dans la mer de Chine, se spécialisant dans le sauvetage des boat people vietnamiens en détresse.

Parallèlement aux activités humanitaires, Tippi s'occupe également des animaux sauvages en voie de disparition. Depuis le tournage de Satan's Harvest, réalisé en Afrique, j'ai eu l'occasion de côtoyer des lions, des léopards... Tippi s'est soudain rendu compte qu'elle ne pouvait pas quitter ces bêtes. Par conséquent, tout un troupeau de 95 animaux sauvages de toutes sortes; éléphants, tigres, léopards, lions, etc. sont devenus des membres chers et inséparables de la famille et de la vie de Tippi.

Mannequin, acteur de cinéma, humanitaire, protecteur de la faune, chaque rôle est top. C'était Tippi Hedren. Mais pour moi personnellement, Tippi est aussi une amie, une mécène, une sœur proche en cas de besoin, qui m'a jadis ouvert la porte de ma seconde patrie, de ma seconde vie.

Après des journées de travail au refuge de Sacramento, nous sommes retournés dans la maison privée de la famille Tippi à Sherman Oak, près de Los Angeles.

"Mélanie s'en va. Chinh occupe sa chambre", Tippi me l'a dit.

Melanie Griffith, la fille de Tippi, sera plus tard comme sa mère, une illustre actrice, célèbre pour le film The Working Girl, mais en 1975, elle n'avait que 16 ans.

La grande pièce du rez-de-chaussée a une fenêtre s'ouvrant sur l'espace de la piscine à l'arrière-cour. Dans la chambre, il n'y avait qu'un matelas double au sol. Allongée sur le matelas, regardant vers le haut se trouvait le mur avec une photo d'un homme aussi grand qu'un vrai homme, aussi vivant que s'il se tenait près du mur en me regardant. Le gars sur la photo est Don Johnson, l'amant de Melanie, plus tard le célèbre acteur de la série télévisée Miami Vice, une fois élu comme l'un des dix hommes les plus sexy de Hollywood.

Bien que j'aie eu l'occasion de venir aux États-Unis avant 1975, jusque-là, je ne connaissais toujours pas grand-chose à la vie américaine.

La première fois que je suis restée chez Tippi, il y avait des jours où l'heure du dîner passait, la cuisine était encore froide, personne ne disait rien. Tard dans la nuit, Tippi est venue me rendre visite, a su que je n'avais pas encore dîné, a ri, l'a apporté à la cuisine, a cuit du pain et a ouvert une boîte de poulet à la King. Il s'est avéré que dans la cuisine de Tippi, à l'exception des week-ends et des occasions spéciales, chaque jour lorsque les gens rentrent chez eux, ils n'ouvrent que le réfrigérateur qui se charge de leurs propres repas.

Après plusieurs jours à manger du riz américain, le riz vietnamien et la sauce de poisson me manquent. Quand on sait aller au marché chinois, on peut de trouver tout seul un sac de riz et des bouteilles de poisson me manquent. Quand on sait aller au marché chinois, on peut de trouver tout seul un sac de riz et des bouteilles, et j'ai eu l'occasion de montrer mon talent à faire des rouleaux de printemps (nem) vietnamiens pour faire goûter a inviter tout le monde. Tippi se régale des rouleaux de printemps et aime particulièrement la sauce de poisson assaisonnée.

Le mode de vie à l'américaine, pour moi, a été plein de surprises et de nouveautés. La vie privée dans la maison de quelqu'un comme Tippi Hedren était encore plus bizarre.

Une nuit, j'entendis soudain un cri dans la chambre d'en haut. J'ai paniqué et j'ai couru. Toute la famille est dans le pétrin, se précipitant pour... accoucher. La "mère" est la chienne Partner, câlinée par Tippi. Mélanie pressa vivement Don Johnson de se procurer une serviette et de l'eau chaude. Les chiots nouveau-nés qui n'ont pas encore ouvert les yeux sont admirés et inspirés. Cette scène m'a rendue émue de penser à ma patrie en temps de guerre, où même la vie humaine ne comptait pas grande chose. Quelle difference!

Une autre fois, alors que je dormais dans ma chambre, le son m'a réveillé, j'étais terrifiée, car tout à coup j'ai vu un énorme lion qui à mon insu, dormait dans la chambre, juste à mes pieds, la gueule ouverte, émettant un ronflement Après une minute de terreur abasourdie, voyant le lion ronfler toujours, j'ai rassemblé du courage de marcher sur la pointe des pieds vers la porte, de la fermer tranquillement puis appeler à l'aide. Mes cris terrifiaient toute la maison.

Comprenant de quoi il s'agit, la maîtresse de céans a souri et et rit "Oh, n'aie pas peur. Pharaon est très proche de Mélanie, elle vient souvent dans la salle pour jouer." Pharaon est le nom du lion. La voix de Tippi était calme, comme si elle parlait d'un chaton. Non seulement Pharaon mais Tippi est aussi la maîtresse d'un troupeau de 95 animaux sauvages du domaine de Shambala.

Situé au milieu du désert d'Acton, à environ deux heures de route de Los Angeles, Shambala est peut-être un ranch du genre, où humains et animaux vivent côte à côte dans la paix et l'harmonie.

Sur une montagne, un ruisseau et un lac de 40 acres (environ 16 hectares), avec l'aide de son mari, le réalisateur Noel Marshall, Tippi a 56 lions d'Afrique, 5 tigres de Sibérie, 6 panthères tachetées, 5 panthères noires, 2 éléphants d'Afrique et des centaines d'autres animaux. Tous sont élevés en pleine nature.

Par un chaud après-midi d'été, Tippi m'a amenée à Shambala.

En préparant le déjeuner, j'ai regardé par la fenêtre et j'ai vu un camion entrer dans le camp à travers un nuage de poussière rouge. Tippi me disait:

"Chinh restes ici. Ne sors pas. Je dois d'abord m'occuper d'eux"

De l'intérieur de la roulotte utilisée pour le logement, je continuais à regarder à travers la vitre. Tippi est allée ouvrir la porte pour laisser le camion entrer dans la clairière, déversant un énorme tas d'ossements. Il faut attendre que la voiture sorte, le portail extérieur verrouillé, et c'est seulement à ce moment là, que Tippi ouvre le portail intérieur. Immédiatement, une série de rugissements mixtes retentit. Le sol trembla de poussière comme un tremblement de terre. Tout un troupeau de lions et de tigres léopards s'est précipité de derrière la porte, s'est précipité dans le tas de viande et d'os, mange en grognant, chacun d'eux a sorti leurs crocs et leurs griffes, leur visages étaient couverts de sang, déchirant chaque cuisse d'un cheval géant .

Quelques instants plus tard, le tas de chair et de sang avait complètement disparu, laissant une grande mare de sang sur le sol. La forte odeur de poisson, de viande crue et de sang s'engouffra dans la voiture avec le vent brûlant du désert lorsque Tippi rouvrit la portière

"Maintenant, c'est notre tour." dit Tippi d'une voix joyeuse.

Le déjeuner est servi sur la table. Il a fallu beaucoup d'apaisement pour s'habituer à la beauté sauvage et puissante de Shambala, pour profiter du repas spécial que mon amie m'a offert.

Différent de midi, mais le coucher de soleil du désert m'a aussi fait une profonde impression. À l'intérieur de Shambala, qui se détache entre deux hautes montagnes, se trouve un bâtiment en bois de deux étages qui surplombe le lac, nommé African House (Maison d'Afrique). Du toit du bâtiment, on peut voir tout le ranch. Debout en regardant le coucher du soleil, j'ai soudainement sursauté. Une série de hurlements soudains venaient de toutes parts, paniqués, prolongés, déchirant le vaste silence du désert. C'est alors que les "rois de la jungle" ont dit au revoir au soleil. J'ai regardé de l'autre côté du lac. Dans la lumière de fin d'après-midi, les silhouettes des lions se dressaient haut, rugissant, comme s'ils essayaient de combattre la nuit à venir.

L'histoire du ranch Shambala a été transformée en un grand film, avec le rugissement du lion avec des noms comme *Roar* (le rugissement). Le film a été réalisé par toute la famille Tippi: Noel Marshall a écrit l'histoire, réalisé le film et les "six extrêmement aimants" (en tant que Tippi: Six personnes super aimantes) Noel, Melanie, Joe, John, Jerry et Tippi jouent aux côtés des bêtes.

Chaque "amateur de bêtes", citoyen du "Royaume de Shambala" reçoit un nom amical de Tippi. Il y a des lions nommés Noel et ses fils: Joe, John, Jerry. Un éléphant d'Afrique nommé Timbo. Il y avait un couple de jaguars, cadeau d'anniversaire de Noel à sa femme, qui était la plus aimée de Tippi, appelée par les noms des deux personnages principaux du roman Autant en emporte le vent: Rhett Butler et Scarlett O'Hara. En regardant le léopard féroce, en me souvenant de Clark Gable jouant le Gypsy Rhett Butler dans le film, je n'ai pas pu m'empêcher de sourire.

Le niveau d'affection que la famille Tippi avait prodigué pour les animaux sauvages m'étonnait. Je me souviens d'une fois, avant ma tasse de café du matin, quand j'ai ouvert le Los Angeles Times, j'ai été surprise de voir sur la page une photo de Tippi avec sa tête pendue en bas de l'éléphant Timbo. Des informations parues dans le journal indiquaient que Tippi s'était cassée la jambe et avait dûe se rendre à l'hôpital.

Une autre fois, j'ai entendu dire que c'était le tour de Noel Marshall de s'allonger à l'hôpital, je me suis précipitée pour visiter. Le producteur de *Roar* était allongé dans un lit d'hôpital avec une jambe dans le plâtre, suspendue haut. Il s'est avéré que juste parce que les deux lions rugissaient l'un contre l'autre, Noel a été giflé avec un morceau de cuisse. Voyant mon inquiétude, il a dit: « Ne sois pas en colère contre le lion. Il ne sait pas que ça me fait mal."

Lorsque toute la zone du désert d'Acton a subi une grande inondation (le désert de cette région recevait parfois des averses soudaines), la famille de Tippi a dû faire face à de nombreuses difficultés pour "évacuer" des centaines de "rois de la forêt". dans un refuge." Pendant l'inondation, deux lions ont été emportés hors du camp par l'eau et ont été abattus par un étranger. Melanie et Mary, les noms de deux lions abattus, appartiennent à la génération des lions nés à Shambala. C'est Tippi qui leur a donné la vie, les a étreints contre elle et donné à chaque bébé un biberon avec une tétine *pour les nourrissons.*

L'image de Tippi tenant amoureusement un lionceau allaité et tombant plus tard malade avant leur mort injuste, m'a causé une une profonde émotion. Est-il vrai que seuls les humains peuvent avoir des mères de toutes les espèces ?

Après Roar, l'histoire de la vie de Tippi et de ses animaux les plus chers a également été écrite dans un livre populaire de 1985: Les Chats de Shambala. Des films aux livres en passant par la vraie vie, Tippi témoigne de la manière dont une compréhension douce peut être obtenue entre les humains et les animaux sauvages.

En tant que personne entrée aux États-Unis uniquement dans le but de... assiter à une fête, je n'ai pas eu la chance de bénéficier de privilèges ou des avantages que le gouvernement américain réserve pour les réfugiés.

Cette situation difficile, ma marraine va s'en charger. Elle se charge de tout.

Non seulement elle m'a "apprivoisée" avec le lion, mais Tippi s'est également occupée de tout pour moi, des démarches pour obtenir des papiers, à l'arrangement d'un logement pour la première fois, en passant par fournir un hébergement chez une amie française Michelle Mercier qui jouait un rôle féminin dans la célèbre série Angélique à Beverly Hills, est venue m'aider à louer un logement.

C'est grâce à Tippi que j'ai pu m'occuper de ma famille et avoir un foyer pour mon mari et mes trois enfants - étudiant au Canada avant 1975 - pour rejoindre leur mère.

Il fut un temps quand ma famille n'avait qu'un sac à main en plastique comme possession, Tippi me faisait cadeau d'une chemise de nuit, où elle avait discrètement glissé un billet de 20 dollars.

Dans l'après-midi, après mon premier repas privé aux États-Unis d'une valeur de 2 dollars 75 centimes - ma première dégustation d'un hamburger - lorsque je suis retournée dans mon appartement de deux pièces sur Colfax Street à North Hollywood, j'ai été surprise de trouver un "lit". au milieu d'une salle vide. Bien qu'il ne s'agisse que d'un matelas allongé au soleil au bord de la piscine, les draps lisses et blancs témoignent d'un soin affectueux. À côté de l'oreiller, à côté de deux livres de films ouverts, se trouvait une carte : « Bienvenue à la maison. Bonne nuit Chinh. Très affectueusement. Tippi.

Cette année-là, le premier réveillon de Noël aux États-Unis, au milieu d'une maison vide, j'étais triste quand j'ai entendu frapper à la porte.

"Joyeux noël!"

Tippi est apparu au milieu de la porte, souriant, pointant du doigt deux anciens éléphants en céramique avec des noeuds rouges autour du cou, ajoutant: " Je pense que Chinh aime revoir des souvenirs du Vietnam. Il est temps pour les éléphants de revenir à leur propriétaire."

C'était la paire d'éléphants en céramique de Biên Hòa que j'ai offerte à Tippi à Saigon en 1965. En plus des deux nœuds rouges attachés au cou de l'éléphant, Tippi a également apporté une grande plaque de verre, a aligné les éléphants en céramique, pour que leurs épaules soutiennent le dessus de table en verre..

Dix-huit ans, combien de choses ont changé.

Dr. Larry Ward, selon la dernière lettre, a déclaré qu'après avoir fait du bénévolat à Moscou, est retourné en Arizona et vient de publier son livre New Stars Shining sur "Miracle of The New Russia" (Miracle d'une nouvelle Russie).

La mère de Tippi, Hedren, est toujours en bonne santé à l'âge de 90 ans.

Après mon premier appartement en Amérique, j'ai eu mon propre toit. Chaque matin, quand je fais mon propre café, je me retrouve souvent à tenir la vieille tasse et la cuillère que Mme Hedren et ses amis m'ont apportées un certain matin.

Dans la petite maison où je vis, il semble que chaque recoin avait un meuble portant la marque de Tippi. Près de la fenêtre, une paire d'éléphants en céramique soulève respectueusement un pot à bougie depuis de nombreuses années, me rappelant une amitié de 27 ans d'un studio de télévision de Saigon.

Je n'ai pas vu Johnny Grant depuis des années. Mais dans l'autre cadre, il y avait encore Tippi Hedren et Diane McBain. Tous deux étaient présents à la célébration du "35e anniversaire du cinéma Kiều Chính" au South Coast Plaza Arts Center en septembre 1991.

La pauvre Tippi, qui avait eu un accident une semaine auparavant, venait de sortir de l'hôpital avec un mouchoir en bandoulière. Essayant toujours d'enfiler une Hà Đông Áo dài, en soie rouge, apparut sur scène, les yeux remplis de larmes lorsque Diane raconta le souvenir de notre première rencontre à Saigon.

En 1990, Hello, un journal de Londres,, écrivant sur Tippi, mentionnait spécifiquement l'amitié de longue date entre deux artistes, l'une américaine et l'autre vietnamienne. Je me sens souvent embarrassée lorsque Tippi a dit à un journaliste que Kiều Chính était la femme la plus courageuse qu'elle ait jamais rencontrée. En fait, Tippi savait que son amie était parfois maladroite et faible.

Bien que nous vivions éloignées l'une de l'autre, parfois nous ne nous voyons pas pendant six mois, nous savons tous que nous pouvons soudainement nous réveiller au téléphone au milieu de la nuit pour partager nos difficultés et nos confusions.

"Chinh! Reste là! Je serai là."

Plus d'une fois, Tippi l'a dit en raccrochant le téléphone. Et vient. Pas à un festival amusant, mais à un ami qui est dans le besoin et qui est faible. C'est cette amitié qui nous donne la force.

1982 a été l'année la plus lourde pour Tippi: son mariage de 17 ans avec Noel Marshall s'était effondré.

À Noël, sachant que Tippi est seule à la ferme de Shambala, je viens avec un plateau de rouleaux de printemps et une bouteille de sauce de poisson en essayant de l'assaisonner et mixer au goût de Tippi.

Nuit de Noël. Les éléphants, les tigres et les lions dorment paisiblement. Dans la vaste obscurité du désert, une des lampes de Tippi faisait la veillée. Après quelques heures ensemble, partageant un Noël solitaire avec quelques gorgées de vin rouge, j'étais partie. Tippi a insisté pour que je porte une balançoire, une balançoire, qui pendant de nombreuses années est restée toujours dans une chambre privée sur la voiture de Tippi. Tard dans la nuit, dans le désert froid, les deux ont lutté pour sortir la balançoire, de sa place.

Dès le jour de mon retour, la balançoire fut placée dans une chambre particulière. Je m'assieds souvent sur la chaise basculante, regardant le jardin verdoyant derrière la maison, pensant à toi, Tippi, .passant en revue les jours passés.

Tippi a reçu de nombreux prix distingués pour sa profession et ses activités sociales. J'ai eu de nombreuses occasions d'être fière de mon amie, lorsque j'ai assisté à des cétlébrations en son honneur

Récemment, comme pour réaffirmer la stature de *The Birds* d'Alfred Hitchcock, dont Tippi était l'héroïne il y a 30 ans, Hollywood est revenu à The Bird Two, avec Tippi Hedren apparaissant en invitée d'"honneur avec la nouvelle distribution d'acteurs qui lui succèdent dans son ancien rôle. Un autre événement en son honneur avait également eu lieu. Malheureusement cette fois, pendant le tournage de The Joy Luck Club en Chine, je n'ai pas pu revenir à temps pour y assister.

Qu'il s'agisse d'un nouvel engagement ou du manque de temps, la vie aux États-Unis est si trépidante et préoccupante que parfois nous ne pouvons pas terminer les choses que nous comptons ou devons faire. Pourtant, au fil des années, depuis qu'elle est devenue ma marraine, Tippi a réservé tant de moments précieux pour moi.

Le dernier samedi soir d'août 1993, l'actrice Annette Benning a organisé une première spéciale de The Joy Luck Club pour des artistes amis au Crest Theatre, Westwood, avec une réception au Armand Hammer Museum. Encore une fois, j'avais Tippi à mes côtés.

Présente à la projection et à la réception, était son amie, l'écrivain Allison Leslie Gold, auteur du mémoire sur la tragédie d'une jeune fille juive pendant la Seconde Guerre mondiale qui a ému l'humanité, *Anne Frank Remembered*.

Le livre a été traduit en 16 langues et transformé en film. Alison est aussi celle qui a écrit sur l'amitié de Tippi avec moi il y a de nombreuses années.

Au milieu de la nuit, dans la voiture du studio qui nous conduisait à la maison, mon amie Alison a regardé le sourire de Tippi, puis m'a regardée. Alison a dû se souvenir de ce qu'elle a écrit quand Tippi était venue me chercher à Sacramento et m'a sourit.

Au cours des 18 dernières années, Tippi n'a cessé de me prodiguer une chaleureuse amitié. Avec un cœur et un sourire, la façon de donner de Tippi est si douce et si naturelle qu'à aucun moment celui qui reçoit se sente obligé. Cette merveilleuse façon de donner semble me dire: "Personne ne peut rendre ce qu'on a reçu des gens, la vie. Ne vous tracassez pas à repayer. Merci de continuer à donner. Une personne donne à une autre, puis l'autre personne à une autre encore. Et ainsi de suite. Donnez davantage, donnez toujours..."

Depuis la cérémonie d'accueil des 500 premières familles vietnamiennes à Sacramento en 1975, à ce jour, plus d'un million de Vietnamiens se sont installés aux États-Unis, sans compter des millions dans d'autres pays. Combien d'agences, d'organisations et de personnes ont silencieusement contribué leur part de temps et d'efforts pour que les États-Unis aient constamment de nouveaux citoyens,

Il y a tellement d'histoires de réfugiés, de parrains et de marraines.

J'ai eu l'occasion de les admirer à la Statue de la Liberté

De l'île appelée Liberté - Liberty Island (*) dans le port de New York, tenant haut le flambeau, la déesse se tenait face à l'océan, accueillant les boat people qui venaient de débarquer, et avec des lèvres silencieuses, leur chuchota avec l'immortel couplet d'Emma Lazare... (**)

"Donnez-moi vos gens fatigués, vos pauvres.
Vos misérables masses qui aspirent à respirer librement La déesse est l'image typique de l'Amérique: un parrain, une marraine. Comme tous les parrains et marraines.
Comme Tippi Hedren, ma marraine.
Et comme nous.

_____

(*) Liberty Island,: ça Bedloe's Island.
(**) "Give me your tired, your poor. Your wretched masses yearning to breathe free…"

Les maisons de mon "royaume"

Newport Beach et les crépuscules dorés

En 1995, après des coups de chance successifs – jouer dans film The Joy Luck Club, et assister ainsi aux Festivals internationaux du film, puis signer un contrat, pour faire de la publicité pour la compagnie de téléphone MCI, retourner à Hong Kong et à Taïwan pour tourner des publicités, etc. en général, la vie est devenue un peu plus aisée, et j'ai donc décidé de vendre ma petite maison à Studio City pour en acheter une autre plus grande à Newport Beach afin d'être plus proche de la commu- nauté vietnamienne, à Little Saigon. . De son vivant le poète Mai Thảo plaisantait souvent en disant, "il est temps pour Kiều Chinh de retourner à Orange County, car Studio City est trop loin, et chaque visite devient de plus en plus difficile. Malheureusement, quand je m'y suis déménagée, il n'était plus.

La nouvelle maison près de la mer, dispose de 4 chambres, de 4 salles de bains, et d'une piscine. J'aime beaucoup cette maison car elle est située sur une haute colline tranquille, le long balcon de derrière s'étend sur toute la longueur de la maison; côté droit il donne sur la ville en direction de Disneyland. Chaque 4 juillet, Jour de l'Indépendance, nous nous réunissons après dîner pour aller sur le balcon boire du vin et regarder le feu d'artifice! Le côté gauche donne sur la mer où tous les soirs, le coucher de soleil est magnifique. Chaque après-midi est une image merveilleuse. Je prends souvent des photos des crépuscules dorés, les nuages changent de couleur. Souvent, lorsque les nuages sont bas, volant presque au ras de la tête on a l'impression de vivre dans les nuages.

Grâce au Ciel, mes enfants sont tous installés, ont leurs propres familles, et m'ont donné 4 petits-enfants aimants: Stephen Dao, le fils de Mỹ Vân ; Jean-Paul et Aimee, fils et fille de Trang-Hùng; Nguyễn Lê Nam fils de Tuấn Cường-Ý Lan. Hùng achète également une maison près de la mienne.. Comme ça on pourrait aller à pieds pour se rendre visite. Vacances, Têt ou anniversaires, les retrouvailles du week-end sont amusantes et joyeuses. De plus, il y a beaucoup d'amis qui vont et viennent:
M. Lê Quỳnh et anh Tế (respectivement, le grand-père maternel et grand-père paternel du petit Lê Nam), le couple d'amis Trần Dạ Từ-Nhã Ca avec leurs enfants: Hòa Bình, Sông Văn, Vành Khuyên, Chấn Lê, les Cung Tiến-Joséphine, frères et sœurs, etc. Aussi sur le balcon de cette maison, un beau matin, le peintre Nguyễn Trung du Vietnam est venu me rendre visite et m'a peint un tableau.

Surtout quand la famille de ma sœur était venue de France, Pauline et ses enfants: Lysa, Christian, David aussi. Le son du piano nous rendait si heureux et la musique résonnait pendant toute la nuit dans la maison.

Je pensais que je resterais ici pour le reste de ma vie, mais ma vie a soudainement changé quand j'ai été « accusé de "communiste". J'ai perdu plusieurs contrats commerciaux, mes revenus ont chuté et, par conséquent, je ne pouvais pas me permettre de garder la maison à Newport Beach. J'étais forcée à déménager à la ville de Garden Grove, parce que les les valeurs immobilières y sont plus abordables. La nouvelle maison est petite, mais le terrain est très grand, mesurant presque un acre (2 hectares).

Garden Grove

Comme dans toute communauté il y a bien sûr des différences d'opinions, mais la majorité silencieuse consciente du passé de ma famille, m'a comprise, Alors tout est réglé. Après ma chute, je m'e suis relevée, et suis retournée au travail, encore plus occupée même qu'auparavant, La chance me sourit à nouveau .

J'ai été retenue par un agent pour parler dans de nombreux endroits aux États-Unis, des universités, des activités culturelles, sociales, des conférences, etc.

Cela a longtemps été ma principale source de revenu. En gagnant un peu d'aisance pécunière, j'ai décidé de reconstruire un nouveau "Mon Royaume", dans l'architecture du vieux Hanoï. Il a fallu deux ans pour construire la maison et en décorer l'intérieur. Elle est très grande et contient tout une collection d'antiquités vietnamiennes: des cors, des gongs, des tambours et des cloches en bronze, des flûtes..Le théâtre et la musique traditionels du Nord VietNam sont aussi représentés. Il ya a des livres sur tous les sujets; de la culture, à la guerre en passant par la gastronomie . Il ya aussi des films et des photos d'hier et d'aujourdh'ui.

Aux murs pendent des tableaux exécutés par les amis artistes tels que les peintres Chóe, Nguyễn Trung, Nguyễn Quỳnh,, Đinh Cường, Trịnh Công Sơn... Le plafond mesure presque 6 mètres de haut, au sommet pend une grande cloche en bronze qui brille au soleil ou au clair de lune. Une salle spéciale est reservée au "ao dai" (tunique) offerte en cadeau par Trịnh Bách, accrochés au mur en tête de lit, deux panneaux de divan en bois d'acajou. Ensuite, j'ai conçu un « bar à thé » à hauteur de plafond pour accueillir une collection de 70 théières et de thés différents.

Derrière la maison il ya un grand jardin agrémenté de nombreuses statues de Bouddha grandes et petites; un salon de thé; deux bassins d'eau, l'un avec des poissons rouges, l'autre avec une cascade et des lotus. Le jardin est planté de toutes sortes d'arbres du Vietnam tels que le bodhi, le saule pleureur, quatre types de bambou (noir, jaune, vert et court), le grenadier, le pomelo, le figuier, trois types de pins ; la pierre est également de trois types différents: roche de montagne, roche de forêt, roche de mer. J'ai fait les Cinq Portes et le chemin autour de la cour est utilisé pour la "méditation en marchant".

J'aime cette maison minutieusement construite, ce n'est pas une maison de luxe comme une maison chère, au contraire, c'est une maison très rustique.

Je me souviens d'une fois où le musicien Cung Tiến est venu de loin pour me rendre visite, il a mis ses mains derrière son dos et s'est promené depuis la maison jusqu'au jardin, puis a dit: "Il y a deux choses qui ne vont pas avec cette maison Après un moment, l'auteur des chansons immortelles de la musique vietnamienne disait lentement: " En premier lieu. le téléphone, puis l'ordinateur!"

Et comment oublier l'image de deux meilleurs amis, Trần Dạ Từ và Đặng Giao (venant de Saigon) qui se bousculent pour accrocher des photos pour moi. Đặng Giao a dit que cette maison est idéale pour une galerie d'art car le couloir est large et long, la lumière et les luminaires sont très profesionels .

Le Vénérable Thích Mẫn Giác est venu au petit-temple pour vénérer Bouddha et donner la bénédiction, il a dit qu'il me donnerait un nom de Dharma. Je lui ai prié de donner quelque chose de simple. un nom simple, car ce corps est comme un grain de sable. Et le Vénérable Thích Mẫn Giác m'a donné le nom du Dharma "Chân Sa." qui veut dire "Le sable authentique"

Toujours dans cette maison, l'équipe de tournage du film "Vượt Sóng" avec le réalisateur Trần Hàm, les producteurs Long Nguyễn, Alan Vo Ford et des acteurs et amis ont organisé une fête pour célébrer la sortie du film au public. Qu'est-ce qu'il y avait comme foule!

Puis le dixième anniversaire de la mort de l'écrivain Mai Thảo a eu lieu ici dans le petit temple situé dans le jardin derrière la maison.

Des amis venant de loin comprennent M. et Mme Văn & Lan (VOA); le couple Đăng Khánh & Phương Hoa (Houston, Texas); le coupleTrần Dạ Từ & Nhã Ca; le poète Du Tử Lê, les frères et sœurs de Mai Thảo... Il y a y a tellement de gens,que je ne peux pas tout énumérer.

Une fois, la ville de Garden Grove m'a demandé d'offrir ma maison en"Open House" afin qu'elle puisse organiser des "tours" pour visiter de belles maisons de la ville. Bien sûr, j'ai poliment refusé.

La maison est grande, j'ai demandé a mon petit-fils Đào Đức Minh de venir y vivre. La grande mère maternelle et son petit fils y ont vécu des jours heureux.

Je pensais que ce serait un endroit où je pourrais rester pour le reste de ma vie et que mes descendants continueraient à préserver ce "musée familial".

Mon intention est d'essayer de créer un petit "musée" propre à Kiều Chinh, aux fins de le léguer à la postérité.

 Mais personne ne s'attendait à ce qu'un désastre se produise, non seulement pour moi mais pour de nombreuses personnes aux États-Unis. C'était la période de crise économique de 2007 à 2010. Des millions de personnes ont perdu leur emploi et leur maison. Je suis comme eux, deux ans sans travail, j'essaie de garder la maison en revendant les meubles à l'intérieur. Ouvrir la porte pour une vente aux enchères. Les gens sont venus en grand nombre, certains sont venus acheter, mais il y avait aussi des gens qui sont venus juste pour voir la maison, Comme dans un flash back de la vente à la rue Lê Trực il ya un demi-siècle auparavant. C'était écoeurant de voir les gens emporter les objets précieux que j'ai travaillé si dur pour acquérir, collectioner et préserver.

Combien de choses précieuses ont disparu, des tambours en bronze de Đồng Sơn, des robes antiques, des statues antiques, de belles peintures. Même des théières, des plats antiques ont également suivi. Mais malgré la vente de beaucoup de choses précieuses, je n'ai pu garder la maison que pour une autre année, la situation économique est devenue de plus en plus difficile, et même à contre coeur, ma décision finale a été de vendre la maison. Même vendre des maisons à cette époque n'était pas facile, car il y avait beaucoup de vendeurs et peu d'acheteurs. La maison qui valait plus de deux millions de dollars a fini par se vendre pour seulement la moitié du prix, perdant plus d'un million.

Le quotidien Orange County Register a écrit un article sur moi vendant la maison. L'article disait que j'étais triste et que j'avais pleuré quand j'avais "perdu" cette maison. Je pense que l'auteur de l'article ne comprend pas ce que j'ai traversé pendant toute ma vie.

J'ai perdu beaucoup de choses plus importantes qu'une maison. De plus, à l'époque, je n'étais qu'une des millions de personnes qui avaient perdu leur maison. Il n'y a rien qui vaille la peine de pleurer. Triste, oui, mais pleurer, non.

Huntington Beach

Puis quelque temps plus tard, je me suis retrouvée dans une autre petite maison située dans la ville de Huntington Beach, dans laquelle je vis encore aujourd'hui. C'est ma cinquième maison en Amérique, j'espère que ce sera la dernière pour cette artiste en exil.

C'est une petite maison sur un terrain pas très spacieux, où il n'y a pas assez de place pour toutes les affaires deménagées de Garden Grove, et je ne peux pas non plus avoir le même même mode de vie sophistiqué qu'auparavant. Mais ce n'est pas grave, tant que j'ai un endroit pour vivre, ça va. Je pense tout letemps au jour où j'étais arrivée dans ce pays, je n'avais que deux mains vides.

La maison est petite mais pleine d'amour familial. Du côté de mon ancien époux, le frère aîné, Nguyễn Giáp Tý, était venu de loin pour me rendre visite; La famille de Mme Mão est également descendue du Canada; Nguyễn Năng Tế et sa seconde épouse, Thanh Kiều (femme de Nguyễn Chí Hiếu), ses enfants et petits-enfants comme Lương Minh Châu et beaucoup d'autres parents encore viennent me rendre visite et chaque fois ils restent ici pendant quelques jours. Quand il n'y a pas assez de chambres séparées, on pose des couvertures sur le plancher dans une pièce commune, mais ce n'est pas grave, tant quon est encore toujours ensemble.

Puis tout rentre dans l'ordre. Des bambous commencent à pousser, un saule surgit à côté d'un gros rocher et bien d'autres choses encore. Le matin, on peut entendre les oiseaux chanter, perchés sur les branches de saule, et dans l'après-midi, les regarder s'envoler vers leurs nids. Encore une fois un poteau avec les mots "Mon royaume" s'est érigé portant des plaques incrites avec leurs noms que les anciens amis - qui sont déjà partis - m'ont offertes en cadeau: Mai Thảo: Tuyệt Tình Cốc (La petite hutte rêves rompus);,Am Tịnh Cốc (Le petit temple de la méditation sereine: Cổ Mộ Đài (L'ancien palais de l'admiration). quand ils sont venus dans "mon royaume".

Merci au Ciel d'avoir donné une « Maison », une « Vie », un « Royaume» à cette artiste en exil.

Le passage du temps

2014

Je pensais qu'après la retraite, ma vie changerait, je serais libre pour rendre visite à des amis, faire du jardinage, lire des livres et visioner des films... Mais non, pourquoi suis-je de plus en plus occupée par des affaires de famille jusqu'aux activités sociales?

Pour moi la communauté et la société comptent beaucoup, et une invitation à participer à ces activités n'est pas un honneur négligeable. Un lancement de livre, un concert pour collecte de fonds caritatifs, une coupure de ruban pour inaugurer une entreprise, presque tous les week-ends, il y a des occupations au calendrier social. Puis assister à de nombreux enterrements. Des amis et des connaissances sont décédés. Aujourd'hui une église, demain un temple, un cimetière.

Le temps a passé si vite, quand j'étais arrivée aux États-Unis, les célébrations se rapportent au mariage des enfants d'amis, puis les anniversaires des nouveau-nés et maintenant les funérailles pour dire adieu aux amis chers qui me quittent à tour de rôle.

En 2014, à part les petits rôles pour des séries télévisées, j'ai travaillé derrière la caméra de tournage du film *Ride The Thunder* (chevaucher le tonnerre) . Ce film est adapté du livre de 500 pages du même titre de l'auteur Richard Botkin, qui en est également le producteur exécutif

C'est l'histoire de deux guerriers, deux héros, l'un américain et l'autre vietnamien, qui combattaient à Dong Ha, Quang Tri (c'est d'ailleurs là que la première école financée par le VCF fut construite en 1965), et de leur désaccords sur des questions politiques .

Le réalisateur est Fred Costa, travaillant avec un très petit budget, financé par l'auteur Richard Botkin lui-même. Le film était tourné à Hawaï avec les acteurs Joseph Hieu et Eric Saint John. Après ce film, j'ai un autre ami, en la personne de Richard Bolkin. Richard se passionne pour les questions vietnamiennes, a dépensé toutes ses économies pour faire des films et a perdu son emploi parce qu'il est parti faire des films. Il est passionné par les questions sociales et rend souvent visite aux Vietnamiens encore coincés au Cambodge.

2018

2018 a été une année très chargée et j'ai trop voyagé, je ne sais pas combien de temps j'ai passé à attendre à l'aéroport et à voler dans les nuages. En plus des endroits aux États-Unis, de San Francisco au Texas, Washington, D.C. il y avai des vols hors du pays vers l'Europe.

Extrêmement émouvant a été le voyage en France, pour une réunion avec ma sœur ainée et sa famille. J'étais heureuse de pouvoir assister à son 83ème anniversaire et la voir verser des larmes, en rencontrant soudainement sa jeune soeur à l'improviste.

Je revoyais la vieille maison que j'avais vue pour la première fois lors de la rencontre avec l'oncle Nguyễn Văn Nghị. L'oncle est décédé maintenant mais ses quatre enfants: Dr. Patrick Nguyễn, Dr. Christine Nguyễn, Dr. Johan et Dr, Luc Nguyễn étaient venus me chercher pour m'amener dans la villa de villégiature de l'oncle sur la Côte d'Azur. Cousins et cousines réunis ensemble pendant une journée, pour partager la bonne chère, discuter puis se promener sur la plage de la Côte d'Azur en tournant vers le passé avec les êtres aimés.

Puis c'est le voyage en Italie, pour visiter le lac de Côme. Autrefois, quand j'étudiais le piano, j'adorais le morceau du même nom composé par Giselle Galos, mais je ne savais pas comment c'était ce Lac de Côme. Maintenant assise sur un bateau dérivant sur les eaux de ce lac, la musique de Giselle Galos résonnait dans mon esprit. Cette musique m'a davantage enchantée.

À part les jours passés en famille, j'en avais aussi réservé d'au tres pour les visites à des amis en France. Cela fait longtemps que je n'ai pas revu le couple Thụy Khuê et Luyện, Messrs. Trần Thanh Hiệp, Vũ Thư Hiên, Từ Thức le couple Christine Nguyễn et Thanh, le musicien Lê Thành Đông, le réalisateur Trần Anh Hùng et sa femme Yên Khê, et bien sûr Niolas Võ Doãn Đạt, le photographe, qui a pris beaucoup de belles photos.

Je suis obligée à Christine pour m'avoir conduite jusqu' en Normandie, à la plage où les troupes alliées ont débarqué en juin 1944 pendant la sanglante bataille d'horreur de la Seconde Guerre mondiale. En 1962 cette bataille faisait l'objet du film *Le jour le plus long*. C'est un Grand film que j'ai visionné plus de trois fois.

Octobre 2018 marquait un voyage à Londres et en Itale, avec ma fille et mon petit-fils Stephen Dao. Stephen et sa grand-mère se sont attachés pour avoir visité ensemble de nombreux sites, et assisté à de nombreux programmes.

Le voyage à Londres, la ville brumeuse recèle de nombreux souvenirs, parmi lesquels était la visite à BBC News. M. Nguyễn Giang, directeur responsable du programme vietnamien à la BBC a enregistré un interview avec moi. En plus de l'émission de radio, Nguyễn Giang a écrit un article intitule: "Kiều Chinh, femme vietnamienne à la dérive avec le destin du pays."

Pendant ce mois d'octobre aussi, lors de la journée de l'Association des soldats vietnamiens américains en uniforme (VAUSA) à Washington, D.C., j' avaits l'occasion de rencontrer des militaires vietnamiens-américains En regardant les soldats vietnamiens-américains dans les uniformes de toutes armes j'étais si fière de voir cette jeune génération s'intégrer d'une façon impressionante dans le courant dominant de la société américaine, il y a plus de 3000 soldats vietnamiens-américains, de tous grades dont les deux généraux Lương Xuân Việt, Lập Thế Châu Flora, l'amiral Nguyễn Huấn. Il y avai aussi le lieutenant-colonel de l'armée Ross Cao Nguyễn (retraité), le lieutenant-colonel de la marine Tuấn Nguyễn (retraité), le major Thai Nguyễn (retraité), le commandant Chris Phan (retraité), le capitaine de la marine Hiếu Nguyễn, le colonel de l'armée de l'air Tâm Đinh, le capitaine Mimi Phan et bien d'autres qui ne peuvent être tous mentionnés. Je suis tellement fière, surtout du côté féminin. Ce qui précède n'est qu'une liste de quelques-unes d'entre elles que j'ai rencontrées souvent et avec qui je me sens proche.

Anniversaire 2018

C'était une année triste, car James V. Kimsey est décédé. On s'était lié d'amitié pendant 23 ans (de 1993 jusqu'en 2016). Pas une année ne passe sans que je reçoive une carte d'anniversaire, un panier de fleurs et un paquet de cadeaux, toujours à la veille de mon anniversaire. Une absence lourde- pèse sur cette année - il est impossible de ne pas se souvenir de James avec gratitude pour son amitié et sa gentilesse.

Un autre cadeau significatif vient de Nguyễn Tuấn, le sculpteur de talent qui avait conçu la statue historique représentant les deux soldats vietnamiens-américains, qui a été érigée au Mémorial du soldat dans le parc de la ville de Westminster, en Californie, capitale des Vietnamiens d'outre-mer. Nguyễn Tuấn est l'auteur de nombreuses œuvres érigées dans des parcs et des églises à travers le monde.

Il m'a honorée avec une statue en bronze noir de plus d'un mètre de haut, représentant une femme portant une robe longue, un chignon et un chapelet: Kiều Chinh Việt Nam. C'était un vrai plaisir. Mes sincères remerciements au sculpteur Nguyễn Tuấn.

Un cadeau d'anniversaire affectueux venait de la famille. Les enfants et les petits-enfants organisent un voyage de trois jours à San Francisco, trinquent du vin d'anniversaire dans les vignobles de Napa Valley, trois jours heureux avec des rires, des étreintes chaleureuses et de baisers affectueux.

Merci a mon petit-fils Stephen Dao pour l'initiative.

L'année a été chargée car 2018 est aussi le 25e anniversaire de *The Joy Luck Club*, le premier film à devenir un succès aux États-Unis et dans le monde avec son histoire asiatique et sa distribution asiatique. Une grande célébration a eu lieu à l'Academy Theatre de Beverly Hills, en présence de plus d'un millier de personnes, du producteur Oliver Stone, de l'auteur Amy Tan et du célèbre scénariste (primé aux Oscars) Ron Bass, du réalisateur Wayne Wang et de l'ensemble des acteurs. présent, avec d'innombrables stations de télévision et journaux.

Après 25 ans à se revoir, chaleureux comme une famille réunie, que nous appelons « La réunion de la famille Joy Luck Club!
Et ensuite, j'ai été invitée par le Festival international du film de Toronto (TIFF) à Toronto, au Canada, pour assister à une projection de Joy Luck Club dans ancien théâtre luxueux.
Tapis rouge avec plateau TV, presse d'accueil, plus de 1.500 spectateurs en attente. C'est très émouvant de retourner dans la ville de Toronto à cette occasion. Il y a 43 ans, j'étais le premier réfugié vietnamien à venir ici, les mains vides.
Merci, merci à tous de m'avoir offert une année "vive" remplie de beaux souvenirs. Et de m'avoir donné 61 ans avec le cinéma.
J'ai parcouru de longs kilomètres, à travers de nombreux endroits avec des fleurs parfumées et de l'herbe étrange, à travers de nombreuses routes rocheuses et épineuses, à travers le soleil du matin plein de chants d'oiseaux pour saluer le soleil, à travers de nombreux après-midi sombres, à travers de nombreuses tempêtes, des nuits sombres et des larmes.
La longue route n'a que quelques kilomètres. Je ne sais pas à quoi ressembleront les courts kilomètres à la fin de ma vie. Il y a-t-il des tempêtes, des écueils, des rochers, des épines ou la paix et la tranquilité. Peu importe - comme le soleil se lèvera et le soleil se couchera - comme après la pluie, le soleil brillera à nouveau. Paix, paix, comme les dernière paroles de papa Cửu, "Chinh, sois courageuse."

Le Journal de Dharamsala

Un autre 30 Avril

Le 30 avril 2014, Sa Sainteté le Dalaï Lama va donner une conférence spéciale à Dharamsala, la capitale du bouddhisme tibétain en exil, située dans l'Himalaya au nord de l'Inde.

Dès que mon ami Đỗ Minh m'informa de la conférence, j'ai décidé d'y assister. C'est là que j'ai toujours voulu aller. Et il était temps pour moi d'y venir.

Je connais bien le 30 avril. Non pas une fois mais deux. Ce jour là, soixantae ans auparavant j'ai quitté Hanoi pour émigrer à Saigon. Ce jour là presque quarante plus tard, Saigon s' évacua. .

Le 26 Avril 2014

Aujurd'hui je veux vivre un tout autre 30 avril à Dharamsala.

Le 26 avril 2014, à dix heures du matin, je m'envolais de la Californie vers New York pour prendre un vol de New York jusqu' à Delhi. Après six heures de vol, nous arrivâmes à New York. Il était presque sept heures du soir. Il ne restait plus que 15 minutes pour changer de vol, allant du portail numéro 62 au portail numéro C121 qui sont assez éloignés l'un de l'autre, Je trainais ma valise en m' essoufflant. Au bout de cette course effrénée, on m'a appris que mon vol allait décoller avec une heure de retard. Trouvant "un coin privé ", je m'asseyais, fermais les yeux et commença à respirer régulièrement.
Je remontais au "moi" des derniers jours d'avril 1975. Comme une rediffusion d'un film connu, je me suis retrouvée à voler d'un aéroport à l'autre, à errer dans les nuages du matin au soir, l'esprit perturbé...

L'appel aux passagers pour monter à bord de l'avion m'a ramenée au présent.

Le 27 Avril 2014

Après plus de 15 heures de vol sans escale. l'avion de l'United Airlines atterrissa à Dehli vers 21 heures. le 27 avril 2014. C'était le même aéroport, où 42 ans plus tôt, je venais pour filmer *The Devil Within*. À cette époque, le réalisateur Rolf Bayer et quelques personnes du studio et de la presse locale m'attendaient déjà avec des guirlandes fleuries de bievenue, des flashs et des caméras partout. Rolf Bayer est maintenant parti. J'étais seule à traîner ma valise dans un lieu inconnu.

Entendant quelqu'un appeler mon nom, je me retournai: Vous allez à Dharamsala? "Oui Monsieur". Nous venons d'arriver d'Australie, en attendant un autre vol qui arrive de Bangkok. Il y a Mme H. et Mr N. qui nous servaient de guides. Il y aura aussi d'autres personnes venant du Vietnam.

La foule grossissait peu à peu, venant d'Allemagne, du Canada, de New Jersey, des USA. Rendez-vous dans un hôtel près de l'aéroport, pour passer la nuit, le lendemain matin rendez-vous pour Dharamsala en voiture.

28 Avril 2014

Située à 514 kilomètres de New Delhi, à 1.800 mètres d'altitude, Dharamsala est une région montagneuse de l'Himalaya. La capitale du bouddhisme tibétain en exil est une petite ville située dans les hautes régions de Dharamsala, adossée aux montagnes, surplombant la vallée en bas.

Au bout de 10 heures, le convoi contourna la montagne, la route était étroite et sinueuse, la voiture roulait à une vitesse vertigineuse. Lorsque la voiture est arrivée, il faisait déjà nuit. Au lieu de m'enregistrer au grand hôtel Tibet comme tout le monde, –par faute d'un réservation à l'avance et une pénurie de chambres, j'ai été envoyée dans un endroit plus éloigné, un petit hôtel appelé Chonor House, emplacement spécial, à proximité du monastère privé du Dalaï Lama, à seulement 100 mètres environ. Chonor House est considérée comme la quintessence de l'art dans "Little Lasha". Le bâtiment a été conçu par un architecte britannique, en harmonie avec le paysage naturel. Bien qu'il n'y ait que onze chambres, chacune d'elles est une œuvre d'art avec des peintures autour des murs et au plafond. réalisées par des artistes du Norbulinka Art Institute. L'acteur Richard Gere préfère descendre ici chaque fois qu'il visite Dharamsala.

Chonor House est situé sur le flanc d'une montagne, les voitures ne peuvent pas y entrer, il faut marcher sur la route sinueuse. Ma chambre porte le numéro 2. Elle était si belle. J'ai été ébahie par la décoration d'anciennes reliques tibétaines depuis le plafond jusqu'aux murs tout autour, en passant par les oreillers et les couvertures brodées à la main... Tous les meubles de la chambre et de la salle de bain étaient aussi très beaux.

La première nuit, je dormais paisiblement comme un rêve dans un beau pays. Soudain, venant de quelque part, le retentissement d'un chant tibétain me réveilla, j'ouvre la fenêtre pour regarder dehors; la litanie de la prière devenait plus claire, comme si elle résonnait du sol ou du rocher.

À l'aube, la crête des montagnes se détache du dôme céleste. Le soleil a commencé à pointer du haut d'une montagne. Les rayons de lumière à travers les pins élancés étaient aussi beaux qu'une merveilleuse peinture. Une image agrémentée du son... des échos de la prière. J'ai rapidement mis mon foulard, je suis sortie de la pièce, j'ai suivi le son des prières retentissantes.

Le vent chante dans la forêt de pins. La fine écharpe blanche s'envola de mes épaules. Après l' écharpe volante, j'ai vu un moine capturer dans l'appareil photo une magnifique scène de lever de soleil. Le châle s'était empêtré dans une branche de pin sur le flanc de la montagne. Le moine l'attrapa avec sa main.

Nous nous sommes assemblés. Le moine parle très bien l'anglais. Il continuait à parler en marchant, je fis donc la connaissance d'un moine nommé T, un professeur. Il faisait beau ce matin et le professeur est allé prendre des photos pour un livre sur Dharamsala qu'il était entrain d'écrire.

Les prières chantées qui résonnaient très fort de tous les côtés s'étaient soudainement arrêtées. Maintenant, il n'y a plus que le chant des oiseaux. J'avais l'impression d'aller trop loin. il faut que je retourne. J'ai demandé au moine s'il n'y avait pas un raccourci pour retourner vers Chonor House. Il a dit qu'il était sur son chemin du retour et devait aussi passer par là.

En le suivant, nous avons branché sur une petite route à gauche. Après avoir marché un moment, je rencontrai une vieille femme qui portait un sac isolant contenant une théière et dans l'autre main un panier contenant quelques bols en porcelaine. "C'est une vieille dame qui porte du thé chaud ambulant pour "offrir aux randonneurs comme nous" a déclaré le moine en se penchant pour mettre une pièce dans le tube de bambou. Puis il a pris deux bols et m'en a mis un dans la main. La vieille femme souleva la théière en l'inclinant pour verser du thé dans les bols. Assise sur un rocher au bord de la route, dans le froid du petit matin, deux mains tenant un bol de thé, j'accueillais la douce chaleur qui monte. À petites gorgées, je déguste le thé chaud. J'ai l'impression de n'avoir jamais bu une tasse de thé aussi délicieux.

Sur le chemin du retour, j'ai également fait part au bonze du pèlerinage à Dharamsala. Dans les prochains jours, nous aurons deux journées pour rencontrer et écouter les enseignements de Sa Sainteté le Dalaï Lama. Le reste du temps est consacré a un un programme de visites facultatives. En nous séparant devant Chonor House, le moine T. a dit qu'on aurait l'occasion de se revoir et qu'il était prêt à donner plus de renseignements sur les endroits que j'ai choisis pour visiter.

Le programme du premier jour à Dharamsala est arrêté.

À 8 h 30, la voiture Innova prend les invités pour les déposer au hall principal, le monastère secret de Guyto de Sa Sainteté le 17ème Karmapa Dharma King. Ici, l'abbé et les moines de l'Institut ont tenu la cérémonie de purification par le feu pour éliminer le karma.

Je passe l'après-midi à me promener en ville.

Je marchais tout le long d'une route. La rue commerçante de Dharamsala est une rue étroite, flanquée de petites ruelles, pleines de boutiques. La circulation est presque impraticable car les acheteurs et les vendeurs vont et viennent en plein milieu de la route. Les étals sont partout dans la rue, vendant de tout, des statues de Bouddha aux chaînes, colliers, bracelets, des objets en bois ou en pierre; bois gravés d'écrits en sanscrit de Bouddha,. aux vêtements, chaussures, sacs, valises... toutes sortes de souvenirs.

Toute la route ne fait que 3 kilomètres de long, mais elle regorge de couleurs représentant le monde entiier, participants de toutes les ethnies – blancs, de couleur, parlant toutes les langues – de nombreux jeunes sac au dos, couvertures sur les épaules, prêts à s'allonger dans la mesure du possible. Barbe aux cheveux longs, jeans déchirés, chemises colorées, toutes sortes de touristes.

Les gens de la région ont la peau foncée, le visage carré, les cheveux épais, les yeux brillants, des vêtements colorés, gentils et simples, faciles à traiter dans des négoces. Je viens d'acheter quelques colliers, bracelets et foulards en soie pour être bénis par Sa Sainteté le Dalaï Lama le lendemain, et les ramener en cadeau à mes proches.

Quand je repartais en montant vers Chonor House, il pleuvait légèrement, mon coeur s'emplissait d'une sensation merveilleuse de bien être!

Comme prévu, à partir de demain 30 avril, Sa Sainteté donnera deux conférences aux pèlerins. Chacun peut écrire ses propres prières afin qu'après l'entretien, il puisse les Lui offrir et être béni.

J'ai passé toute la soirée à Chonor House à me débattre avec une page blanche. Tant de choses que j'ai toujours voulues dire. que dois-je écrire ? Écrire sur un bout papier, le réécrire, puis le froisser et le jeter. Après quelques hésitations pareilles comme ça, je rédige ma prière:

Votre Sainteté,

Le Mékong, ce grand fleuve d'Asie, prend sa source dans le plateau tibétain et rejoint l'océan Pacifique depuis son'embouchure au Vietnam.

Que votre Sainteté, veuille aider à prier pour le bien-être du Tibet-Vietnam. Prions pour la paix pour tous les habitants, tous les peoples vivant autour du grand fleuve, les épargnant de toutes les catastrophes causées par la nature et par l'homme.

Le 30 Avril 2014

À partir de 7h30 j'étais présente au monastère pour remplir les formalités et les procédures de sécurité à l'entrée. De 8h30 à 12h00, j'assistais à une causerie de Sa Sainteté le XIVème Dalaï Lama, puis déjeunais au monastère.

Sa Sainteté le Dalaï Lama a parlé et discuté du sens de la vie, du chemin vers le bonheur... La salle était bondée. Il n'y avait, donc pas assez de sièges pour tout le monde. Les Vietnamiens viennent de partout, du Vietnam, d'Australie, d'Allemagne, d'Amérique... Il y avait des Chinois et des Français aussi.

Le moment tant attendu arrive: Le Dalaï Lama apparaît. Il leva la main en guise de salutation, un doux sourire aux lèvres. J'étais assis au premier rang en face de lui, à moins d'un mètre seulement de distance.

Pendant plus de 3 heures, il a enseigné beaucoup de choses profondes d'une voix lente et gracieuse. Ses yeux semblaient doux mais puissants. Le bonheur n'est pas quelque chose de préfabriqué. Cela vient de nos propres actions. Je me souviens de ce qu'Il a dit. Se souvenir des exemples qu'il a ajoutés d'une manière simple mais profonde. Grâce à ma place en face de lui, il me regardait parfois droit dans les yeux et souriait légèrement. Je joignis les mains et m'inclinai respectueusement. Il hocha légèrement la tête en guise de salutation.

À douze heures de l'après-midi, la première partie de la conférence a pris fin, demain on passera à la deuxième partie. Avant qu'il ne quitte la salle, moi et tout le monde avons remis l'enveloppe - à l'intérieur se trouvait la page de la prière d'hier soir pour demander sa bénédiction -à son secrétaire, qui les mettait dans un panier en rotin. A neuf heures du soir, j'ai été surprise et émue lorsque j'ai reçu un texto de sa secrétaire l'informant qu'il m'avait permis de le rencontrer en privé à son bureau demain matin à 7 heures. C'est l'heure du thé de Sa Sainteté avant d'aller au deuxième cours magistral à 8h30.

Je l'ai silencieusement remercié d'avoir "entendu" mes prières silencieuses.

Nuit tranquille. Les peintures au plafond scintillaient, le vent sifflait sur la colline de pins près de la fenêtre. J'étais restée éveillée, incapable de dormir.

Je venais de vivre une autre nuit du 30 avril.

Autre ne veut pas dire oublier mais se souvenir davantage. Se souvenir et aimer davantage.. Charité et compassion. Avec amour et compassion. Comme Sa Sainteté l'a dit.

Le 1er Mai 2014

Je m'apprêtais très tôt, en attendant le matin, à monter dans la montagne pour rencontrer le Dalaï Lama. J'étais restée éveillée toute la nuit sans toutefoi me sentir fatiguée. Peut être la trépidation et l'impatience d'aller le voir me rendit infatigable

Le son des prières se fait entendre quelque part... Le soleil s'est levé, sa lumière est rose. Je fermai doucement la porte de la chambre numéro 2, et sortai de Chonor House

En bas de la montagne où il faisait encore froid, je marchais seule le long de la pente de la montagne, jusqu'au monastère de Namgyal.

Un garde spécial m'a conduite dans la zone de haute montagne, où se trouvait son bureau privé, m'a dit d'attendre là.- Devant la porte il y a un petit jardin fleuri, un soleil brillan.t s'élève au dessus du "jardin d'Eden". Debout, regardant les montagnes environnantes, j'ai soudain pensé à mon père, à mes enfants et petits-enfants. Si seulement ils étaient tous là, à mes côtés en ce moment. Si seulement...

Soudain, j'ai entendu un bruit et me suis retournée. La porte du bureau s'ouvrit toute grande, l'entourage des gardes sortit, et il apparut dans une robe d'une couleur ardente comme le soleil. Je croisai les mains et m'inclinai. Il s'approcha en posant sa main sur ma tête. Il me tient la main. Sérieusement, je l'ai regardé. Son photographe personnel s'est accouru pour prendre la première photo.

Il a tenu ma main plus fort et m'a tiré plus près, m'a regardée dans les yeux et a souri doucement - sourire - je l'ai regardé sourire et la deuxième photo fut prise

J'élève la voix:

« Votre Excellence, Sa Sainteté... »

Il sembla lire dans mes pensées, ne me laissa pas continuer, hocha la tête, et sourit doucement:

"Oui, bénédiction, bénédiction..."

Sa voix chaude me donne une sorte de paix et de bonheur. Un grand amour d'un maître spirituel. Je me souviens de ses paroles, "Je ne suis qu'un simple moine. Ma religion est très simple. C'est la gentilesse".

Le serveur apporta un plateau de thé chaud. Il m'a montré de m'asseoir avec lui, tenant une tasse de thé chaud.

Après la conférence de Sa Sainteté le Dalaï Lama sur la façon d'appliquer le bouddhisme dans la vie et de maintenir la paix intérieure, nous avons quitté le monastère de Namgyal et sommes montés sur la montagne pour visiter les villages d'enfants tibétains.

Le petit village est situé sur un grand terrain en hauteur. Là-haut. Il était créé et dirigé par Mme Tsering Dolma Takla, la sœur aînée du Dalaï Lama, jusqu'à sa mort en 1964. Plus tard, c'est la sœur cadette, Mme Jetsum Pema, qui prenait sa place.

J'ai rencontré des enfants qui cueillent des feuilles sèches dans la cour, ils étaient très hospitaliers, ils se sont tous réunis pour nous accueillir. Une rare occasion heureuse, je me suis penchée avec les enfants pour ramasser des feuilles sèches en riant.

Dans la soirée, j'ai assisté à une nuit de spectacle d'art et de culture tibétaine: Opera Prince Norsang. J'admire la performance de Promoting Peace Through Arts (la promotion de la paix par le biais de l'art) d'un puissant ensemble d'acteurs qui entrent sur scène avec des chapeaux et des masques, dansent au son des instruments a vent en cuivre, puis soudain les lumières s'éteignent et la scène s'assombrit. Les lumières sont rallumées, les masques et les costumes colorés sont retirés pour révéler le casting, ce sont des moines habillés aux couleurs de brique, leurs pieds nus sur le parquet créent des prières sonores et profondes au lieu de la musique. Mon cœur trembla. C'était une grande soirée artistique.

Le 2 Mai 2014

A sept heures du matin, il faisait encore un peu froid, la voiture montait, montait de plus en plus haut, regardant les pins qui planaient dans la vallée, les rayons du soleil à travers la cime des arbres étaient, extrêmement beaux. La voiture s'est garée au milieu de la montagne, quand il est impossible de monter plus haut. Il y a une petite zone, dit le chauffeur, on reste ici, les gens admirent le paysage, prennent des photos... dans une heure exactement la voiture reviendra à la ville pour le déjeuner.

Tout le monde est descendu du bus pour prendre des photos. J'ai laissé le groupe seul et j'ai marché le long du petit chemin. La pente monte progressivement. Les singes qui se prélassent au soleil au bord de la route ne s'enfuyaint pas, mais regardent calmement les passants. La route de montagne est raide, le vent souffle fort. J'étais à bout de souffle en marchant. Soudain, une serviette en tissu jaune a volé jusqu'à mon visage. J'ai enlevé mon foulard et j'ai vu un moine s'approcher. À proximité, derri- ère le moine, se trouvait une petite hutte simple. Je m'inclinai, levai les mains et lui avais rendu l'écharpe dorée. Le moine prit l'écharpe et se détourna sans rien dire. Je m'aventurai en avant, haletante, et et disais au moine:

"S'il vous plaît, donnez-moi une gorgée d'eau."

Le moine m'a regardée. Il a du voir en moi, une vieille femme haletante et m'a fait signe de le suivre. Nous sommes entrés dans la tente, à l'intérieur il n'y avait qu'une petite pièce, sur le côté se trouvait un simple autel, une photo du Dalaï Lama, plein de livres et d'écrits. A gauche se trouve un matelas étalé sur le sol, pour se reposer.

Au sommet du matelas se trouve une petite table, sur la table une lampe à huile, un livre de prières et une chaise en bois à côté de la table. Le moine s'allongea sur le sol et se prosterna devant l'autel, je m'inclinai aussi, puis il me donna un bol d'eau froide.

Comme bénédiction, j'ai pu parler au Maître

Dans un anglais clair, le professeur m'a expliqué en répondant à ma question: Il faut du talent pour devenir un ermite. Quitter l'institut pour venir ici, c'est se cacher, loin de tout. Du moment où vous vous réveillez les yeux ouverts jusqu'au moment où vous fermez les yeux et vous vous endormez, il n'y a qu'une seule pensée, c'est atteindre la Voie, toutes les pensées sont dirigées vers le Bouddha et la Voie.

Ici, il n'y a pas d'électricité, pas d'eau, il y a environ 20 moines et ermites dispersés d'ici au sommet de la montagne, chaque personne a une hutte. Chaque fois qu'il y a un besoin d'une aide urgente, écrire sur un morceau de papier emballé autour d'une une pierre .. puis les lancer-les uns aux autres, ou utiliser des frondes pour lancer des pierres pour annoncer la nouvelle. Mais il y a aussi beaucoup de bonzes qui refusent même de tirer les pierres porte-nouvelles d'actualité, ne demandent pas d'aide, mais restent là jusqu'à leur dernier souffle. Quand on les trouvaient, leur corps était déjà dur et sec, comme celui d'un oiseau mort .

L'Ermitage accepte et évite tout. Les trois premiers mois ont été très difficiles à cause de l'isolement, il n'y avait personne, aucune activité autour de soi. Il y avait aussi des bonzes qui ont dû abandonner et sont retournes à l'académie. Ayant choisi de gravir cette colline, il ne s'agit pas seulement de contraindre le corps à pratiquer l'ascèse. La chose principale, la chose difficile est la pratique de l'autodiscipline. Ne plus se mêler à personne, y compris les parents, les frères, à rien, qui pourraient dominer notre pensée. En été ici, parce que c'est une montagne rocheuse, il fait très chaud, mais il fait encore mieux qu'en hiver, où il neige et le vent hurlant amène une autre situation différente.

J'ai demandé la raison et le but de la retraite, le moine a souri doucement:

"Un ermitage est simplement un sacrifice de soi pour sauver les êtres. Il faut trente ans de pratique pour comprendre."

Le soleil était haut. Le moine se recoucha par terre en se prosternant. Je me suis également inclinée comme le Maître et j'ai ensuite joint les mains pour dire au revoir.

En bas de la montagne. Des pas qui trébuchent sur les rochers. Essayer de respirer régulièrement, respirez régulièrement et écouter la tristesse au lointain.

Le 3 Mai 2014

Dernier jour. L'après-midi vers le bas. Maître T. est venu rendre visite. Dans le jardin de Chonor House, on boit du thé.

Assis ici, d'une haute colline regardant en bas. La vallée Kangra semble être teinte de nombreuses couches de couleurs fantastiques, les pins scintillent. Des hauteurs au lointain, l'Himalaya enneigé brille dans le ciel.

En 1959, alors que l'armée chinoise occupait tout le territoire du Tibet et que la capitale Lasha était trempée de sang, le dalaï-lama traversa les montagnes vers l'Inde en tant que réfugié et choisit de vivre en exil ici avec ses compatriotes, composés uniquement de 8.000 réfugiés, les mains vides, livrés a un terrain vague et rocailleux. C'est ici que Sa Sainteté le Dalaï Lama a écrit sa première autobiographie, *My Land, My People,* (Ma terre, mon peuple) pour le sort de son people. Quoi qu'il en soit, cet endroit est maintenant devenu un " Little Lasha" (Le petit Lasha) connu du monde entier. Le bonze T. a déclaré que parmi plus de 130 personnes qui s'étaient immolées par le feu au Tibet récemment, il y avait son propre frère.

La lumière de l'après-midi se fait plus claire, Maître T. a sorti de sa poche un collier qu'il m'a donné, comme cadeau d'adieu.

J'ai essayé de me rappeler les paroles de Sa Sainteté le Dalaï Lama sur la façon de trouver la paix dans l'esprit.

Le 4 Mai 2014

Au petit matin, portant le collier que Maître T. m'avait donné, je traînais ma valise hors de la chambre numéro 2 et quitta la Maison Chonor. Partir pendant que la prière résonne encore, de la falaise, du sol, ou juste un écho dans ma tête ?

Adieu Dharamsala. Souvenir d'une nostalgie lointaine!

LES PHOTOS
DE LA QUATRIÈME PARTIE
Les Étapes de Ma vie:
1. *Conférencière*
2. *Les médias*
3. *Activités caritatives*

Recevant la béndiction du Pape John Paul II au Vatican.

Avec Sa Sainteté le Dalaï Lama

Avec l'ancien empereur Bao Dai, le dernier empereur du Vietnam.

Avec les Sœurs de Sainte Marie à Assise, Italie

Conférencière

Les Étapes de Ma vie | 449

Kieu Chinh prononce un discours au Vietnam War Memorial, Washington, D.C. La personne à l'arrière avec des lunettes noires est M. Jan Scruggs, président et fondateur du Vietnam Veterans Memorial Fund (l'organisation qui a construit **le Mur de granit noir**).

Conférencière à Pfizer Pharmaceutical Corporation

Conférencière à Kellogg Foods Company

Visite à l'Université Cornell pendant une conférence

Conférencière au Combodian Town Festival

Conférencière au US Press Club, Washington D.C.

Les Étapes de Ma vie | 453

Avec Mme Benazir Bhutto, Premier ministre du Pakistan, qui a clôturé le Congrès national des femmes des États-Unis.

Kieu Chinh ouvre le Congrès national des femmes des États-Unis.

Les Médias

Lê Văn de Voice of America (VOA), Washington, DC
En interview avec Kieu Chinh.

Nguyễn Giang, directeur de la BBC-VN, interviewant Kieu Chinh.

Les Étapes de Ma vie | 455

Tôn Thất Hùng interviewant Kiều Chinh à Toronto, Canada

Jimmy Nhật Hà. Jimmy show, en interview avec Kiều Chinh
à la maison de Kieu Chinh à Huntington Beach

Le journaliste Lê Hồng Lâm en interview avec Kiều Chinh.

La présentatrice Leyna Nguyen, lauréate du prix Emmy, en interview avec Kieu Chinh pour la CBS-TV.

Les Étapes de Ma vie | 457

David Uno, annonceur de la chaîne de télévision 7 à Los Angeles interviewant Kieu Chinh.

Kieu Chinh donne une interview avec Sam Ruben, une personalité de la Chaîne de Télévision No. 5 à Los Angeles

Avec Viet Thanh Nguyen, auteur du livre The Sympathizer, lauréat du prix Pulitzer

Kieu Chinh et l'avocat Dinh Viet, directeur juridique et politique de Fox Corp.; ancien vice ministre de la justice des États-Unis sous lae pésidence de George W. Bush

Avec le milliardaire Ross Perot, candidat indépendant à l'élection présidentielle américaine de 1992

Avec le musicien Willie Nelson

(Le musicien Willie Nelson et Kieu Chinh avec d'autres célébrités à Hollywood étaient nommés conseillers à la campagne présidentielle de Ross Perot en 1992)

Avec Frank Snep, journaliste, écrivain, auteur de Decent Interval

Avec des amis de longue date, que nous rencontrons chaque année. De gauche à droite: Peter Arnet, Nick Ut, Kieu Chinh, David Kennerly. Tous les trois ont reçu le prix Pulitzer du journalisme américain.

Avec l'écrivain Allison Leslie Gold, auteur du célèbre roman Anne Frank Remembered.

Avec 3 amis, de gauche à droite: Linda Deutsh, Journaliste AP, Dodi Fromson et Valerie Komor, AP New York

Les Étapes de Ma vie | 463

Avec George Hamilton en visite ma maison et signe le livre Souvenir

Le journaliste / photographe Jim Caccavo fait don d'un vieux journal où il y a des photos de Kieu Chinh et des articles sur elle.

Avec Robert Kovacik, président du LA Press Club. Il est également journaliste et animateur de télévision pour NBC-TV, lauréat du prix Pulitzer.

De gauche à droite: Tippi Hedren, Kiều Chinh, et Kareem Abdul Jabbar, célèbre joueur de basketball avec l'équipe des LA Lakers.

Les Étapes de Ma vie | 465

Chez l'actrice Tippi Hedren. Elle est célèbre dans le film The Birds, réalisé par Alfred Hitchcock.

Kiều Chinh & Tippi Hedren assistent à la foire du Nouvel An du Vietnam dans le comté d'Orange.

Melanie Griffith, la célèbre actrice du film Working Girl, la fille de Tippi Hedren présente Kieu Chinh, la meilleure amie de sa mère, lors de la cérémonie des étoiles pour elle sur Hollywood Boulevard.

Melanie Griffith avec sa mère, Tippi Hedren et Kiều Chinh Au BEL-AIR Film Festival

Avec Tippi Hedren et Johnny Grant, maire honoraire du Walk of Fame.

Avec sa marraine, l'actrice Tippi Hedren et le tigre dans son camp de Shambala.

Charité
"Vietnam Children's Fund"

De gauche à droite: Terry Anderson, Kieu Chinh, Lewis B. Puller, Jr., co-fondateurs du Vietnam Children's Fund.

Kieu Chinh prend la parole lors d'une réunion de l'association VCF - Fonds Vietnamien pour l'enfance. Assis à la table d'honneur: Lewis Puller, Jr., Jack Wheeler et Ed Timberlake.

Les Étapes de Ma vie | 469

Kieu Chinh et Lewis B. Puller, Jr., vétérans du Vietnam, en fauteuil roulant, jambes amputée et plusieurs doigts manquants. Il est lauréat du prix Pulitzer pour son livre "Fortunate Son" et co-fondateur du Vietnam Children's Fund (Fonds vietnamien pour l'enfance). Photo prise chez lui.

Le journaliste Terry Anderson, retenu en otage pendant plus de 6 ans au Moyen-Orient. Il est co-fondateur du VCF - VietnamChildren's Foundation. Image de couverture du magazine Time.

Conseil d'administration du FVC. Vignettes ci-dessus: trois écoles dans les provinces de Ha Nam, Thua Thien et Kontum parmi plus de 50 écoles dispersées à travers les trois régions Nord, Centre et Sud, construites par le VCF

De gauche à droite: Le journaliste Terry Anderson, Kieu Chinh et M. James V. Kimsey lors du premier voyage au Vietnam, 1955.

Kieu Chinh et James V. Kimsey, fondateur de la société AOL retournant au Vietnam pour couper le ruban pour inaugurer l'école parrainée par James.

Avec Fred Smith, fondateur de FedEx,
qui a parrainé le VCF pour construire 4 écoles au Vietnam

Le premier ambassadeur Américain au Vietnam après 1975, Pete Peterson, accueille Kieu Chinh et M. James V. Kimsey chez lui à Hanoï

L'ambassadeur américain Pete Peterson, Kieu Chinh et le journaliste Terry Anderson coupent le ruban pour inaugurer une école construite par le VCF à Dong Ha, où le 17è parallèle divisait autrefois le pays.

Les Étapes de Ma vie | 475

Sam Russell et Kieu Chinh coupent le ruban pour inaugurer la 51è école du VCF dans la province de Quang Ngai. Debout à côté de Sam Russell se tenait son assistante, Mme Lan Vien.

L'école primaire de Nhan Chinh (ancienne province de Dong Ha) a été construite par le VCF.

Le Journaliste Terry Anderson et Kieu Chinh avec des élèves dans la classe d'une école parrainée par VCF.

Les élèves de l'école VCF ont entouré Kieu Chinh.

Sam Russell, président de VCF, et Kieu Chinh prennent des photos souvenirs avec les élèves devant la porte de l'école.

Bannières protestant contre Kieu Chinh soutenant le Parti communiste du Vietnam sur Bolsa Street à Little Saigon, Californie.

De retour au Vietnam en 2000 avec deux journalistes John Gittelsohn et Daniel A. Anderson du journal Orange County Register

Kieu Chinh et la Première Dame des Philippines, Amanda Marcos, visitent le camp de réfugiés de Bataan

Avec la Première Dame des Philippines, Amanda Marcos, Visite du camp de réfugiés de Bataan.

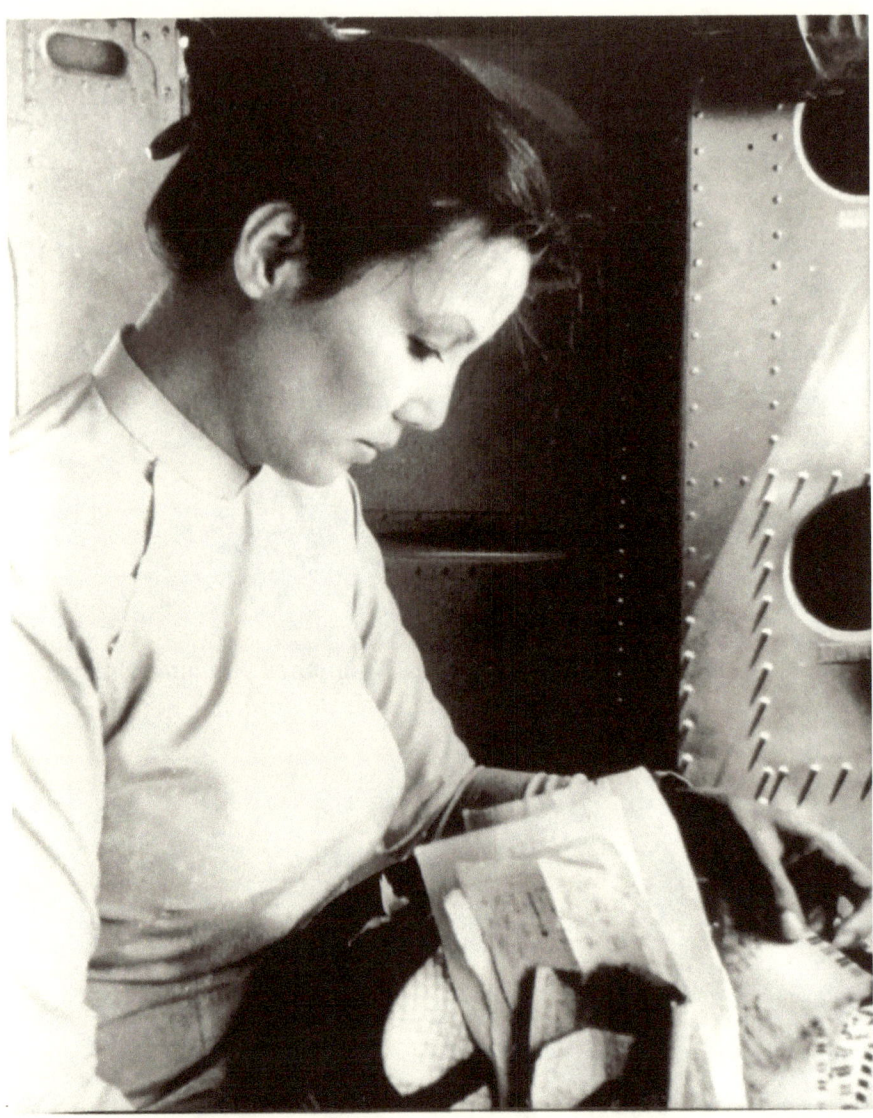

Au retour, Kieu Chinh a apporté des lettres des boat people du camp de réfugiés à envoyer partout à leurs familles.

Les Étapes de Ma vie | 481

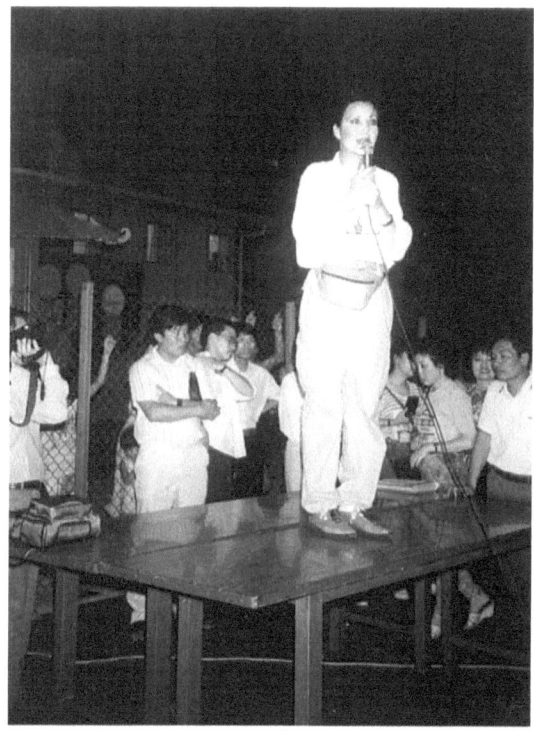

Kieu Chinh s'entretient avec des compatriotes dans un camp de réfugiés Thaïlandais

Kieu Chinh à la frontière américano-mexicaine lors d'un voyage officiel, comme membre du Conseil consultatif américain sur l'immigration.

Les Maisons De Kiều Chinh

Studio City

La première et petite maison à Studio City

Kiều Chinh joue du piano dans la petite maison à Studio City.

Les Étapes de Ma vie | 483

Newport Beach

La maison à Newport Beach

L'intérieur de la maison à Newport Beach

Garden Grove

Le petit temple et la maison de thé dans le jardin derrière la maison à Garden Grove.

La statue de Bouddha dans le petit temple à Garden Grove.

Devant la maison à Garden Grove.

Bar à Thé dans la maison à Garden Grove.

Huntington Beach

Devant la maison à Huntington Beach.

Le bureau dans la masion à Huntington Beach

CINQUIÈME PARTIE
Les articles sur Kiều Chinh

Kiều Chinh
par Alison Leslie Gold

Ayant été présentée par un puissant dirigeant de la télévision, j'ai rendez-vous avec Kieu Chinh pour un déjeuner à Venice en Californie par une journée d'hiver californien au ciel crémeux.

Nous ne nous savions pas grand-chose sur l'une et l'autre, juste que moi, un écrivain (qui venait tout juste de sortir de la publi- cation de mon nouveau livre) cherchais un nouveau sujet pour mon nouveau livre (et seul un sujet très spécial ferait l'affaire) et que Kieu Chinh (selon notre exécutif) avait une histoire tout a fait extraordinaire à raconter.

Pas un seul œil n'est resté indifférent quand elle et moi nous marchions le long de la promenade, bavardant et apprenant à nous connaître. Sa magnifique beauté était impressionnante, assez poignante et zen, là dans cette atmosphère crue de carna- val, alors que le doux soleil d'hiver se déversait doucement sur nous. Rapidement nous nous sommes connectées l'une avec l' autre - en tant que femmes, artistes et amies.

Une chiromancienne s'immisce dans notre rêverie, proposant de lire notre paume. Avec amusement, nous acceptâmes, Kieu Chinh offrant d'abord sa paume retournée à l'œil noir de jais de la voyante qui la prit et l'examina attentivement avec une paupière plissée tandis que toutes les deux, nous retenions notre souffle.

Enfin la chiromancienne parla,
"C'est quelqu'un de célèbre", a-t-elle annoncé avec une certitude totale, "et elle aura un bel avenir", a-t-elle conclu en lâchant la main de Kieu Chinh et en attrapant la mienne.
Plus tard, nous en avons ri et en avons ri jusqu'à ce jour.

Kieu Chinh est une femme hors du commun qui a vécu ce qui semble cinq vies différentes. Elle a survécu en témoin poignant, vivant dans l'oeil de la turbulence de notre époque la plus controversée.

Je lui souhaite cinq autres vies, et l'enrichissement de ce temps, un souhait du fond de mon coeur à ces quelques privilégiés qui endurent et foncent en avant.

Je la salue en tant que femme d'une beauté digne d'un musée

Je la salue comme une artiste au talent rare.

Je la salue comme une amie vraie et noble.

Alison Leslie Gold

Kiều Chinh
Hanoi. Saigon, Hollywood

Mai Thảo

L'actrice de cinéma Kiều Chinh, qui est reconnue par des millions de cinéphiles vietnamiens, avec toute leur fierté, comme la seule vedette de cinéma vietnamienne des trente dernières années. Elle était devenue célèbre dès son premier rôle dans le film qui inaugure son illustre carrière; *Hồi Chuông Thiên Mụ* tournée dans l'ancienne capitale de Huế..

C'était en 1957. La guerre entre les deux Vietnam du Sud et du Nord s'envenimait peu à peu, le cinéma vietnamien était encore très jeune à ses débuts et Kiều Chinh aussi. Elle n'avait que 18 ans.

Grâce au double avantage de talent et de beauté, une forte volonté de progresser, et en plus, une passion sans bornes pour l'art du cinéma, Kiều Chinh est rapidement devenue l'actrice de premier rang du cinéma vietnamien. Elle a continuellement joué un rôle principal dans des dizaines de films dont beaucoup ont remporté des prix d'honneur au Vietnam et aux nombreux festivals de film asiatique. Elle a partagé la vedette avec des acteurs internationaux dans des coproductions interntionales. Et jusqu'aux événements de 1975, elle était ambassadrice officielle du cinéma vietnamien dans la plupart des festivals de cinéma internationaux. Jusqu'à présent Kiều Chinh n'a été pas encore remplacée par personne dans cette position importante.

Mais il ne suffit pas de parler de Kiều Chinh comme star de cinéma. Entre les deux rôles, elle est aussi une figure féminine hors du commun, dans le meilleur sens du mot; d'une femme vietnamienne engagée et progressiste, en avance sur sa société et sur son temps. Elle s'est constamment préoccupée de tous les problèmes concernant les femmes. Son attitude positive est toujours présente dans toutes ses activités sociales Des campagnes de secours, caritatives et humanitaires aux mouvements qui luttent pour la liberté et les droits de l'homme, que se soit au sein de la communauté des réfugiés vietnamiens ou de la communauté internationale. Là aussi on retrouve Kiều Chinh . À cet égard, elle a été membre du Conseil consultatif National du Service fédéral de l'immigration, et du Conseil consultatif sur les questions des refugiés de la Californie. De plus, elle participe à de nombreuses activités du Conseil municipal de Los Angeles.

La gloire vient, à juste titre, tout naturellement. Pour n'en citer que quelques honneurs : En 1980, le maire de Los Angeles, Tom Bradley, a décerné à Kiều Chinh le titre de "Femmes d'aujour- d'hui » parmi les 36 femmes les plus actives, nommées par l'organisation Bullock, cette année aux États-Unis.. Pour la communauté des réfugiés vietnamiens du monde entier, l'année 1983-84 a été designée pour l'honorer. Les écrivains, les artistes, la presse et les compatriotes de Kieu Chinh en Californie, à Washington DC, au Texas et en Europe ont organisé de nombreuses réunions solennelless pour célébrer le succès de Kiều Chinh en 1983, alors qu'elle venait de terminer une carrière cinématographique de 25 ans. En mai 1985, elle est honorée par l'Asian Pacific Women's Network of Los Angeles aux côtés de l'acteur cambodgien, Dr. Haing S. Ngor.

L'année suivante, 1985, le prix "Women Warrior" lui avait été decerné, l'honorant comme "la meilleure personalité féminine d'Asie" lors de la conférence annuelle . Récemment, à l'occasion de la proclamation de la « Journée des réfugiés en Amérique », elle a été nommée déléguée honoraire représentant toutes les communautés des États-Unis dans cette conférence intercom munautaire sur tous les problèmes des réfugiés auprès du Congrès et les hauts responsables américains. fonctionnaires du Congrès. L'allocution qu'elle a faite à la séance d'ouverture du symposium sur la dignité des réfugiés à l'étranger a été applaudie. Et plus récemment, le 19 avril 1991, lors d'un dîner solennel organisé à Montebello, dans le sud de la Californie, le conseil municipal de Los Angeles et l'Association des Familles Américaines d'origine asiatique reconnaissent la plus grande actrice du cinéma vietnamien comme la femme des meilleures réalisations de l'année

    Les gloires que nous venons d'évoquer, comme les étoiles scintillantes du firmament, brillent de mille feux tout au long des 30 années de cinéma de Kiều Chinh, 30 années sans arrêt de brillante gloire. Ces honneurs, auxquels s'ajoute une allure artistique élégante et un rapport très accessible et agréable de avec tout le monde, ont apporté à Kiều Chinh une autre récompense spirituelle, à mon avis, encore plus précieuse que les récompenses et les décorations. C'est l'amour et le respect que tous les cercles et le grand public cinéphile ont pour Kiều Chinh, un amour et un respect profonds et immenses que presque aucun autre artiste n'a eues. Comme, depuis 30 ans. Comme de Hanoi à Saigon, à Hollywood.

    Ce volume, avec près de 220 photos, et des articles, interviews, et extraits de 29 auteurs – 23 vietnamiens et 6 étrangers – dont trois articles principaux et spéciaux pour le livre par Nhã Ca, Lê Văn et l'écrivaine américaine Alison Leslie God, l'auteur du chef-d'œuvre littéraire Mémoires d'Anne Frank, a exprimé, bien qu'en partie seulement, l'amour et l'estime immenses des cinéphiles de toutes les classes comme je viens de le mentionner.

Mai Thảo

Un bouquet pour inaugurer la Semaine Kiều Chinh

Nguyên Sa

La rue Champollion est parallèle au boulevard Saint Michel, parallèlement sur un tronçon seulement, car Champollion est court et Saint Michel est très long. Il était situé juste derrière le pâté de maisons de l'autre avenue. En 1997, quand j'étais revenu à Paris, je trouvais encore le cinéma Champo au coin de cette rue Champollion. J'ai rejoint la fil pour une atttente de plus d'une heure. Ce jour-là Champo a rejoué Charlie Chaplin, non pas le Charlot de *Sous les feux de la rampe*, mais le Charlie à l'époque du cinéma muet. J'ai plusieurs fois fait la queue au Champo pour regarder la semaine Hitchcock, le Hitchcock de l'époque des *Trente-neuf étapes*, pour regarder la semaine sud-méricaine avec La Red, O Cangaceiro... regarder la semaine des grands débuts du cinéma avec les noms tels que Cecil B. De Mille, la Semaine du cinéma de l'ère de John Ford, semaine consacrée à La *Bicyclette*, les portes du cinéma italien s'ouvrent toutes grandes pour les Ana Mangani, les Sophia Loren, les Mastroniani...

Chaque fois que je vois Kiều Chinh, je pense à Champo. Je la vois rarement mais oui, c'est étrange, mais chaque fois que je rencontre cette célèbre actrice, cela me rappelle ce cinéma unique, spécialisé dans les projections de films qui jalonnent l'histoire du cinéma où chaque semaine est consacrée à un thème, une thème d'acteur, thème de metteur en scène, thème du poète J. Cocteau du temps où il portait le surréalisme sur ses épaules et entrait au cinéma avec ses motos. planant dans les airs, une belle femme émerge du miroir brisé, l'image se brise comme un miroir, volant librement comme le langage de la poésie surréaliste. Je pense que si dans notre quartier vietnamien, ici, ou ailleurs dans le monde, il y a un Champo du discernement et de la populace accro au septième art, j'aurai certainement une Semaine Kiều Chinh.

Au premier abord il y avait *Hồi Chuông Thiên Mụ* (Les Cloches de la pagode Thiên Mụ) en 1957, puis *Mưa Rừng* (La pluie en forêt) en 1959, 1962 *Ngàn Năm Mây Bay* (Les nuages des millénaires) 1963 *Année du tigre*, 1963 *Les Yeux des anciens*, 1964 *Dernier message de Saigon*, 1965 *Opération de la CIA*, toujours en 1965 *Crossing the Heart Love*, 1966 *De Saigon à Dien Bien Phu*, 1966 *The Frontier*, 1967 *En attendant le matin*, 1968 *Destination Vietnam*, 1970 *L'amant sans visage*, 1971, quatre films *Devil Within*, *Bao Tinh* (Tempête d'amour), *Hoàng Yen*, *My Life Song*. 1972 *Late Summer*, 1972 *The Roadside Shadow*, 1974 *Five Oversea Mission*, 1974 *Don't Cry My Darling*, hier j'ai dit à Kieu Chinh que j'aimais le nom de ce film, puis *Full House*, en 1975. Kiều Chinh m'a dit que c'était le dernier film tourné à Singapour . avant la chute de Saigon en avril 1975.

J'ai toujours une idée bizarre, je pense que la vie, quoi qu'on on en dise, n'est qu'une passion inutile; tout sera effacé par le néant. Maintenant. Ce n'est pas que j'ai une seule idée en tête, j'ai trois ou quatre souhaits. Je veux trouver un théâtre Champo pour monter une Semaine Kiều Chinh . Il y a quelques autres idées encore que je ne peux pas révéler ici.

Le premier jour où Kiều Chinh est montée sur la scène pour remercier le public, je lui ai demandé d'emmener les cheveux de *l'Amant sans Visage*, *les Yeux des Anciens*, les émotions des Cloches Célestes et le courage de la femme qui a reçu en 1986 le Asian Women's Warrior Award des Asian Women of America aux États-Unis, incarnant l'image d'une femme aux prises à la fois avec l'exil et la vie, il suffit de rivaliser avec soi-même, d'essayer de se dépasser. J'ai gentiment demandé à Kiều Chinh d'apporter un corps mince, des cheveux doux et la tête penchée sur le côté sous la lumière de la rampe. Kiều Chinh est terriblement séduisante. Je me souviens que ce jour-là il y avait Mai Thảo, il y avait le général Nguyễn Cao Kỳ , il y avait Du Tử Lê, bien sûr il y avait Kiều Chinh qui apporte tout d'un coup une voix chaleureuse. Kiều Chinh isole le monde extérieur, le pousse jusqu'à la mer, les gens, les scènes, révélant une voix miraculeuse, celle du monde des romans, de monde de l'imaginaire. Kiều Chinh est incontestablement séduisante . Depuis ce jour-là, j'ai découvert que la clé qui ouvrait mon âme fermée et figée, était essentielement le timbre de sa voix qui me mène d'une "main" irrésistible. Lorsque Kiều Chinh avait cessé de lire, elle a souri, a fait des gestes pour ajuster ses cheveux. Les applaudissements retentissèrent dans la salle, il m'a fallu un très, très long temps pour revenir à la réunion.

J'ai dit toutes sortes de choses, mais je n'ai certainement pas dit ce que je cherchais : Kiều Chinh semble avoir l'air triste. Je sais pénétrer dans l'âme d'une femme. Chaque fois que je rencontre la voix et les yeux de Kiều Chinh, je vois aussi cette tristesse. Je n'ai jamais révélé cette trouvaille à personne.

En offrant à Kiều Chinh un bouquet de fleurs pour inaugurer la Semaine Kiều Chinh, ce matin, j'ai officiellement invité Kiều Chinh à écrire ses Mémoires. J'espère y trouver ce que j'ai toujours cherché.

Nguyên Sa

Les réunions à Studio City

Trần Dạ Từ

À Studio City, il y a une petite maison devant laquelle un saule pleureur laisse gracieusement tomber ses branches. Là le printemps se revête d'un vert soyeux et des feuilles jaunes rehaussent la beauté de l'automne. Dans le jardin derrière la maison poussent des bananiers, des kakis, des pomelos, des citronniers, des piments, des herbes aromatiques dont le basilic. À l'abri de l'auvent parfumé, sous le pêcher pourpre, un hamac se balance au dessus de la cour de briques rouges...

C'est là que réside le "moi" de Kiều Chinh.

Dans cette petite maison tranquille, de temps en temps, le feu de la cheminée monte encore plus haut, accueillant les rassemblements d'amis..

Dans la petite aile au bout de la maison, un luth pend au mur à côté d'une photo de l'oncle Hà Văn Vượng, qui était un ami proche de papa à Hanoï. Adossé contre le mur, le piano: déjà ouvert. Ce coin était autrefois rempli du son de piano de Nghiêm Phú Phi qui jouait en solo, de Lê Trọng Nguyễn qui jouait sa composition Nắng Chiều pour accompagner la chanteuse Kim Tước. Sur le siège à côté de la cheminée, s'assied Vũ Khắc Khoan, l'auteur de *Gengis Khan*, du *Génie Tortue*, quand il était "descendu de la montagne" du Minnesota pour la dernière fois, et a levé une tasse pour trinquer avec Nghiêm Xuân Hồng, Mai Thảo et Hoài Bắc. De l'autre côté de la porte, Tippi Hedren, Alison Leslie Gold, Feelie Lee, Ina Balin... sont apparues une fois, souriantes. Le 50è anniversaire de Nhã Ca, lorsque l'écrivaine était venue aux États-Unis pour la première fois avec sa famille, après 13 ans dn prison dans sa ville natale, a également été célébré ici. Le vin de Hoàng Thi Thao-Tâm Đan, la boisson thaïlandaise de Tu Hap-Ai Cam sont appréciés. Trần Ngọc Ninh, Lê Quỳnh,

Vũ Quang Ninh, Mai Thảo, Nguyễn Đức Quang, Lê Đình Điểu. Đặng Nho... tout le monde était au complet. La chorale Thăng Long, avec Hoài Trung, Hoài Bắc, et Thái Thanh, après des années de turbulences et de séparation à cause des événements, ici aussi, assis à nouveau ensemble, chantant ensemble, plus émerveillés que jamais.

D'habitude, pendant les après-midi de week-end, la maison résonne du rire des enfants. Les deux aînés ont leurs propres familles, le mari et la femme se réunissent auprés de leur mère. Le majestueux garçon Đào Đức Minh a remporté le droit exclusif de se balancer sur l'épaule de grand-mère. Les baisers attisent le feu de la cheminée qui devient plus chaleureuse.

Mais ce n'est pas par tous les soirs d'hiver, que la cheminée réchauffe.

En 1985, la voiture conduite par Tuấn Cường s'était écrasée, est tombée d'un haut flanc de montagne et a pris feu. Quelques minutes avant l'explosion de la voiture, Cường a été secouru. La moitié du corps a été gravement brûlée, de nombreux endroits ont pénétré dans les os, ont dû gratter toute la chair. Malgré les ordres du médecin, la mère est restée plantée dans la salle d'opération, regardant tranquillement le médecin gratter la chair et les os de son plus jeune enfant.

Il a fallu trois ans de traitement, avec sa mère toujours de garde près du lit, Cường a pu remarcher et, avec ses doigts brûlés, a chanté avec sa mère.

Vingt-cinq ans de marriage et un époux ont passé. Les enfants ont grandi. Lors d'un déménagement dans une petite maison à Studio City, seul Tuấn Cường est resté avec sa mère.

Dans la maison, l'encens brûle toujours sur l'autel des ancêtres aux anniversaires de la mort des aïeux des deux côtés de la famille.

Parmi les parents maternels, seul le frère de la mère, le vieux médecin Nguyễn Văn Nghị, invité de Paris à donner des conférences sur la médecine orientale dans plusieurs universités de Californie, a eu l'occasion de venir dans cette maison. Avec sa soeur Nguyễn Thị Tính, tout juste rencontrée à Paris. Depuis trente-sept ans, le frère et les deux soeurs n'ont jamais été ensemble. L'anniversaire de la mort du père et de la mère, se passent tranquillement. Mais la célébration des anniversaires de la mort des grands-parents paternels des petits-enfants,est toujours bien fréquentés. En dehors de Tế et de sa femme, il y a encore la famille de Nguyễn Chí Hiếu, qui était son beau-frère, un bon ami dans sa jeunesse, présent dans un photo-stop sur le trottoir de la rue Catinat en septembre 1954, quand il venait d'immigrer à Saigon avec la belle famille.

Le célèbre journaliste Richard Bernstein du New York Times, décrivant les œuvres d'art; la paire d'éléphants en céramique, le service à thé, le petit bosquet de bambous dans la maison de Studio City, a commenté dans son article sur Kiều Chinh, que l'actrice professionnelle de Hollywood, actrice de métier à Hollywood, vit encore complètement à la vietnamienne. "Comme si elle essayait de garder un peu de son ancienne vie." a -t-il écrit.

Avec le regard subtil et acéré d'un journaliste américain, Richard Bernstein a été surpris de voir une personne bien équipée pour s'intégrer à la fois dans la profession et dans le style de vie américano-hollywoodienne, mais qui se cantonne encore dans les coutumes d'un pauvre pays lointain. Il sera encore plus surpris s'il en savait sur la " maison de l'âme " de cette femme, car il y avait aussi une future mariée à la nord-vietnamienne, vivant avec une actrice de cinéma qui avait parcouru le monde depuis sa vingtaine. Il y avait une mère patiente à la vietnamienne, vivant avec une beauté moderne de l'époque. Il y a aussi de la compréhension, une intelligence et une attitude tournée vers l'avenir, cohabitant avec quelqu'un qui s'enchaîne a la prison du passé. Tous vivent en harmonie. Le prix payé pour ce compromis harmonieux, aucun ami n'est obligé d'en écouter l'histoire.

"Pour moi, Kiều Chinh est l'image d'une femme vietnamienne du début du XXè siècle." Du Tử Lê a écrit, "Apporter l'image d'une femme aux prises avec une vie en exil, luttant avec elle-même et se dépassant", a ajouté Nguyên Sa. "Elle dépense une monnaie qui lui est propre", a déclaré Mai Thảo.

Dans Studio City, il y a une petite maison que des amis comme Lê Trọng Nguyễn, Phạm Đình Chương et Mai Thảo ont successivement surnommé en plaisantant: *Am Tịnh Cốc* (Le petit temple de la méditation sereine: *Cổ Mộ Đài* (L'ancien palais de l'admiration). *Tuyệt Tình Cốc* (La petite hutte aux rêves rompus) quand ils sont venus dans "mon royaume".

Près de la porte d'entrée, quelques paires de rochers reposaient côte à côte sous le saule pleureur. Je me renseigne "Est ce que vous les ramener ces rochers à la main." Et ce saule? "Est ce que vous creusez le sol vous même pour le planter? ."

Accédant au porche à l'arrière, dans la cour en briques rouges. Kiều Chinh est toujours en train de le compléter avec ses propres mains. "Comment? C'est facile. Emporter dix morceaux de briques à la fois chacune dix briques. Jusqu'à ce qu'ils s'épuisent, Puis prendre une pause"

Elle creuse le sol et place les briques elle même. Depuis combien de temps a-t-elle travaillé au soleil ? Mal exécuté, elle va le refaire. Pendant combien de temps? On n'entend jamais une plainte. On ne voit que le saule vert. Chaque brique est bien placée, comme il faut, au bon endroit.

Pour Kiều Chinh, tous les détails, qu'il soient petits ou grands comptent. Se débrouiller, Être maître de soi Être strict avec soi-même. Vivre en harmonie avec les autres. Dans le travail acharné réside la dignité. La fraîcheur est la dignité de la vie, tant dans sa vie aussi bien que dans sa carrière.

Orpheline de mère. Père décédé. Pas de frère, ni êtres chers. hébergée chez les amis de la famille. elle a dû quitter l'école à l'âge de 15 ans, Devenue belle-fille, épouse et mère à l'âge de 16 ans. Toujours autodidacte. Je ne vois pas comment elle a appris, comme à quel point c'était dur. Seulement pour voir, du jeune écran vietnamien, elle est entrée dans l'écran du monde, mûre. Seulement dans la vingtaine, elle maîtrisait confortablement son sourire et son langage, lorsqu'elle a tenu une conférence de presse avec Rolf Bayer, le directeur de *Destination Vietnam*, à Manille, lorsqu'elle a reçu le titre d'ambassadrice de l'art et de la bonne volonté du Vietnam en Inde, lors de sa présence dans places d'honneur, dans les festivals du cinéma mondial, de Taipei à Berlin-Ouest

Aussi, après 1975, arrivée à Hollywood à l'âge de 36 ans, en moins de deux ans, elle arrive à jouer le rôle principal féminin dans M.A.S.H., la série télévisée qui est toujours restée la plus célèbre jusqu'à présent. Parlant de l'actrice vietnamienne, Alan Alda, l'acteur principal de M.A.S.H., a dû s'exclamer auprès de TV Guide : "Elle a tellement de talent..."

Le talent ne vient pas naturellement. Immédiatement après son arrivée aux États-Unis avec un petit sac, elle a dû travailler tous les jours pour élever des enfants, mais comme dans toutes les autres professions, l'actrice de cinéma de 36 ans, sachant ce qu'elle voulait, a quand même réussi à joindre l'école John Powers. Trois ans plus tard. Elle était diplômée de tous les cours, pourtant avec un travail à temps partiel en tant que chargé de cours pendant une courte période.

John Powers est un institut prestigieux créé dans les années 40, enseignant la démarche, la diction, le discours, des exercices esthétiques à l'habillement et au maquillage pour l'élite aux États-Unis. Robert Taylor, Cary Grant... étaient tous des anciens élèves de cette école.

Jeûnant, ne portant pas de vêtements chers, ne dormant même pas, Kiều Chinh a également été l'élève d'Elia Kazan, le réalisateur et maître écrivain de la littérature et du cinéma américains et internationaux, qui a spirituellement donné naissance à de grands noms, de Marlon Brando à James Dean.

Vingt et un ans de cinéma en République du Vietnam, de 1954 à 1975, bien qu'encore jeune, les réalisateurs, acteurs et spécialistes talentueux ne manquent pas. Tous ne s'étaient pas trompés en choisissant l'actrice de 31 ans pour être présidente de l'Association vietnamienne du cinéma depuis 1971.

À Studio City, il y a une petite maison. Une femme vietnamienne y vivait, dans les dernières décennies du XXè siècle, le siècle le plus désastreux de l'histoire humaine.

Comme son pays et ses compatriotes, elle aussi fut malheureuse et tomba. Mais après chaque chute, elle se releva, plus revigorée et plus forte encore qu'auparavant.

D'orpheline, elle est devenue une artiste, pas seulement du Vietnam, pas seulement d'Asie. Son image est apparue sur de nombreux continents, mentionné dans de nombreuses langues. Avec les livres et les journaux vietnamiens, on parle d'elle, non seulement dans la vraie vie mais aussi dans les romans. Les deux personnages du roman *Désert* de l'écrivain Nguyễn Xuân Hoàng se discutent passionnément sur sa beauté. Et a ce propos, non seulement à l'étranger mais aussi dans le pays.

D'un pays déchiré par la guerre, elle est allée à Hollywood, à New York, au Congrès des États-Unis, non pas en touriste mais en représentant non seulement les Vietnamiens, mais toutes les communautés de réfugiés. Depuis le siège du Congrès des États-Unis, elle s'est entretenue avec de puissants responsables à influence internationale sur Le sort des malheureux dans les camps de réfugiés au Moyen-Orient, en Asie du Sud-Est.

La maison de Studio City, est petite et rustique. Mais l'âme, la compréhension, l'amour et la beauté de son propriétaire, il y a longtemps, ont transcendé toutes les frontières géographiques et ethniques". " Je pense souvent à notre monde commun comme à une grande famille. Une partie de notre famille est en difficulté. Je veux dire les réfugiés kurdes au Moyen-Orient, qui souffrent dans les camps de réfugiés d'Asie du Sud-Est. Dans l'esprit de famille de la réunion d'aujourd'hui, prions pour cette malheureuse partie de notre famille." Elle l'a dit le 19 avril 1991, lorsque l'Asia Pacific American Family Association et le comté de Los Angeles l'ont honorée pour son service à la communauté.

Elle est allée dans de nombreux endroits. Du glorieux bal des professionels à Beverly Hills à la prison à la frontière américano-mexicaine. De la foule qui est descendue dans la rue pour protester pour les droits de l'homme dans les rues de Los Angeles jusqu'à la clôture du camp de réfugiés des boat people d'Asie du Sud-Est... Elle est allée dans de nombreux autres endroits. Il y a beaucoup d'amis de différentes nationalités. Mais, comme le remarquait un jour le journaliste Richard Bernstein, depuis seize ans, même si son travail quotidien est à Hollywood, l'endroit où elle vit le plus reste le Vietnam. L'endroit où elle a été et continuera d'aller le plus reste sa communauté.

Très mondaine mais toujours très vietnamienne. La femme qui vivait dans une petite maison à Studio City à la fin de ce siècle désastreux, s'appelait Kiều Chinh.

Trần Dạ Từ

C'est là, Kiều Chinh

Nguyễn Long

Dans la nuit du 29 juin 1983, la station de télévision n°9, avait rediffusé le film *A Yankee in Vietnam*, dont le titre original était *Year of The Tiger*. Ce film a été tourné au Vietnam en juin 1962. J'aimerais écrire à propos la reine du cinéma du Vietnam, l'actrice la plus populaire du Festival du film asiatique de 1972, l'actrice la plus charmante et la plus attrayante du Festival du film asiatique de 1973 : Kiều Chinh .

Le film Year of The Tiger a été entièrement tourné à l'extérieur dans les quartiers de Hóc Môn, Hố Nai, Bảo Lộc, tandis que l'intérieur a été tourné au studio Alpha au coin des rues Trương Minh Giảng et Hiền Vương à Saigon.

Le tournage du film a commencé le 10 juin 1962 et s'est terminé le 20 juillet 62. Après cela, j'ai dû tourner quelques scènes supplémentaires entre Magalona et Kiều Chinh.

Kiều Chinh de son vrai nom Nguyễn Thi Chinh, était née à Hanoï. Dans les années 1953-1954, elle participe souvent à des représentations théâtrales d'"étudiants dans l'organisation de chant de secours à l'Opéra. Dans le Sud en 1955, à cette époque, elle travaillait chez MACV, l'agence de conseil militaire américaine, rue Trần Hưng Đạo.

En juin 1956, grâce à l'introduction de quelques amis, Trần Văn Trạch moi nous nous rendîmes sur son lieu de travail et l'invitâmes à participer à une pièce de Vũ Đức Duy, mais elle refusait. Vers la fin de 1956, elle a travaillé avec Vĩnh Noãn, et Lê Quỳnh dans le film The Quiet American réalisé par Joseph Mankiewicz, dans lequel j'ai ouvert et présenté le personnage principal du film.

En raison de sa sélection rigoureuse d'histoires, de réalisateurs et de producteurs, elle a refusé les offres de nombreux studios. Year of The Tiger est le premier film américain avec une actrice vietnamienne dans un rôle féminin principal. Jusqu'à présent, Mme Kiều Chinh est toujours la seule actrice vietnamienne avec suffisamment de talent pour jouer à égalité avec des acteurs internationaux célèbres dans les productions cinématographiques mondiales. Après *Year of The Tiger*, en 1965, elle joue également le rôle principal féminin aux côtés de Burt Reynolds dans le film *C.I.A. Opérations* produit par Peer Oppenheimer. En 1968, le film *Destination Vietnam* a été réalisé et produit par Roff Bayer, tourné à Tây Ninh et au studio Premier de Quezons City, Manille, avec un certain nombre d'acteurs américains et philippins co-vedette avec le rôle principal féminin en tant que Kiều Chinh et des acteurs vietnamiens. comme Nguyễn Long, Đoàn Châu Mậu, Lý Quốc Mậu, etc..... en juillet 1967.

Elle a ensuite fondé son propre studio de cinéma, Giao Chỉ Film, dont le premier film était *L'amant sans visage* réalisé par Hoàng Vĩnh Lộc ; *Late Summer* Été tardif avec Nguyễn Tất Đạt, Như Loan, Bội Toàn, Nguyễn Khắc Vinh, Nguyễn Năng Tế et réalisé par Dang Tran Thuc ; *Hồn Yến* Thien Ma Film avec Tran Quang, Tam Phan réalisé par Lê Dân ; *Chiếc Bóng Bên Đường* (L'ombre sur le bord de la route) avec Kim Cương, Thành Được, Vũ Thành An dont Nguyễn Văn Tường est le réalisateur, etc...

Elle a joué dans peu de films, par comparaison avec ses contemporains du cinéma vietnamien tels que Lê Quỳnh, Kim Cương, Nguyễn Long, Thẩm Thúy Hằng, La Thoại Tân, Trần Quang... mais c'est une personne d'un grand prestige et d'une grande popularité. dans le monde. En octobre 1971, l'Association vietnamienne des professionnels des talents du cinéma a était créée, elle a été élue présidente, Lê Quỳnh, Bùi Sơn Duân sont Co-vice presidents, Nguyễn Long au poste de secrétaire général.

En octobre 1974, elle se rend en Thaïlande, en Indonésie et en Inde pour tourner quelques films, retourne dans son pays d'origine au début de 1975, puis repart à l'étranger, afin de ne plus jamais avoir l'occasion de revoir sa patrie.

Je la connais depuis longtemps, mais je n'ai pas eu l'occasion de jouer avec elle dans des films vietnamiens à l'exception de deux films étrangers, *Year of The Tiger* et *Destination Vietnam*.

Digne, douce, gracieuse mais aussi très simple, c'est Kiều Chinh, à la fois sur le plateau et dans la vie réelle..

Je me rappelle un incident au premier jour de tournage de *Year of The Tiger*. La direction de la cantine avait fait deux menus distincts, l'un, à 20 (VND) piastres pour les américains et philippins (d'une façon ou d'une autre, Kiều Chinh et moi, avons été inclus dans ce menu) et l'autre, à 10 VND piastres pour les Vietnamiens et les autres. Immédiatement Kiều Chinh se leva pour protester et s'abstenait de son repas. Le lendemain, la direction de la cantine devait abandoner ce plan et tous les repas qui coûtaient 20 dong chacun.

Pendant le tournage de *Destination Vietnam* dans le camp de l'armée philippine à Tây Ninh, Đoàn Châu Mậu et moi sommes allés au PX de la base après le tournage. pour nous approvisionner, car les prix y sont jusqu'à cinq ou six fois moins cher qu'à l'extérieur. Seule Kieu Chinh pendant les 40 jours de tournage à Tây Ninh, elle n'a jamais mis les pieds au P.X., pas même pour acheter un morcceau de savon ou une serviette. Elle a tout acheté au marché de Tây Ninh.

Dans la vraie vie comme au travail, elle est toujours de bonne humeur et heureuse avec tout le monde. Elle est une consolation sans limite pour nous tous quand il y a quelque chose de triste, la conseillère suprême, la médiatrice supérieure de tous les désaccords entre amis sur le plateau. Avec sa beauté élégante, intelligente et discrète, elle a complètement gagné notre affection, ainsi il fut un temps après quand l'acteur Ronald Reagan devenait président des États-Unis, un certain nombre d'artistes d'entre nous ainsi que d'autres artistes. nous élisons Mme Kiều Chinh comme Premier ministre des exilés vietnamiens, il y aura sûrement beaucoup de choses étranges.

Actuellement, en plus de son travail régulier à l'USCC, Kiều Chinh consacre son plein temps et son énergie à toutes les activités sociales.

Se sacrifiant au maximum dans un esprit extrêmement noble, elle a glorifié les artistes vietnamiens qui vivent une vie d'exil en terre étrangère.

Écrivant sur elle avec d'innombrables souvenirs dans mon esprit pendant vingt ans, sa douce image est comme un frais ruisseau, une flamme rose pour le climat inhabituellement chaud et froid du refuge temporaire.

Kiều Chinh, en plus d'être douce, paisible et courtoise, qui sont les vertus des femmes vietnamiennes, a également une personnalité joviale et vive. Tout apparaît en elle comme la personne la plus complète Kiều Chinh.

Nguyễn Long

Kieu Chinh – Une Artiste En Exil

Mimi Phan

Étant une Américaine d'origine vietnamienne d'une génération et demie, je grandis aux États-Unis et comprends mieux la culture de ce pays par rapport à celle du Vietnam. Je suis une capitaine de l'Armée américaine (U.S. Army).

En lisant *Une Artiste en Exil* de Kieu Chinh, j'ai appris à apprécier la beauté tra-ditionnelle de mon pays. Chaque page du livre est pour moi une histoire de mon pays que je n'avais pas apprise à l'école. Kieu Chinh écrit d'une manière très vivante. Ce qui me donne l'impression d'être en train de visionner un vrai film au cinéma.

KIEU CHINH - Une Artiste en Exil est un livre qui parle non seulement d'une artiste chevronnée de l'industrie cinématographique au Vietnam et à l'étranger depuis plus de soixante ans, mais aussi des développements historiques survenus au peuple vietnamien de sa génération, où les lecteurs éprouveront l'amour de leur famille, de leurs amis et de leur pays, où ils ressentiront la tristesse et le désespoir, compagnons inséparables des temps de chaos et de guerre. De plus, Kieu Chinh a rendu aux lecteurs l'espoir en l'avenir et la foi en l'humanité. C'est pourquoi à chaque chute, elle se relèvera, plus déterminée encore qu'auparavant, à léguer dans son parcours obstiné, des grandes œuvres d'art aux générations de demain.

J'espère que l'auteur va bientôt publier une version en anglais au profit des étrangers, leur permettant de mieux comprendre la culture vietnamienne et à travers ses yeux d'initiée, de saisir le témoignage poignant des trois guerres qui s'étendent entre 1937 et 1975. Et au profit des enfants aussi, leur permettant de comprendre le chemin épineux traversé par la génération qui les précéde, et par KIEU CHINH - Une Artiste en Exil.

Mimi Phan

LES PHOTOS
DE LA CINQUIÈME PARTIE

1. *Les sculptures et peintures créées par les artistes de renom.*
2. *Les Amis*

Statue de Kieu Chinh par le sculpteur Uu Dam.

"Kieu Chinh"
Sculpture
réalisée par
Nguyen Tuan

Le sculpteur Nguyễn Tuân
et Kiều Chinh

"Kiều Chinh" peint par Chóe Nguyễn Hải Chí qui a offert son oeuvre en cadeau a Kieu Chinh.

Kiều Chinh et Chóe Nguyễn Hải Chí.

Portrait de Kieu Chinh, peint par l'artiste Nguyen Trung.

Portrait de Kieu Chinh, peint par l'artiste Đinh Cường.

Portrait de Kieu Chinh, peint par l'artiste Nguyen Quynh.

Sur un polrtrai qu'il a fait de Kieu Chinh, Trinh Cong Son a écrit : "Kieu Chinh telle qu'elle est en l'an 2000"

Avec le musicien Trinh Cong Son
(quelques mois avant sa mort)

Kiều Chinh et Thomas Đặng Vũ.

Le professeur d'art Thomas Dang Vu met les touches finales sur son portrait de Kieu Chinh

*Portrait de Kieu Chinh en grandeur nature
par le professeur Thomas Dang Vu*

Sir Daniel Winn et Kiều Chinh au vernissage de son portrait de Kieu Chinh

Sir Daniel Winn et Kiều Chinh

Portrait de Kiều Chinh par Sir Daniel Winn

Le peintre Phan Nguyen Appuiesur la main de Kieu Chinh pour mettre son empreinte digitale sur une page de « Emprunt Empreinte.

Kiều Chinh se coiffe du chapeau du peintre Lê Tài Điển

Avec l'ancien ambassadeur Bui Diem, producteur du film "Hồi Chuông Thiên Mụ"

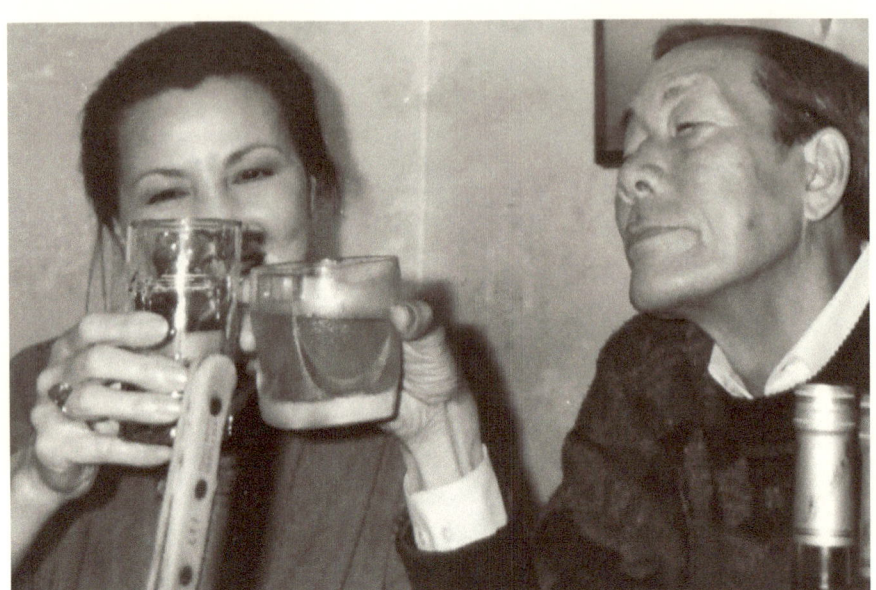

Trinquant avec l'écrivain Mai Thảo.

Kieu Chinh en visite à la tombe de l'écrivain Mai Thảo.

Avec le poète Phạm Công Thiện & l'écrivain Mai Thảo.

Avec Nguyễn Chánh (au tambour) et le musicien Lữ Liên, Kiều Chinh chante le Ả đào au théâtre Maubert, Paris.

Le musician Phạm Đình Chương accompagne Kiều Chinh au piano dans la chanson Nửa Hồn Thương Đau (La moitié souffrante de mon âme).

Avec chanteuse Thái Thanh, dans le jour de son dernier anniversaire

Le musicien Phạm Duy joue de la guitare accompagnant Kiều Chinh et Lê Văn chantant "Giọt Mưa Trên Lá"

Le musician Hoàng Thi Thơ, Lê Quỳnh et Kiều Chinh sur la scène du Théâtre Maubert à Paris

Avec la famille du musicien Cung Tien, sa femme Josee et son fils (l'avocat Raphael Cung)

Avec le musicien Nam Lộc

Avec la chanteuse Kim Tước

Avec la chanteuse Khánh Ly

Avec le chanteur Tuấn Ngọc

Avec des collègues écrivains et journalistes à Paris. De gauche à droite: Từ Thức, Kiều Chinh, Trần Thanh Hiệp, Vũ Thư Hiên.

Avec la chercheuse littéraire Thụy Khuê à Paris.

Kiều Chinh & Ses Amis | 529

Avec Đỗ Bảo Anh, devant l'autel à l'occasion de l'anniversaire de la mort de Đỗ Ngọc Yến et les amis du journal Nguoi Viet qui sont partis.

Avec l'écrivain et journaliste Đinh Quang Anh Thái

Avec la famille Tran Da Tu - Nha Ca, à l'occasion de L'allumage des pétards de vant le siege du journal Viet Bao au premier jour du nouvel an lunaire.

Avec "la famille" du journal Việt Báo

Avec l'avocat Tina Phạm Đào Bạch Tuyết

Avec les amis de la jeune gènèration. De gauche à droite: Kevin Trần, Kiều Chinh, Hòa Bình, Thắng Đào, Sông Văn.

Avec le producteur -, réalisateur Bảo Nguyễn aux obsèques du réalisateur Stephane Gauger

Avec réalisateur Cường Ngô sur le lieu de tournage Ngọc Viễn Đông/Perle de l'Extrême Orient à Toronto, Canada. Il faisait très froid ce jour là, -20 degrés

Avec trois réalisateurs, de gauche à droite: Dustin Nguyễn, Trần Anh Hùng, Kiều Chinh, Victor Vũ.

Sur le lieu de tournage de Rồng Xanh (Green Dragon) du réalisateur Timothy Linh Bùi (à droite), et réalisateur Tony Bùi (à gauche)

AvecYsa Lê et les membres de Vietnamese International Film Festival (VIFF) au bureau de Kiều Chinh.

Dustin Nguyễn et Kiều Chinh au festival du film VIFF

Avec Tony Lam Quang au jour d'inauguration de Tony Lam Parc

Kiều Chinh et le photographe Nicolas Phạm à Paris

Kiều Chinh à l'honneur au musée Smithsonian, Washington, D.C., photo avec: Jan Scrugg, promoteur du Bức Tường Đá Đen, James V. Kimsey, fondateur de AOL, et Sénateur Jim Webb.

Avec la femme soldat représentant les différents pays

*Avec le Contre- amiral Huấn Nguyễn,
le Commandant de la marine Mimi Phan*

*Avec le général Lập Thể Châu et son epouse Thúy Flora ,
Le lieutenant-colonel Ross Nguyễn (Retraié.) et son épouse
Dr.Tearrah Christiani.*

Avec poète, écrivain Trịnh Y Thư,
Éditeur de ce Mémoire: KIỀU CHINH – Une Artiste En Exil

Avec le poète Lê Hân
(Président de Nhân Ảnh et Mise en page pour l'édition de 2023)

Phan Lương Quang
Traducteur de ce Mémoire

Avec Thomas Đặng Vũ qui a pris la photo
sur la couverture de ce Mémoire.

ÉPILOGUE

Je ne pense pas que j'aurais besoin ou que je devrais écrire des mémoires sur ma vie, s'il n'y avait pas une obligation spirituelle envers le dernier souhait de mon père, Nguyễn Cửu, avant sa mort, et le même souhait formulé par l'écrivain Nguyễn Ngọc Giao, mon parrain. Ils m'ont dit: "Tu dois écrire des mémoires".

De même, j'étais aussi spirituellement engagée par les rappels fréquents de l'écrivain Mai Thảo quand il était encore en vie: "Écoute les instructions de ton père, tu dois écrire".

Je lui ai répondu: "Je ne suis pas écrivain, je sais quoi écrire."

Pourtant, l'écrivain Mai Thảo, que je respecte comme un frère aîń m'a dit: « La littérature...c'est quoi ! Il suffit d'écrire comme d'habitude on raconte une histoire, une sorte de récit oral. Écris-le, si nécessaire, je l'éditerai quand tu auras terminé."

Bien que cherche toujours des excuses pour m'esquiver à ce sujet, il m'arrive parfois d'écrire des courts passages sur des événements qui se passent autour de moi par peur de les oublier. La vie bien remplie m'a amenée à rouler avec la roue géante de l'horloge du temps. En partie aussi, à cause du fait que je considère comme acquise la constante présence de M. Mai Thao, Il n'y avait rien d'urgent.

De temps en temps, il me rappelait: "Où est passé l'écriture?" J'ai répondu: "Elle est là, seulement brève et très peu fréquente". D'un air sérieux, Il me disait: "Il faut écrire régulièrement, ne le laisses pas tomber trop longtemps !"

Oui, je l'ai laissé tomber trop longtemps. Trop longtemps. Mai Thao est maintenant parti! Il est décédé il y a plus de 20 ans !

"Désolée, Mai Thao, j'étais en retard. Si seulement tu pouvais l'éditer, ce livre, gagnerait davantage en brillance et érudition !

Même si n'es plus là, je me sens toujours redevable d'un engage- ment spirituel envers toi. C'est pourquoi aujourd'hui, ces

Mémoires à moi sont nés dans le même esprit que tu as toujours preconisé: 'Écris comme si tu racontais une histoire.'

Oui, c'est juste l'histoire d'une famille divisée, déchirée par la guerre, comme des millions d'autres familles, comme celles de mes compatriotes.

Et la voici: L'histoire de la vie d'une artiste en exil.

Écrite pour remercier l' Être Suprême.

Merci de m'avoir mise au monde.

Merci, famille.

Merci, carrière.

Merci, camarades.

Merci aux bienfaiteurs qui m'ont supporté dans les moments difficiles.

Merci à ceux qui sont venus et repartis que j'ai rencontrés en cours de route.

La route est longue... sur laquelle j'ai trébuché plusieurs fois. Combien de fois je m'étais levée. redressée et avais continué . Oui, combien de milliers de kilomètres j'ai parcourus, à travers de nombreux continents.

J'ai rencontré tant de gens, aussi bons que mauvais, vu tant de bonheurs, tant de souffrances... de voir comme mes souffrances sont minimes, d'être reconnaissante à l' Être Suprême. de m'avoir donné tant de chance. , deux mains, deux pieds intacts, toujours capables d'entendre, de parler, d'avoir encore des sentiments pour partager le bonheur et la douleur avec les autres, pour me rendre compte que la vie signifie parfois le malheur.

Le malheur autour de nous et dans le monde est si grand.

Prions, prions pour la réunification de toutes les familles séparées par les guerres de ce monde.

Prions pour que l'humanité réduise la souffrance.

Et paix à tous les peuples, à tous les peuples du monde.

Aujourd'hui, en repensant à près de 50 ans d'exil sur cette terre libre, quand je suis arrivée ici les mains vides, en repartant de zéro... j'ai travaillé dur pour aller au devant. Aller au devant.

Parfois je me sens trop fatiguée sur les routes difficiles,

Mais je me suis rendue compte qu'il n'y a pas que moi qui voyage toute seule.

Les pages de ces Mémoires ont été écrites dans de nombreux lieux à des moments différents, selonuivant les circonstances et les lieux où ils ont pris place. Il peut s'agir d'aéroports, de chambres d'hôtel dans un endroit éloigné, et peut-être dans le jardin derrière de chez moi au lever du soleil ou encore au lit par les nuits blanches... Ensuite, ces pages s'accumulentet, s'empilent d'année en année. La vie trépidante tourbillonne sans arrêt et de longs voyages ont été entrepris tout le long de l'année, de sorte que la pile de papiers reste toujours là.

En 2020, quand le monde était bouleveré et les vies menacées par la pandémie de COVID-19, quand les aéroports sont fermés, les magasins et les maisons aussi quand les rues se vidaient, j'ai sorti la pile de vieux papiers pour lire afin de tuer le temps et d'apaiser mon chagrin causè par le départ sans retour de mes amis, et aussi dans l'espoir de tenir ma promesse envers moi-même. Je me demandais si c'est bien le moment pour moi de réaliser ce souhait.

Seulement, quand je les ai relues, ces pages s'avèrent tellement brouillonnes. Peut-être parce que je suis une personne introvertie, touchée par une certaine situation, au milieu d'un moment soudain, que j'ai écrit tous mes sentiments comme si je déversais mes confidences sur la page de papier.

J'ai tout de même fini les Mémoires, grâce à l'aide de nombreux amis proches et lointains. Si je devais les mentioner tous ici, peut-être qu'une seule page ne suffirait pas, mais je ne peux m'empêcher de mentionner les deux amis les plus chers Nhã Ca -Trần Dạ Từ, et leurs filles Hòa Bình, Sông Văn, qui ont toujours été à mes côtés dans maintes circonstances aussi heureuses que tristes. Je n'oublie pas non plus de remercier le poète Trịnh Ý Thư, qui a édité ce livre et contribué à sa publication.

Je ne suis pas écrivain, je n'écris pas d'histoires. Ce ne sont que des pages qui racontent le long voyage que j'ai parcouru, tant de continents, tant de rencontres, tant de pertes.

Exilés vietnamiens dispersés sur les cinq continents, à chacun de nous revient une situation particulière et à chaque situation,

une histoire. Je ne représente qu'une de ces millions d'histoires que je voudrais partager ici avec vous.

Je tiens à remercier le lecteur qui tient ce livre dans sa main avec une sympathie totale.

Enfin, je souhaite la paix à tous et à leurs familles.

Veuillez accepter ici l'affection d'une Artiste en Exil.

– KIỀU CHINH
Huntington Beach, California, 5/2021.

Ảnh Kiều Chinh chụp tại phim trường Alpha Films.
(Lần đầu Mai Thảo nhìn thấy Kiều Chinh như vậy.)

Photo prise au studio de Alpha Films

Kiều Chinh, aux États-Unis, après 1975

A la plage de la Côte d'Azur (Photo prise par Mme Tinh et Jean-Claude).

Bain de soleil sur la Côte d'azur (Photo prise par Jean Claude)

Au musée du Louvre, Paris. (Photo de Tu Thuc)

Arc de Triomphe, Paris.
(Ao Dai conçu par Thuy Cuc - photo par Nicolas Pham)

Kieu Chinh a reçu le prix de l'humanité du Festival des films du monde d'Asie (Ao Dai conçu par Thai Nguyen)

Kiều Chinh & Thái Nguyên

Sur le tapis rouge du Festival du film de San Francisco
(Ao Dai conçu par Sy Hoang)

Kieu Chinh, robe de tambour en bronze conçue par Thuy Cuc

Merci à HOA BINH du groupe NTM, peintre ANN PHONG, et HUNG NGUYEN
d'avoir réalisé l'appellation KIEU CHINH sur la colline derrière la maison de
LINH & ROMAN COCHAN

Kieu Chinh, robe de tambour en bronze conçue par Thuy Cuc

Merci à HOA BINH du groupe NTM, peintre ANN PHONG, et HUNG NGUYEN d'avoir réalisé l'appelation KIEU CHINH sur la colline derrière la maison de
LINH & ROMAN COCHAN

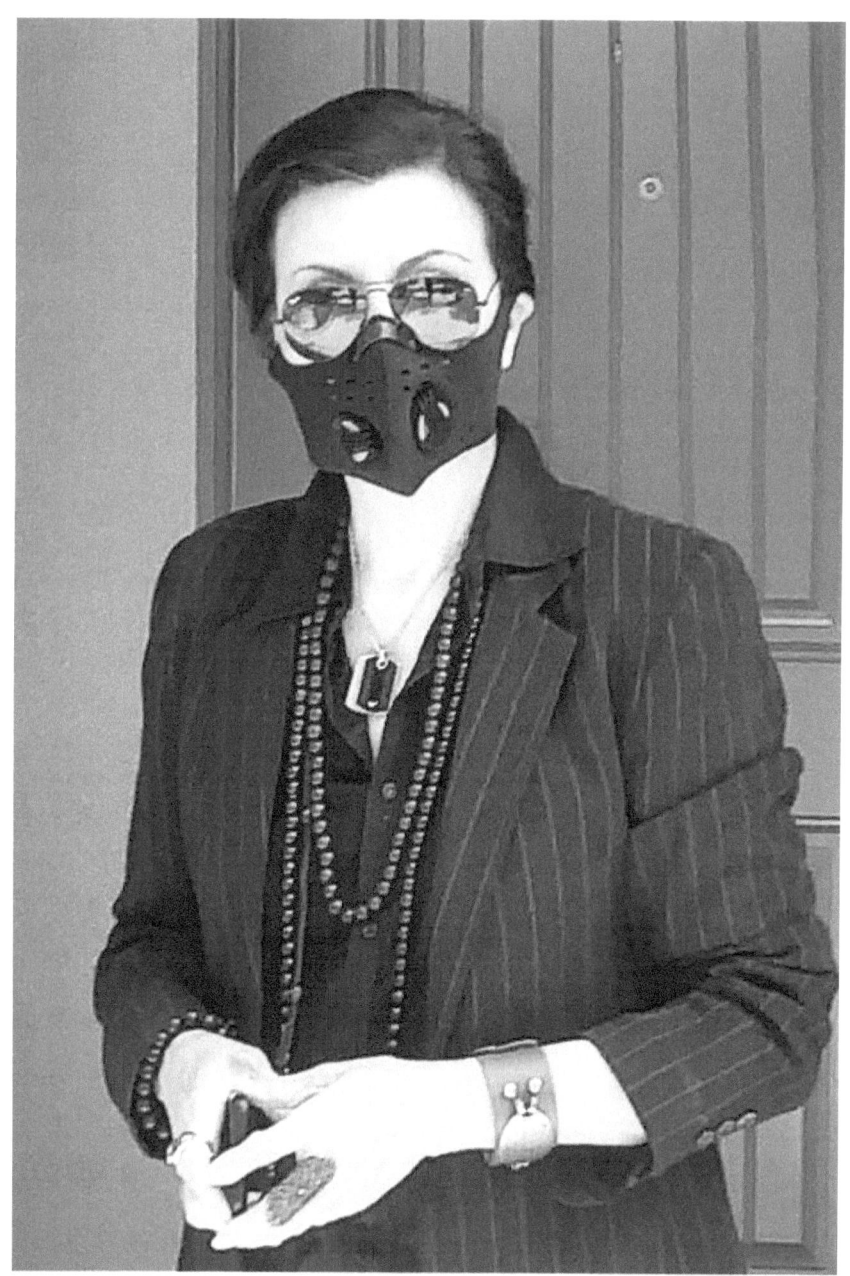
Photo prise pendant le Covid-19

EXCUSES & REMERCIEMENTS

    Le bonheur d'un artiste c'est de savoir que leurs contributions sont appréciées par le public. Dans ce livre, je vais partager quelques photos qui, à chaque fois, me font revivre en compagnie des personnages et des lieux vécus du passé.

    Au cours de ma carrière cinématographique, j'ai également reçu de nombreux prix à travers la presse, la télévision, ainsi que des œuvres d'art, des statues et des peintures qui me sont remis par des artistes connus. J'apprécie énormément ces objets et j'aimerais les partager dans ce journal intime, avec le public. Il est impardonnable, mais difficile de ne pas oublier les noms ou les auteurs de ces innombrables objets, photos et articles. Je m'en excuse de ne pas leur demander l'autorisation avant de les inclure dans ce livre.

    Veuillez accepter ici mes sincères excuses et remerciements.

Kiều Chinh

(Photo par Bruce Strong)